T&P BOOKS

PORTUGUÉS
VOCABULARIO

PALABRAS MÁS USADAS

ESPAÑOL-
PORTUGUÉS

Las palabras más útiles
Para expandir su vocabulario y refinar
sus habilidades lingüísticas

9000 palabras

Vocabulario Español-Portugués Brasilero - 9000 palabras más usadas

por Andrey Taranov

Los vocabularios de T&P Books buscan ayudar en el aprendizaje, la memorización y la revisión de palabras de idiomas extranjeros. El diccionario se divide por temas, cubriendo toda la esfera de las actividades cotidianas, de negocios, ciencias, cultura, etc.

El proceso de aprendizaje de palabras utilizando los diccionarios temáticos de T&P Books le proporcionará a usted las siguientes ventajas:

- La información del idioma secundario está organizada claramente y predetermina el éxito para las etapas subsiguientes en la memorización de palabras.
- Las palabras derivadas de la misma raíz se agrupan, lo cual permite la memorización de grupos de palabras en vez de palabras aisladas.
- Las unidades pequeñas de palabras facilitan el proceso de reconocimiento de enlaces de asociación que se necesitan para la cohesión del vocabulario.
- De este modo, se puede estimar el número de palabras aprendidas y así también el nivel de conocimiento del idioma.

T&P Books Publishing
www.tpbooks.com

ISBN: 978-1-78767-456-1

Este libro está disponible en formato electrónico o de E-Book también.
Visite www.tpbooks.com o las librerías electrónicas más destacadas en la Red.

VOCABULARIO PORTUGUÉS BRASILERO
palabras más usadas

Los vocabularios de T&P Books buscan ayudar al aprendiz a aprender, memorizar y repasar palabras de idiomas extranjeros. Los vocabularios contienen más de 9000 palabras comúnmente usadas y organizadas de manera temática.

- El vocabulario contiene las palabras corrientes más usadas.
- Se recomienda como ayuda adicional a cualquier curso de idiomas.
- Capta las necesidades de aprendices de nivel principiante y avanzado.
- Es conveniente para uso cotidiano, prácticas de revisión y actividades de auto-evaluación.
- Facilita la evaluación del vocabulario.

Aspectos claves del vocabulario

- Las palabras se organizan según el significado, no según el orden alfabético.
- Las palabras se presentan en tres columnas para facilitar los procesos de repaso y auto-evaluación.
- Los grupos de palabras se dividen en pequeñas secciones para facilitar el proceso de aprendizaje.
- El vocabulario ofrece una transcripción sencilla y conveniente de cada palabra extranjera.

El vocabulario contiene 256 temas que incluyen lo siguiente:

Conceptos básicos, números, colores, meses, estaciones, unidades de medidas, ropa y accesorios, comida y nutrición, restaurantes, familia nuclear, familia extendida, características de personalidad, sentimientos, emociones, enfermedades, la ciudad y el pueblo, exploración del paisaje, compras, finanzas, la casa, el hogar, la oficina, el trabajo en oficina, importación y exportación, promociones, búsqueda de trabajo, deportes, educación, computación, la red, herramientas, la naturaleza, los países, las nacionalidades y más ...

TABLA DE CONTENIDO

GUÍA DE PRONUNCIACIÓN

T&P alfabeto fonético	Ejemplo portugués	Ejemplo español

Las vocales

[a]	baixo ['baɪʃu]	radio
[e]	erro ['eʀu]	verano
[ɛ]	leve ['lɛvə]	mes
[i]	lancil [lã'sil]	ilegal
[o], [ɔ]	boca, orar ['bokə], [ɔ'rar]	bolsa
[u]	urgente [ur'ʒẽtə]	mundo
[ã]	toranja [tu'rãʒe]	[a] nasal
[ẽ]	gente ['ʒẽtə]	[e] nasal
[ĩ]	seringa [sə'rĩgɐ]	[i] nasal
[õ]	ponto ['põtu]	[o] nasal
[ũ]	umbigo [ũ'bigu]	[u] nasal

Las consonantes

[b]	banco ['bãku]	en barco
[d]	duche ['duʃə]	desierto
[dʒ]	abade [a'badʒi]	jazz
[f]	facto ['faktu]	golf
[g]	gorila [gu'rilɐ]	jugada
[j]	feira ['fejrɐ]	asiento
[k]	claro ['klaru]	charco
[l]	Londres ['lõdrəʃ]	lira
[ʎ]	molho ['moʎu]	lágrima
[m]	montanha [mõ'teɲɐ]	nombre
[n]	novela [nu'vɛlɐ]	número
[ɲ]	senhora [sə'ɲorɐ]	leña
[ŋ]	marketing ['marketiŋ]	rincón
[p]	prata ['pratɐ]	precio
[s]	safira [sə'firɐ]	salva
[ʃ]	texto ['tɛʃtu]	shopping
[t]	teto ['tɛtu]	torre
[tʃ]	doente [do'ẽtʃi]	mapache
[v]	alvo ['alvu]	travieso
[z]	vizinha [vi'ziɲɐ]	desde
[ʒ]	juntos ['ʒũtuʃ]	adyacente
[w]	sequoia [sə'kwɔjɐ]	acuerdo

ABREVIATURAS
usadas en el vocabulario

Abreviatura en español

adj	-	adjetivo
adv	-	adverbio
anim.	-	animado
conj	-	conjunción
etc.	-	etcétera
f	-	sustantivo femenino
f pl	-	femenino plural
fam.	-	uso familiar
fem.	-	femenino
form.	-	uso formal
inanim.	-	inanimado
innum.	-	innumerable
m	-	sustantivo masculino
m pl	-	masculino plural
m, f	-	masculino, femenino
masc.	-	masculino
mat	-	matemáticas
mil.	-	militar
num.	-	numerable
p.ej.	-	por ejemplo
pl	-	plural
pron	-	pronombre
sg	-	singular
v aux	-	verbo auxiliar
vi	-	verbo intransitivo
vi, vt	-	verbo intransitivo, verbo transitivo
vr	-	verbo reflexivo
vt	-	verbo transitivo

Abreviatura en portugués

f	-	sustantivo femenino
f pl	-	femenino plural
m	-	sustantivo masculino
m pl	-	masculino plural
m, f	-	masculino, femenino
pl	-	plural
v aux	-	verbo auxiliar

vi	-	verbo intransitivo
vi, vt	-	verbo intransitivo, verbo transitivo
vr	-	verbo reflexivo
vt	-	verbo transitivo

CONCEPTOS BÁSICOS

Conceptos básicos. Unidad 1

1. Los pronombres

yo	eu	['ew]
tú	você	[vɔ'se]
él	ele	['ɛli]
ella	ela	['ɛla]
nosotros, -as	nós	[nɔs]
vosotros, -as	vocês	[vɔ'ses]
ellos	eles	['ɛlis]
ellas	elas	['ɛlas]

2. Saludos. Salutaciones. Despedidas

¡Hola! (fam.)	Oi!	[ɔj]
¡Hola! (form.)	Olá!	[o'la]
¡Buenos días!	Bom dia!	[bõ 'dʒia]
¡Buenas tardes!	Boa tarde!	['boa 'tardʒi]
¡Buenas noches!	Boa noite!	['boa 'nojtʃi]
decir hola	cumprimentar (vt)	[kũprimẽ'tar]
¡Hola! (a un amigo)	Oi!	[ɔj]
saludo (m)	saudação (f)	[sawda'sãw]
saludar (vt)	saudar (vt)	[saw'dar]
¿Cómo estáis?	Como você está?	['kɔmu vo'se is'ta]
¿Cómo estás?	Como vai?	['kɔmu 'vaj]
¿Qué hay de nuevo?	E aí, novidades?	[a a'i novi'dadʒis]
¡Chau! ¡Adiós!	Tchau!	['tʃaw]
¡Hasta pronto!	Até breve!	[a'tɛ 'brɛvi]
¡Adiós!	Adeus!	[a'dews]
despedirse (vr)	despedir-se (vr)	[dʒispe'dʒirsi]
¡Hasta luego!	Até mais!	[a'tɛ majs]
¡Gracias!	Obrigado! -a!	[obri'gadu, -a]
¡Muchas gracias!	Muito obrigado! -a!	['mwĩtu obri'gadu, -a]
De nada	De nada	[de 'nada]
No hay de qué	Não tem de quê	['nãw tẽj de ke]
De nada	Não foi nada!	['nãw foj 'nada]
¡Disculpa!	Desculpa!	[dʒis'kuwpa]
¡Disculpe!	Desculpe!	[dʒis'kuwpe]

disculpar (vt)	desculpar (vt)	[dʒiskuw'par]
disculparse (vr)	desculpar-se (vr)	[dʒiskuw'parsi]
Mis disculpas	Me desculpe	[mi dʒis'kuwpe]
¡Perdóneme!	Desculpe!	[dʒis'kuwpe]
perdonar (vt)	perdoar (vt)	[per'dwar]
¡No pasa nada!	Não faz mal	['nãw fajʒ maw]
por favor	por favor	[por fa'vor]

¡No se le olvide!	Não se esqueça!	['nãw si is'kesa]
¡Ciertamente!	Com certeza!	[kõ ser'teza]
¡Claro que no!	Claro que não!	['klaru ki 'nãw]
¡De acuerdo!	Está bem! De acordo!	[is'ta bẽj], [de a'kordu]
¡Basta!	Chega!	['ʃega]

3. Como dirigirse a otras personas

¡Perdóneme!	Desculpe ...	[dʒis'kuwpe]
señor	senhor	[se'ɲor]
señora	senhora	[se'ɲora]
señorita	senhorita	[seɲo'rita]
joven	jovem	['ʒɔvẽ]
niño	menino	[me'ninu]
niña	menina	[me'nina]

4. Números cardinales. Unidad 1

cero	zero	['zɛru]
uno	um	[ũ]
dos	dois	['dojs]
tres	três	[tres]
cuatro	quatro	['kwatru]

cinco	cinco	['sĩku]
seis	seis	[sejs]
siete	sete	['sɛtʃi]
ocho	oito	['ojtu]
nueve	nove	['nɔvi]

diez	dez	[dɛz]
once	onze	['õzi]
doce	doze	['dozi]
trece	treze	['trezi]
catorce	catorze	[ka'torzi]

quince	quinze	['kĩzi]
dieciséis	dezesseis	[deze'sejs]
diecisiete	dezessete	[dezi'setʃi]
dieciocho	dezoito	[dʒi'zojtu]
diecinueve	dezenove	[deze'nɔvi]

| veinte | vinte | ['vĩtʃi] |
| veintiuno | vinte e um | ['vĩtʃi i ũ] |

| veintidós | vinte e dois | ['vĩtʃi i 'dojs] |
| veintitrés | vinte e três | ['vĩtʃi i 'tres] |

treinta	trinta	['trĩta]
treinta y uno	trinta e um	['trĩta i ũ]
treinta y dos	trinta e dois	['trĩta i 'dojs]
treinta y tres	trinta e três	['trĩta i 'tres]

cuarenta	quarenta	[kwa'rẽta]
cuarenta y uno	quarenta e um	[kwa'rẽta i 'ũ]
cuarenta y dos	quarenta e dois	[kwa'rẽta i 'dojs]
cuarenta y tres	quarenta e três	[kwa'rẽta i 'tres]

cincuenta	cinquenta	[sĩ'kwẽta]
cincuenta y uno	cinquenta e um	[sĩ'kwẽta i ũ]
cincuenta y dos	cinquenta e dois	[sĩ'kwẽta i 'dojs]
cincuenta y tres	cinquenta e três	[sĩ'kwẽta i 'tres]

sesenta	sessenta	[se'sẽta]
sesenta y uno	sessenta e um	[se'sẽta i ũ]
sesenta y dos	sessenta e dois	[se'sẽta i 'dojs]
sesenta y tres	sessenta e três	[se'sẽta i 'tres]

setenta	setenta	[se'tẽta]
setenta y uno	setenta e um	[se'tẽta i ũ]
setenta y dos	setenta e dois	[se'tẽta i 'dojs]
setenta y tres	setenta e três	[se'tẽta i 'tres]

ochenta	oitenta	[oj'tẽta]
ochenta y uno	oitenta e um	[oj'tẽta i 'ũ]
ochenta y dos	oitenta e dois	[oj'tẽta i 'dojs]
ochenta y tres	oitenta e três	[oj'tẽta i 'tres]

noventa	noventa	[no'vẽta]
noventa y uno	noventa e um	[no'vẽta i 'ũ]
noventa y dos	noventa e dois	[no'vẽta i 'dojs]
noventa y tres	noventa e três	[no'vẽta i 'tres]

5. Números cardinales. Unidad 2

cien	cem	[sẽ]
doscientos	duzentos	[du'zẽtus]
trescientos	trezentos	[tre'zẽtus]
cuatrocientos	quatrocentos	[kwatro'sẽtus]
quinientos	quinhentos	[ki'ɲẽtus]

seiscientos	seiscentos	[sej'sẽtus]
setecientos	setecentos	[sete'sẽtus]
ochocientos	oitocentos	[ojtu'sẽtus]
novecientos	novecentos	[nove'sẽtus]

mil	mil	[miw]
dos mil	dois mil	['dojs miw]
tres mil	três mil	['tres miw]

diez mil	dez mil	['dɛz miw]
cien mil	cem mil	[sẽ miw]
millón (m)	um milhão	[ũ mi'ʎãw]
mil millones	um bilhão	[ũ bi'ʎãw]

6. Números ordinales

primero (adj)	primeiro	[pri'mejru]
segundo (adj)	segundo	[se'gũdu]
tercero (adj)	terceiro	[ter'sejru]
cuarto (adj)	quarto	['kwartu]
quinto (adj)	quinto	['kĩtu]

sexto (adj)	sexto	['sestu]
séptimo (adj)	sétimo	['sɛtʃimu]
octavo (adj)	oitavo	[oj'tavu]
noveno (adj)	nono	['nonu]
décimo (adj)	décimo	['dɛsimu]

7. Números. Fracciones

fracción (f)	fração (f)	[fra'sãw]
un medio	um meio	[ũ 'meju]
un tercio	um terço	[ũ 'tersu]
un cuarto	um quarto	[ũ 'kwartu]

un octavo	um oitavo	[ũ oj'tavu]
un décimo	um décimo	[ũ 'dɛsimu]
dos tercios	dois terços	['dojs 'tersus]
tres cuartos	três quartos	[tres 'kwartus]

8. Números. Operaciones básicas

sustracción (f)	subtração (f)	[subtra'sãw]
sustraer (vt)	subtrair (vi, vt)	[subtra'ir]
división (f)	divisão (f)	[dʒivi'zãw]
dividir (vt)	dividir (vt)	[dʒivi'dʒir]

adición (f)	adição (f)	[adʒi'sãw]
sumar (totalizar)	somar (vt)	[so'mar]
adicionar (vt)	adicionar (vt)	[adʒisjo'nar]
multiplicación (f)	multiplicação (f)	[muwtʃiplika'sãw]
multiplicar (vt)	multiplicar (vt)	[muwtʃipli'kar]

9. Números. Miscelánea

| cifra (f) | algarismo, dígito (m) | [awga'rizmu], ['dʒiʒitu] |
| número (m) (~ cardinal) | número (m) | ['numeru] |

numeral (m)	numeral (m)	[nume'raw]
menos (m)	sinal (m) de menos	[si'naw de 'menus]
más (m)	mais (m)	[majs]
fórmula (f)	fórmula (f)	['fɔrmula]

cálculo (m)	cálculo (m)	['kawkulu]
contar (vt)	contar (vt)	[kõ'tar]
calcular (vt)	calcular (vt)	[kawku'lar]
comparar (vt)	comparar (vt)	[kõpa'rar]

| ¿Cuánto? (innum.) | Quanto? | ['kwãtu] |
| ¿Cuánto? (num.) | Quantos? -as? | ['kwãtus, -as] |

suma (f)	soma (f)	['sɔma]
resultado (m)	resultado (m)	[hezuw'tadu]
resto (m)	resto (m)	['hɛstu]

algunos, algunas ...	alguns, algumas ...	[aw'gũs], [aw'gumas]
poco (innum.)	um pouco ...	[ũ 'poku]
poco (num.)	poucos, poucas	['pokus], ['pokas]
resto (m)	resto (m)	['hɛstu]
uno y medio	um e meio	[ũ i 'meju]
docena (f)	dúzia (f)	['duzja]

en dos	ao meio	[aw 'meju]
en partes iguales	em partes iguais	[ẽ 'partʃis i'gwais]
mitad (f)	metade (f)	[me'tadʒi]
vez (f)	vez (f)	[vez]

10. Los verbos más importantes. Unidad 1

abrir (vt)	abrir (vt)	[a'brir]
acabar, terminar (vt)	acabar, terminar (vt)	[aka'bar], [termi'nar]
aconsejar (vt)	aconselhar (vt)	[akõse'ʎar]
adivinar (vt)	adivinhar (vt)	[adʒivi'ɲar]
advertir (vt)	advertir (vt)	[adʒiver'tʃir]
alabarse, jactarse (vr)	gabar-se (vr)	[ga'barsi]

almorzar (vi)	almoçar (vi)	[awmo'sar]
alquilar (~ una casa)	alugar (vt)	[alu'gar]
amenazar (vt)	ameaçar (vt)	[amea'sar]
arrepentirse (vr)	arrepender-se (vr)	[ahepẽ'dersi]
ayudar (vt)	ajudar (vt)	[aʒu'dar]
bañarse (vr)	ir nadar	[ir na'dar]

bromear (vi)	brincar (vi)	[brĩ'kar]
buscar (vt)	buscar (vt)	[bus'kar]
caer (vi)	cair (vi)	[ka'ir]
callarse (vr)	ficar em silêncio	[fi'kar ẽ si'lẽsju]
cambiar (vt)	mudar (vt)	[mu'dar]
castigar, punir (vt)	punir (vt)	[pu'nir]

| cavar (vt) | cavar (vt) | [ka'var] |
| cazar (vi, vt) | caçar (vi) | [ka'sar] |

cenar (vi)	jantar (vi)	[ʒã'tar]
cesar (vt)	cessar (vt)	[se'sar]
coger (vt)	pegar (vt)	[pe'gar]
comenzar (vt)	começar (vt)	[kome'sar]

comparar (vt)	comparar (vt)	[kõpa'rar]
comprender (vt)	entender (vt)	[ẽtẽ'der]
confiar (vt)	confiar (vt)	[kõ'fjar]
confundir (vt)	confundir (vi)	[kõfũ'dʒir]
conocer (~ a alguien)	conhecer (vt)	[koɲe'ser]
contar (vt) (enumerar)	contar (vt)	[kõ'tar]

contar con …	contar com …	[kõ'tar kõ]
continuar (vt)	continuar (vt)	[kõtʃi'nwar]
controlar (vt)	controlar (vt)	[kõtro'lar]
correr (vi)	correr (vi)	[ko'her]
costar (vt)	custar (vt)	[kus'tar]
crear (vt)	criar (vt)	[krjar]

11. Los verbos más importantes. Unidad 2

dar (vt)	dar (vt)	[dar]
dar una pista	dar uma dica	[dar 'uma 'dʒika]
decir (vt)	dizer (vt)	[dʒi'zer]
decorar (para la fiesta)	decorar (vt)	[deko'rar]

defender (vt)	defender (vt)	[defẽ'der]
dejar caer	deixar cair (vt)	[dej'ʃar ka'ir]
desayunar (vi)	tomar café da manhã	[to'mar ka'fɛ da ma'ɲã]
descender (vi)	descer (vi)	[de'ser]

dirigir (administrar)	dirigir (vt)	[dʒiri'ʒir]
disculpar (vt)	desculpar (vt)	[dʒiskuw'par]
disculparse (vr)	desculpar-se (vr)	[dʒiskuw'parsi]
discutir (vt)	discutir (vt)	[dʒisku'tʃir]
dudar (vt)	duvidar (vt)	[duvi'dar]

encontrar (hallar)	encontrar (vt)	[ẽkõ'trar]
engañar (vi, vt)	enganar (vt)	[ẽga'nar]
entrar (vi)	entrar (vi)	[ẽ'trar]
enviar (vt)	enviar (vt)	[ẽ'vjar]

equivocarse (vr)	errar (vi)	[e'har]
escoger (vt)	escolher (vt)	[isko'ʎer]
esconder (vt)	esconder (vt)	[iskõ'der]
escribir (vt)	escrever (vt)	[iskre'ver]
esperar (aguardar)	esperar (vt)	[ispe'rar]

esperar (tener esperanza)	esperar (vi, vt)	[ispe'rar]
estar (vi)	estar (vi)	[is'tar]
estar de acuerdo	concordar (vi)	[kõkor'dar]
estudiar (vt)	estudar (vt)	[istu'dar]
exigir (vt)	exigir (vt)	[ezi'ʒir]
existir (vi)	existir (vi)	[ezis'tʃir]

explicar (vt)	explicar (vt)	[ispli'kar]
faltar (a las clases)	faltar a ...	[faw'tar a]
firmar (~ el contrato)	assinar (vt)	[asi'nar]

girar (~ a la izquierda)	virar (vi)	[vi'rar]
gritar (vi)	gritar (vi)	[gri'tar]
guardar (conservar)	guardar (vt)	[gwar'dar]
gustar (vi)	gostar (vt)	[gos'tar]
hablar (vi, vt)	falar (vi)	[fa'lar]

hacer (vt)	fazer (vt)	[fa'zer]
informar (vt)	informar (vt)	[ĩfor'mar]
insistir (vi)	insistir (vi)	[ĩsis'tʃir]
insultar (vt)	insultar (vt)	[ĩsuw'tar]

interesarse (vr)	interessar-se (vr)	[ĩtere'sarsi]
invitar (vt)	convidar (vt)	[kõvi'dar]
ir (a pie)	ir (vi)	[ir]
jugar (divertirse)	brincar, jogar (vi, vt)	[brĩ'kar], [ʒo'gar]

12. Los verbos más importantes. Unidad 3

leer (vi, vt)	ler (vt)	[ler]
liberar (ciudad, etc.)	libertar, liberar (vt)	[liber'tar], [libe'rar]
llamar (por ayuda)	chamar (vt)	[ʃa'mar]
llegar (vi)	chegar (vi)	[ʃe'gar]
llorar (vi)	chorar (vi)	[ʃo'rar]

matar (vt)	matar (vt)	[ma'tar]
mencionar (vt)	mencionar (vt)	[mẽsjo'nar]
mostrar (vt)	mostrar (vt)	[mos'trar]
nadar (vi)	nadar (vi)	[na'dar]

negarse (vr)	negar-se (vt)	[ne'garsi]
objetar (vt)	objetar (vt)	[obʒe'tar]
observar (vt)	observar (vt)	[obser'var]
oír (vt)	ouvir (vt)	[o'vir]

olvidar (vt)	esquecer (vt)	[iske'ser]
orar (vi)	rezar, orar (vi)	[he'zar], [o'rar]
ordenar (mil.)	ordenar (vt)	[orde'nar]
pagar (vi, vt)	pagar (vt)	[pa'gar]
pararse (vr)	parar (vi)	[pa'rar]

participar (vi)	participar (vi)	[partʃisi'par]
pedir (ayuda, etc.)	pedir (vt)	[pe'dʒir]
pedir (en restaurante)	pedir (vt)	[pe'dʒir]
pensar (vi, vt)	pensar (vi, vt)	[pẽ'sar]

percibir (ver)	perceber (vt)	[perse'ber]
perdonar (vt)	perdoar (vt)	[per'dwar]
permitir (vt)	permitir (vt)	[permi'tʃir]
pertenecer a ...	pertencer (vt)	[pertẽ'ser]
planear (vt)	planejar (vt)	[plane'ʒar]

poder (v aux)	poder (vi)	[po'der]
poseer (vt)	possuir (vt)	[po'swir]
preferir (vt)	preferir (vt)	[prefe'rir]
preguntar (vt)	perguntar (vt)	[pergũ'tar]

preparar (la cena)	preparar (vt)	[prepa'rar]
prever (vt)	prever (vt)	[pre'ver]
probar, tentar (vt)	tentar (vt)	[tẽ'tar]
prometer (vt)	prometer (vt)	[prome'ter]
pronunciar (vt)	pronunciar (vt)	[pronũ'sjar]

proponer (vt)	propor (vt)	[pro'por]
quebrar (vt)	quebrar (vt)	[ke'brar]
quejarse (vr)	queixar-se (vr)	[kej'ʃarsi]
querer (amar)	amar (vt)	[a'mar]
querer (desear)	querer (vt)	[ke'rer]

13. Los verbos más importantes. Unidad 4

recomendar (vt)	recomendar (vt)	[hekomẽ'dar]
regañar, reprender (vt)	ralhar, repreender (vt)	[ha'ʎar], [heprjẽ'der]
reírse (vr)	rir (vi)	[hir]
repetir (vt)	repetir (vt)	[hepe'tʃir]
reservar (~ una mesa)	reservar (vt)	[hezer'var]
responder (vi, vt)	responder (vt)	[hespõ'der]

robar (vt)	roubar (vt)	[ho'bar]
saber (~ algo mas)	saber (vt)	[sa'ber]
salir (vi)	sair (vi)	[sa'ir]
salvar (vt)	salvar (vt)	[saw'var]
seguir ...	seguir ...	[se'gir]
sentarse (vr)	sentar-se (vr)	[sẽ'tarsi]

ser (vi)	ser (vi)	[ser]
ser necesario	ser necessário	[ser nese'sarju]
significar (vt)	significar (vt)	[signifi'kar]
sonreír (vi)	sorrir (vi)	[so'hir]
sorprenderse (vr)	surpreender-se (vr)	[surprjẽ'dersi]

subestimar (vt)	subestimar (vt)	[subestʃi'mar]
tener (vt)	ter (vt)	[ter]
tener hambre	ter fome	[ter 'fɔmi]
tener miedo	ter medo	[ter 'medu]

tener prisa	apressar-se (vr)	[apre'sarsi]
tener sed	ter sede	[ter 'sedʒi]
tirar, disparar (vi)	disparar, atirar (vi)	[dʒispa'rar], [atʃi'rar]
tocar (con las manos)	tocar (vt)	[to'kar]
tomar (vt)	pegar (vt)	[pe'gar]
tomar nota	anotar (vt)	[ano'tar]

trabajar (vi)	trabalhar (vi)	[traba'ʎar]
traducir (vt)	traduzir (vt)	[tradu'zir]
unir (vt)	unir (vt)	[u'nir]

vender (vt)	vender (vt)	[vẽ'der]
ver (vt)	ver (vt)	[ver]
volar (pájaro, avión)	voar (vi)	[vo'ar]

14. Los colores

color (m)	cor (f)	[kɔr]
matiz (m)	tom (m)	[tõ]
tono (m)	tonalidade (m)	[tonali'daʤi]
arco (m) iris	arco-íris (m)	['arku 'iris]

blanco (adj)	branco	['brãku]
negro (adj)	preto	['pretu]
gris (adj)	cinza	['sĩza]

verde (adj)	verde	['verʤi]
amarillo (adj)	amarelo	[ama'rɛlu]
rojo (adj)	vermelho	[ver'meʎu]

azul (adj)	azul	[a'zuw]
azul claro (adj)	azul claro	[a'zuw 'klaru]
rosa (adj)	rosa	['hɔza]
naranja (adj)	laranja	[la'rãʒa]
violeta (adj)	violeta	[vjo'leta]
marrón (adj)	marrom	[ma'hõ]

| dorado (adj) | dourado | [do'radu] |
| argentado (adj) | prateado | [pra'tʃadu] |

beige (adj)	bege	['bɛʒi]
crema (adj)	creme	['krɛmi]
turquesa (adj)	turquesa	[tur'keza]
rojo cereza (adj)	vermelho cereja	[ver'meʎu se'reʒa]
lila (adj)	lilás	[li'las]
carmesí (adj)	carmim	[kah'mĩ]

claro (adj)	claro	['klaru]
oscuro (adj)	escuro	[is'kuru]
vivo (adj)	vivo	['vivu]

de color (lápiz ~)	de cor	[de kɔr]
en colores (película ~)	a cores	[a 'kores]
blanco y negro (adj)	preto e branco	['pretu i 'brãku]
unicolor (adj)	de uma só cor	[de 'uma sɔ kɔr]
multicolor (adj)	multicolor	[muwtʃiko'lor]

15. Las preguntas

¿Quién?	Quem?	[kẽj]
¿Qué?	O que?	[u ki]
¿Dónde?	Onde?	['õʤi]
¿Adónde?	Para onde?	['para 'õʤi]

¿De dónde?	De onde?	[de 'õdʒi]
¿Cuándo?	Quando?	['kwãdu]
¿Para qué?	Para quê?	['para ke]
¿Por qué?	Por quê?	[por 'ke]

¿Por qué razón?	Para quê?	['para ke]
¿Cómo?	Como?	['kɔmu]
¿Qué ...? (~ color)	Qual?	[kwaw]
¿Cuál?	Qual?	[kwaw]

¿A quién?	A quem?	[a kẽj]
¿De quién? (~ hablan ...)	De quem?	[de kẽj]
¿De qué?	Do quê?	[du ke]
¿Con quién?	Com quem?	[kõ kẽj]

¿Cuánto? (innum.)	Quanto?	['kwãtu]
¿Cuánto? (num.)	Quantos? -as?	['kwãtus, -as]
¿De quién? (~ es este ...)	De quem?	[de kẽj]

16. Las preposiciones

con ... (~ algn)	com	[kõ]
sin ... (~ azúcar)	sem	[sẽ]
a ... (p.ej. voy a México)	a ..., para ...	[a], ['para]
de ... (hablar ~)	sobre ...	['sobri]
antes de ...	antes de ...	['ãtʃis de]
delante de ...	em frente de ...	[ẽ 'frẽtʃi de]

debajo	debaixo de ...	[de'baɪʃu de]
sobre ..., encima de ...	sobre ..., em cima de ...	['sobri], [ẽ 'sima de]
en, sobre (~ la mesa)	em ..., sobre ...	[ẽ], ['sobri]
de (origen)	de ...	[de]
de (fabricado de)	de ...	[de]

| dentro de ... | em ... | [ẽ] |
| encima de ... | por cima de ... | [por 'sima de] |

17. Las palabras útiles. Los adverbios. Unidad 1

¿Dónde?	Onde?	['õdʒi]
aquí (adv)	aqui	[a'ki]
allí (adv)	lá, ali	[la], [a'li]

| en alguna parte | em algum lugar | [ẽ aw'gũ lu'gar] |
| en ninguna parte | em lugar nenhum | [ẽ lu'gar ne'ɲũ] |

| junto a ... | perto de ... | ['pɛrtu de] |
| junto a la ventana | perto da janela | ['pɛrtu da ʒa'nɛla] |

¿A dónde?	Para onde?	['para 'õdʒi]
aquí (venga ~)	aqui	[a'ki]
allí (vendré ~)	para lá	['para la]

de aquí (adv)	daqui	[da'ki]
de allí (adv)	de lá, dali	[de la], [da'li]

cerca (no lejos)	perto	['pɛrtu]
lejos (adv)	longe	['lõʒi]

cerca de ...	perto de ...	['pɛrtu de]
al lado (de ...)	à mão, perto	[a mãw], ['pɛrtu]
no lejos (adv)	não fica longe	['nãw 'fika 'lõʒi]

izquierdo (adj)	esquerdo	[is'kerdu]
a la izquierda (situado ~)	à esquerda	[a is'kerda]
a la izquierda (girar ~)	para a esquerda	['para a is'kerda]

derecho (adj)	direito	[dʒi'rejtu]
a la derecha (situado ~)	à direita	[a dʒi'rejta]
a la derecha (girar)	para a direita	['para a dʒi'rejta]

delante (yo voy ~)	em frente	[ẽ 'frẽtʃi]
delantero (adj)	da frente	[da 'frẽtʃi]
adelante (movimiento)	adiante	[a'dʒjãtʃi]

detrás de ...	atrás de ...	[a'trajs de]
desde atrás	de trás	[de trajs]
atrás (da un paso ~)	para trás	['para trajs]

centro (m), medio (m)	meio (m), metade (f)	['meju], [me'tadʒi]
en medio (adv)	no meio	[nu 'meju]

de lado (adv)	do lado	[du 'ladu]
en todas partes	em todo lugar	[ẽ 'todu lu'gar]
alrededor (adv)	por todos os lados	[por 'todus os 'ladus]

de dentro (adv)	de dentro	[de 'dẽtru]
a alguna parte	para algum lugar	['para aw'gũ lu'gar]
todo derecho (adv)	diretamente	[dʒireta'mẽtʃi]
atrás (muévelo para ~)	de volta	[de 'vɔwta]

de alguna parte (adv)	de algum lugar	[de aw'gũ lu'gar]
no se sabe de dónde	de algum lugar	[de aw'gũ lu'gar]

primero (adv)	em primeiro lugar	[ẽ pri'mejru lu'gar]
segundo (adv)	em segundo lugar	[ẽ se'gũdu lu'gar]
tercero (adv)	em terceiro lugar	[ẽ ter'sejru lu'gar]

de súbito (adv)	de repente	[de he'pẽtʃi]
al principio (adv)	no início	[nu i'nisju]
por primera vez	pela primeira vez	['pɛla pri'mejra 'vez]
mucho tiempo antes ...	muito antes de ...	['mwĩtu 'ãtʃis de]
de nuevo (adv)	de novo	[de 'novu]
para siempre (adv)	para sempre	['para 'sẽpri]

jamás, nunca (adv)	nunca	['nũka]
de nuevo (adv)	de novo	[de 'novu]
ahora (adv)	agora	[a'gɔra]
frecuentemente (adv)	frequentemente	[frekwẽtʃi'mẽtʃi]

entonces (adv)	então	[ẽ'tãw]
urgentemente (adv)	urgentemente	[urʒẽte'mẽtʃi]
usualmente (adv)	normalmente	[nɔrmaw'mẽtʃi]

a propósito, ...	a propósito, ...	[a pro'pɔzitu]
es probable	é possível	[ɛ po'sivew]
probablemente (adv)	provavelmente	[provavɛw'mẽtʃi]
tal vez	talvez	[taw'vez]
además ...	além disso, ...	[a'lẽj 'dʒisu]
por eso ...	por isso ...	[por 'isu]
a pesar de ...	apesar de ...	[ape'zar de]
gracias a ...	graças a ...	['grasas a]

qué (pron)	que	[ki]
que (conj)	que	[ki]
algo (~ le ha pasado)	algo	[awgu]
algo (~ así)	alguma coisa	[aw'guma 'kojza]
nada (f)	nada	['nada]

quien	quem	[kẽj]
alguien (viene ~)	alguém	[aw'gẽj]
alguien (¿ha llamado ~?)	alguém	[aw'gẽj]

nadie	ninguém	[nĩ'gẽj]
a ninguna parte	para lugar nenhum	['para lu'gar ne'ɲũ]
de nadie	de ninguém	[de nĩ'gẽj]
de alguien	de alguém	[de aw'gẽj]

tan, tanto (adv)	tão	[tãw]
también (~ habla francés)	também	[tã'bẽj]
también (p.ej. Yo ~)	também	[tã'bẽj]

18. Las palabras útiles. Los adverbios. Unidad 2

¿Por qué?	Por quê?	[por 'ke]
no se sabe porqué	por alguma razão	[por aw'guma ha'zãw]
porque ...	porque ...	[por'ke]
por cualquier razón (adv)	por qualquer razão	[por kwaw'ker ha'zãw]

y (p.ej. uno y medio)	e	[i]
o (p.ej. té o café)	ou	['o]
pero (p.ej. me gusta, ~)	mas	[mas]
para (p.ej. es para ti)	para	['para]

demasiado (adv)	muito, demais	['mwĩtu], [dʒi'majs]
sólo, solamente (adv)	só, somente	[sɔ], [sɔ'mẽtʃi]
exactamente (adv)	exatamente	[ɛzata'mẽtʃi]
unos ...,	cerca de ...	['serka de]
cerca de ... (~ 10 kg)		

aproximadamente	aproximadamente	[aprosimada'mẽti]
aproximado (adj)	aproximado	[aprosi'madu]
casi (adv)	quase	['kwazi]
resto (m)	resto (m)	['hɛstu]

el otro (adj)	o outro	[u 'otru]
otro (p.ej. el otro día)	outro	['otru]
cada (adj)	cada	['kada]
cualquier (adj)	qualquer	[kwaw'ker]
mucho (innum.)	muito	['mwĩtu]
mucho (num.)	muitos, muitas	['mwĩtos], ['mwĩtas]
muchos (mucha gente)	muitas pessoas	['mwĩtas pe'soas]
todos	todos	['todus]
a cambio de ...	em troca de ...	[ẽ 'trɔka de]
en cambio (adv)	em troca	[ẽ 'trɔka]
a mano (hecho ~)	à mão	[a mãw]
poco probable	pouco provável	['poku pro'vavew]
probablemente	provavelmente	[provavɛw'mẽtʃi]
a propósito (adv)	de propósito	[de pro'pɔzitu]
por accidente (adv)	por acidente	[por asi'dẽtʃi]
muy (adv)	muito	['mwĩtu]
por ejemplo (adv)	por exemplo	[por e'zẽplu]
entre (~ nosotros)	entre	['ẽtri]
entre (~ otras cosas)	entre, no meio de ...	['ẽtri], [nu 'meju de]
tanto (~ gente)	tanto	['tãtu]
especialmente (adv)	especialmente	[ispesjal'mẽte]

Conceptos básicos. Unidad 2

19. Los opuestos

rico (adj)	rico	['hiku]
pobre (adj)	pobre	['pɔbri]
enfermo (adj)	doente	[do'ẽtʃi]
sano (adj)	bem	[bẽj]
grande (adj)	grande	['grãdʒi]
pequeño (adj)	pequeno	[pe'kenu]
rápidamente (adv)	rapidamente	[hapida'mẽtʃi]
lentamente (adv)	lentamente	[lẽta'mẽtʃi]
rápido (adj)	rápido	['hapidu]
lento (adj)	lento	['lẽtu]
alegre (adj)	alegre, feliz	[a'lɛgri], [fe'liz]
triste (adj)	triste	['tristʃi]
juntos (adv)	juntos	['ʒũtus]
separadamente	separadamente	[separada'mẽtʃi]
en voz alta	em voz alta	[ẽ vɔz 'awta]
en silencio	para si	['para si]
alto (adj)	alto	['awtu]
bajo (adj)	baixo	['baɪʃu]
profundo (adj)	profundo	[pro'fũdu]
poco profundo (adj)	raso	['hazu]
sí	sim	[sĩ]
no	não	[nãw]
lejano (adj)	distante	[dʒis'tãtʃi]
cercano (adj)	próximo	['prɔsimu]
lejos (adv)	longe	['lõʒi]
cerco (adv)	perto	['pɛrtu]
largo (adj)	longo	['lõgu]
corto (adj)	curto	['kurtu]
bueno (de buen corazón)	bom, bondoso	[bõ], [bõ'dozu]
malvado (adj)	mal	[maw]

| casado (adj) | casado | [ka'zadu] |
| soltero (adj) | solteiro | [sow'tejru] |

| prohibir (vt) | proibir (vt) | [proi'bir] |
| permitir (vt) | permitir (vt) | [permi'tʃir] |

| fin (m) | fim (m) | [fĩ] |
| principio (m) | início (m) | [i'nisju] |

| izquierdo (adj) | esquerdo | [is'kerdu] |
| derecho (adj) | direito | [dʒi'rejtu] |

| primero (adj) | primeiro | [pri'mejru] |
| último (adj) | último | ['uwtʃimu] |

| crimen (m) | crime (m) | ['krimi] |
| castigo (m) | castigo (m) | [kas'tʃigu] |

| ordenar (vt) | ordenar (vt) | [orde'nar] |
| obedecer (vi, vt) | obedecer (vt) | [obede'ser] |

| recto (adj) | reto | ['hɛtu] |
| curvo (adj) | curvo | ['kurvu] |

| paraíso (m) | paraíso (m) | [para'izu] |
| infierno (m) | inferno (m) | [ĩ'fɛrnu] |

| nacer (vi) | nascer (vi) | [na'ser] |
| morir (vi) | morrer (vi) | [mo'her] |

| fuerte (adj) | forte | ['fɔrtʃi] |
| débil (adj) | fraco, débil | ['fraku], ['debiw] |

| viejo (adj) | velho, idoso | ['vɛʎu], [i'dozu] |
| joven (adj) | jovem | ['ʒɔvẽ] |

| viejo (adj) | velho | ['vɛʎu] |
| nuevo (adj) | novo | ['novu] |

| duro (adj) | duro | ['duru] |
| blando (adj) | macio | [ma'siu] |

| tibio (adj) | quente | ['kẽtʃi] |
| frío (adj) | frio | ['friu] |

| gordo (adj) | gordo | ['gordu] |
| delgado (adj) | magro | ['magru] |

| estrecho (adj) | estreito | [is'trejtu] |
| ancho (adj) | largo | ['largu] |

| bueno (adj) | bom | [bõ] |
| malo (adj) | mau | [maw] |

| valiente (adj) | valente, corajoso | [va'lẽtʃi], [kora'ʒozu] |
| cobarde (adj) | covarde | [ko'vardʒi] |

20. Los días de la semana

lunes (m)	segunda-feira (f)	[se'gũda-'fejra]
martes (m)	terça-feira (f)	['tersa 'fejra]
miércoles (m)	quarta-feira (f)	['kwarta-'fejra]
jueves (m)	quinta-feira (f)	['kĩta-'fejra]
viernes (m)	sexta-feira (f)	['sesta-'fejra]
sábado (m)	sábado (m)	['sabadu]
domingo (m)	domingo (m)	[do'mĩgu]

hoy (adv)	hoje	['oʒi]
mañana (adv)	amanhã	[ama'ɲã]
pasado mañana	depois de amanhã	[de'pojs de ama'ɲã]
ayer (adv)	ontem	['õtẽ]
anteayer (adv)	anteontem	[ãtʃi'õtẽ]

día (m)	dia (m)	['dʒia]
día (m) de trabajo	dia (m) de trabalho	['dʒia de tra'baʎu]
día (m) de fiesta	feriado (m)	[fe'rjadu]
día (m) de descanso	dia (m) de folga	['dʒia de 'fɔwga]
fin (m) de semana	fim (m) de semana	[fĩ de se'mana]

todo el día	o dia todo	[u 'dʒia 'todu]
al día siguiente	no dia seguinte	[nu 'dʒia se'gĩtʃi]
dos días atrás	há dois dias	[a 'dojs 'dʒias]
en vísperas (adv)	na véspera	[na 'vɛspera]
diario (adj)	diário	['dʒjarju]
cada día (adv)	todos os dias	['todus us 'dʒias]

semana (f)	semana (f)	[se'mana]
semana (f) pasada	na semana passada	[na se'mana pa'sada]
semana (f) que viene	semana que vem	[se'mana ke vẽj]
semanal (adj)	semanal	[sema'naw]
cada semana (adv)	toda semana	['toda se'mana]
2 veces por semana	duas vezes por semana	['duas 'vezis por se'mana]
todos los martes	toda terça-feira	['toda tersa 'fejra]

21. Las horas. El día y la noche

mañana (f)	manhã (f)	[ma'ɲã]
por la mañana	de manhã	[de ma'ɲã]
mediodía (m)	meio-dia (m)	['meju 'dʒia]
por la tarde	à tarde	[a 'tardʒi]

noche (f)	tardinha (f)	[tar'dʒiɲa]
por la noche	à tardinha	[a tar'dʒiɲa]
noche (f) (p.ej. 2:00 a.m.)	noite (f)	['nojtʃi]
por la noche	à noite	[a 'nojtʃi]
medianoche (f)	meia-noite (f)	['meja 'nojtʃi]

segundo (m)	segundo (m)	[se'gũdu]
minuto (m)	minuto (m)	[mi'nutu]
hora (f)	hora (f)	['ɔra]

media hora (f)	meia hora (f)	['meja 'ɔra]
cuarto (m) de hora	quarto (m) de hora	['kwartu de 'ɔra]
quince minutos	quinze minutos	['kĩzi mi'nutus]
veinticuatro horas	vinte e quatro horas	['vĩtʃi i 'kwatru 'ɔras]
salida (f) del sol	nascer (m) do sol	[na'ser du sɔw]
amanecer (m)	amanhecer (m)	[amaɲe'ser]
madrugada (f)	madrugada (f)	[madru'gada]
puesta (f) del sol	pôr-do-sol (m)	[por du 'sɔw]
de madrugada	de madrugada	[de madru'gada]
esta mañana	esta manhã	['ɛsta ma'ɲã]
mañana por la mañana	amanhã de manhã	[ama'ɲã de ma'ɲã]
esta tarde	esta tarde	['ɛsta 'tardʒi]
por la tarde	à tarde	[a 'tardʒi]
mañana por la tarde	amanhã à tarde	[ama'ɲã a 'tardʒi]
esta noche (p.ej. 8:00 p.m.)	esta noite, hoje à noite	['ɛsta 'nojtʃi], ['oʒi a 'nojtʃi]
mañana por la noche	amanhã à noite	[ama'ɲã a 'nojtʃi]
a las tres en punto	às três horas em ponto	[as tres 'ɔras ẽ 'põtu]
a eso de las cuatro	por volta das quatro	[por 'vɔwta das 'kwatru]
para las doce	às doze	[as 'dozi]
dentro de veinte minutos	em vinte minutos	[ẽ 'vĩtʃi mi'nutus]
dentro de una hora	em uma hora	[ẽ 'uma 'ɔra]
a tiempo (adv)	a tempo	[a 'tẽpu]
... menos cuarto	... um quarto para	[... ũ 'kwartu 'para]
durante una hora	dentro de uma hora	['dẽtru de 'uma 'ɔra]
cada quince minutos	a cada quinze minutos	[a 'kada 'kĩzi mi'nutus]
día y noche	as vinte e quatro horas	[as 'vĩtʃi i 'kwatru 'ɔras]

22. Los meses. Las estaciones

enero (m)	janeiro (m)	[ʒa'nejru]
febrero (m)	fevereiro (m)	[feve'rejru]
marzo (m)	março (m)	['marsu]
abril (m)	abril (m)	[a'briw]
mayo (m)	maio (m)	['maju]
junio (m)	junho (m)	['ʒuɲu]
julio (m)	julho (m)	['ʒuʎu]
agosto (m)	agosto (m)	[a'gostu]
septiembre (m)	setembro (m)	[se'tẽbru]
octubre (m)	outubro (m)	[o'tubru]
noviembre (m)	novembro (m)	[no'vẽbru]
diciembre (m)	dezembro (m)	[de'zẽbru]
primavera (f)	primavera (f)	[prima'vɛra]
en primavera	na primavera	[na prima'vɛra]
de primavera (adj)	primaveril	[primave'riw]
verano (m)	verão (m)	[ve'rãw]

| en verano | no verão | [nu ve'rãw] |
| de verano (adj) | de verão | [de ve'rãw] |

otoño (m)	outono (m)	[o'tɔnu]
en otoño	no outono	[nu o'tɔnu]
de otoño (adj)	outonal	[oto'naw]

invierno (m)	inverno (m)	[ĩ'vɛrnu]
en invierno	no inverno	[nu ĩ'vɛrnu]
de invierno (adj)	de inverno	[de ĩ'vɛrnu]
mes (m)	mês (m)	[mes]
este mes	este mês	['estʃi mes]
al mes siguiente	mês que vem	['mes ki vẽj]
el mes pasado	no mês passado	[no mes pa'sadu]

hace un mes	um mês atrás	[ũ 'mes a'trajs]
dentro de un mes	em um mês	[ẽ ũ mes]
dentro de dos meses	em dois meses	[ẽ dojs 'mezis]
todo el mes	todo o mês	['todu u mes]
todo un mes	um mês inteiro	[ũ mes ĩ'tejru]

mensual (adj)	mensal	[mẽ'saw]
mensualmente (adv)	mensalmente	[mẽsaw'mẽtʃi]
cada mes	todo mês	['todu 'mes]
dos veces por mes	duas vezes por mês	['duas 'vezis por mes]

año (m)	ano (m)	['anu]
este año	este ano	['estʃi 'anu]
el próximo año	ano que vem	['anu ki vẽj]
el año pasado	no ano passado	[nu 'anu pa'sadu]
hace un año	há um ano	[a ũ 'anu]
dentro de un año	em um ano	[ẽ ũ 'anu]
dentro de dos años	dentro de dois anos	['dẽtru de 'dojs 'anus]
todo el año	todo o ano	['todu u 'anu]
todo un año	um ano inteiro	[ũ 'anu ĩ'tejru]

cada año	cada ano	['kada 'anu]
anual (adj)	anual	[a'nwaw]
anualmente (adv)	anualmente	[anwaw'mẽte]
cuatro veces por año	quatro vezes por ano	['kwatru 'vezis por 'anu]

fecha (f) (la ~ de hoy es ...)	data (f)	['data]
fecha (f) (~ de entrega)	data (f)	['data]
calendario (m)	calendário (m)	[kalẽ'darju]

medio año (m)	meio ano	['meju 'anu]
seis meses	seis meses	[sejs 'mezis]
estación (f)	estação (f)	[ista'sãw]
siglo (m)	século (m)	['sɛkulu]

23. La hora. Miscelánea

| tiempo (m) | tempo (m) | ['tẽpu] |
| momento (m) | momento (m) | [mo'mẽtu] |

instante (m)	instante (m)	[ĩs'tãtʃi]
instantáneo (adj)	instantâneo	[ĩstã'tanju]
lapso (m) de tiempo	lapso (m) de tempo	['lapsu de 'tẽpu]
vida (f)	vida (f)	['vida]
eternidad (f)	eternidade (f)	[eterni'dadʒi]

época (f)	época (f)	['ɛpoka]
era (f)	era (f)	['ɛra]
ciclo (m)	ciclo (m)	['siklu]
periodo (m)	período (m)	[pe'riodu]
plazo (m) (~ de tres meses)	prazo (m)	['prazu]

futuro (m)	futuro (m)	[fu'turu]
futuro (adj)	futuro	[fu'turu]
la próxima vez	da próxima vez	[da 'prɔsima vez]
pasado (m)	passado (m)	[pa'sadu]
pasado (adj)	passado	[pa'sadu]
la última vez	na última vez	[na 'uwtʃima 'vez]
más tarde (adv)	mais tarde	[majs 'tardʒi]
después	depois	[de'pojs]
actualmente (adv)	atualmente	[atwaw'mẽtʃi]
ahora (adv)	agora	[a'gora]
inmediatamente	imediatamente	[imedʒata'mẽtʃi]
pronto (adv)	em breve	[ẽ 'brɛvi]
de antemano (adv)	de antemão	[de ante'mãw]

hace mucho tiempo	há muito tempo	[a 'mwĩtu 'tẽpu]
hace poco (adv)	recentemente	[hesẽtʃi'mẽtʃi]
destino (m)	destino (m)	[des'tʃinu]
recuerdos (m pl)	recordações (f pl)	[hekorda'sõjs]
archivo (m)	arquivo (m)	[ar'kivu]
durante ...	durante ...	[du'rãtʃi]
mucho tiempo (adv)	durante muito tempo	[du'rãtʃi 'mwĩtu 'tẽpu]
poco tiempo (adv)	pouco tempo	['poku 'tẽpu]
temprano (adv)	cedo	['sedu]
tarde (adv)	tarde	['tardʒi]

para siempre (adv)	para sempre	['para 'sẽpri]
comenzar (vt)	começar (vt)	[kome'sar]
aplazar (vt)	adiar (vt)	[a'dʒjar]

simultáneamente	ao mesmo tempo	['aw 'mezmu 'tẽpu]
permanentemente	permanentemente	[permanẽtʃi'mẽtʃi]
constante (ruido, etc.)	constante	[kõs'tãtʃi]
temporal (adj)	temporário	[tẽpo'rarju]

a veces (adv)	às vezes	[as 'vezis]
raramente (adv)	raras vezes, raramente	['harus 'vezis]' [hara'mẽtʃi]
frecuentemente	frequentemente	[frekwẽtʃi'mẽtʃi]

24. Las líneas y las formas

| cuadrado (m) | quadrado (m) | [kwa'dradu] |
| cuadrado (adj) | quadrado | [kwa'dradu] |

círculo (m)	círculo (m)	['sirkulu]
redondo (adj)	redondo	[he'dõdu]
triángulo (m)	triângulo (m)	['trjãgulu]
triangular (adj)	triangular	[trjãgu'lar]

óvalo (m)	oval (f)	[o'vaw]
oval (adj)	oval	[o'vaw]
rectángulo (m)	retângulo (m)	[he'tãgulu]
rectangular (adj)	retangular	[hetãgu'lar]

pirámide (f)	pirâmide (f)	[pi'ramidʒi]
rombo (m)	losango (m)	[lo'zãgu]
trapecio (m)	trapézio (m)	[tra'pɛzju]
cubo (m)	cubo (m)	['kubu]
prisma (m)	prisma (m)	['prizma]

circunferencia (f)	circunferência (f)	[sirkũfe'rẽsja]
esfera (f)	esfera (f)	[is'fɛra]
globo (m)	globo (m)	['globu]
diámetro (m)	diâmetro (m)	['dʒjametru]
radio (m)	raio (m)	['haju]
perímetro (m)	perímetro (m)	[pe'rimetru]
centro (m)	centro (m)	['sẽtru]

horizontal (adj)	horizontal	[orizõ'taw]
vertical (adj)	vertical	[vertʃi'kaw]
paralela (f)	paralela (f)	[para'lɛla]
paralelo (adj)	paralelo	[para'lɛlu]

línea (f)	linha (f)	['liɲa]
trazo (m)	traço (m)	['trasu]
recta (f)	reta (f)	['hɛta]
curva (f)	curva (f)	['kurva]
fino (la ~a línea)	fino	['finu]
contorno (m)	contorno (m)	[kõ'tornu]

intersección (f)	interseção (f)	[ĩterse'sãw]
ángulo (m) recto	ângulo (m) reto	[ãgulu 'hɛtu]
segmento (m)	segmento (m)	[sɛ'gmẽtu]
sector (m)	setor (m)	[sɛ'tor]
lado (m)	lado (m)	['ladu]
ángulo (m)	ângulo (m)	[ãgulu]

25. Las unidades de medida

peso (m)	peso (m)	['pezu]
longitud (f)	comprimento (m)	[kõpri'mẽtu]
anchura (f)	largura (f)	[lar'gura]
altura (f)	altura (f)	[aw'tura]
profundidad (f)	profundidade (f)	[profũdʒi'dadʒi]
volumen (m)	volume (m)	[vo'lumi]
área (f)	área (f)	['arja]
gramo (m)	grama (m)	['grama]
miligramo (m)	miligrama (m)	[mili'grama]

kilogramo (m)	quilograma (m)	[kilo'grama]
tonelada (f)	tonelada (f)	[tune'lada]
libra (f)	libra (f)	['libra]
onza (f)	onça (f)	['õsa]

metro (m)	metro (m)	['mɛtru]
milímetro (m)	milímetro (m)	[mi'limetru]
centímetro (m)	centímetro (m)	[sẽ'tʃimetru]
kilómetro (m)	quilômetro (m)	[ki'lometru]
milla (f)	milha (f)	['miʎa]

pulgada (f)	polegada (f)	[pole'gada]
pie (m)	pé (m)	[pɛ]
yarda (f)	jarda (f)	['ʒarda]

| metro (m) cuadrado | metro (m) quadrado | ['mɛtru kwa'dradu] |
| hectárea (f) | hectare (m) | [ek'tari] |

litro (m)	litro (m)	['litru]
grado (m)	grau (m)	[graw]
voltio (m)	volt (m)	['vɔwtʃi]
amperio (m)	ampère (m)	[ã'pɛri]
caballo (m) de fuerza	cavalo (m) de potência	[ka'valu de po'tẽsja]

cantidad (f)	quantidade (f)	[kwãtʃi'dadʒi]
un poco de ...	um pouco de ...	[ũ 'poku de]
mitad (f)	metade (f)	[me'tadʒi]
docena (f)	dúzia (f)	['duzja]
pieza (f)	peça (f)	['pɛsa]

| dimensión (f) | tamanho (m), dimensão (f) | [ta'maɲu], [dʒimẽ'sãw] |
| escala (f) (del mapa) | escala (f) | [is'kala] |

mínimo (adj)	mínimo	['minimu]
el más pequeño (adj)	menor, mais pequeno	[me'nɔr], [majs pe'kenu]
medio (adj)	médio	['mɛdʒju]
máximo (adj)	máximo	['masimu]
el más grande (adj)	maior, mais grande	[ma'jɔr], [majs 'grãdʒi]

26. Contenedores

tarro (m) de vidrio	pote (m) de vidro	['pɔtʃi de 'vidru]
lata (f)	lata (f)	['lata]
cubo (m)	balde (m)	['bawdʒi]
barril (m)	barril (m)	[ba'hiw]

palangana (f)	bacia (f)	[ba'sia]
tanque (m)	tanque (m)	['tãki]
petaca (f) (de alcohol)	cantil (m) de bolso	[kã'tʃiw dʒi 'bowsu]
bidón (m) de gasolina	galão (m) de gasolina	[ga'lãw de gazo'lina]
cisterna (f)	cisterna (f)	[sis'tɛrna]

| taza (f) (mug de cerámica) | caneca (f) | [ka'nɛka] |
| taza (f) (~ de café) | xícara (f) | ['ʃikara] |

platillo (m)	pires (m)	['piris]
vaso (m) (~ de agua)	copo (m)	['kɔpu]
copa (f) (~ de vino)	taça (f) de vinho	['tasa de 'viɲu]
olla (f)	panela (f)	[pa'nɛla]
botella (f)	garrafa (f)	[ga'hafa]
cuello (m) de botella	gargalo (m)	[gar'galu]
garrafa (f)	jarra (f)	['ʒaha]
jarro (m) (~ de agua)	jarro (m)	['ʒahu]
recipiente (m)	recipiente (m)	[hesi'pjẽtʃi]
tarro (m)	pote (m)	['pɔtʃi]
florero (m)	vaso (m)	['vazu]
frasco (m) (~ de perfume)	frasco (m)	['frasku]
frasquito (m)	frasquinho (m)	[fras'kiɲu]
tubo (m)	tubo (m)	['tubu]
saco (m) (~ de azúcar)	saco (m)	['saku]
bolsa (f) (~ plástica)	sacola (f)	[sa'kɔla]
paquete (m) (~ de cigarrillos)	maço (m)	['masu]
caja (f)	caixa (f)	['kaɪʃa]
cajón (m) (~ de madera)	caixote (m)	[kaj'ʃɔtʃi]
cesta (f)	cesto (m)	['sestu]

27. Materiales

material (m)	material (m)	[mate'rjaw]
madera (f)	madeira (f)	[ma'dejra]
de madera (adj)	de madeira	[de ma'dejra]
vidrio (m)	vidro (m)	['vidru]
de vidrio (adj)	de vidro	[de 'vidru]
piedra (f)	pedra (f)	['pɛdra]
de piedra (adj)	de pedra	[de 'pɛdra]
plástico (m)	plástico (m)	['plastʃiku]
de plástico (adj)	plástico	['plastʃiku]
goma (f)	borracha (f)	[bo'haʃa]
de goma (adj)	de borracha	[de bo'haʃa]
tela (f)	tecido, pano (m)	[te'sidu], ['panu]
de tela (adj)	de tecido	[de te'sidu]
papel (m)	papel (m)	[pa'pɛw]
de papel (adj)	de papel	[de pa'pɛw]
cartón (m)	papelão (m)	[pape'lãw]
de cartón (adj)	de papelão	[de pape'lãw]
polietileno (m)	polietileno (m)	[poljetʃi'lɛnu]
celofán (m)	celofane (m)	[selo'fani]

| linóleo (m) | linóleo (m) | [li'nɔlju] |
| contrachapado (m) | madeira (f) compensada | [ma'dejra kõpẽ'sada] |

porcelana (f)	porcelana (f)	[porse'lana]
de porcelana (adj)	de porcelana	[de porse'lana]
arcilla (f), barro (m)	argila (f), barro (m)	[ar'ʒila], ['bahu]
de barro (adj)	de barro	[de 'bahu]
cerámica (f)	cerâmica (f)	[se'ramika]
de cerámica (adj)	de cerâmica	[de se'ramika]

28. Los metales

metal (m)	metal (m)	[me'taw]
metálico (adj)	metálico	[me'taliku]
aleación (f)	liga (f)	['liga]

oro (m)	ouro (m)	['oru]
de oro (adj)	de ouro	[de 'oru]
plata (f)	prata (f)	['prata]
de plata (adj)	de prata	[de 'prata]

hierro (m)	ferro (m)	['fɛhu]
de hierro (adj)	de ferro	[de 'fɛhu]
acero (m)	aço (m)	['asu]
de acero (adj)	de aço	[de 'asu]
cobre (m)	cobre (m)	['kɔbri]
de cobre (adj)	de cobre	[de 'kɔbri]

aluminio (m)	alumínio (m)	[alu'minju]
de aluminio (adj)	de alumínio	[de alu'minju]
bronce (m)	bronze (m)	['brõzi]
de bronce (adj)	de bronze	[de 'brõzi]

latón (m)	latão (m)	[la'tãw]
níquel (m)	níquel (m)	['nikew]
platino (m)	platina (f)	[pla'tʃina]
mercurio (m)	mercúrio (m)	[mer'kurju]
estaño (m)	estanho (m)	[is'taɲu]
plomo (m)	chumbo (m)	['ʃũbu]
zinc (m)	zinco (m)	['zĩku]

EL SER HUMANO

El ser humano. El cuerpo

29. El ser humano. Conceptos básicos

ser (m) humano	ser (m) humano	[ser u'manu]
hombre (m) (varón)	homem (m)	['ɔmẽ]
mujer (f)	mulher (f)	[mu'ʎer]
niño -a (m, f)	criança (f)	['krjãsa]
niña (f)	menina (f)	[me'nina]
niño (m)	menino (m)	[me'ninu]
adolescente (m)	adolescente (m)	[adole'sẽtʃi]
viejo, anciano (m)	velho (m)	['vɛʎu]
vieja, anciana (f)	velha (f)	['vɛʎa]

30. La anatomía humana

organismo (m)	organismo (m)	[orga'nizmu]
corazón (m)	coração (m)	[kora'sãw]
sangre (f)	sangue (m)	['sãgi]
arteria (f)	artéria (f)	[ar'tɛrja]
vena (f)	veia (f)	['veja]
cerebro (m)	cérebro (m)	['sɛrebru]
nervio (m)	nervo (m)	['nervu]
nervios (m pl)	nervos (m pl)	['nervus]
vértebra (f)	vértebra (f)	['vɛrtebra]
columna (f) vertebral	coluna (f) vertebral	[ko'luna verte'braw]
estómago (m)	estômago (m)	[is'tomagu]
intestinos (m pl)	intestinos (m pl)	[ĩtes'tʃinus]
intestino (m)	intestino (m)	[ĩtes'tʃinu]
hígado (m)	fígado (m)	['figadu]
riñón (m)	rim (m)	[hĩ]
hueso (m)	osso (m)	['osu]
esqueleto (m)	esqueleto (m)	[iske'letu]
costilla (f)	costela (f)	[kos'tɛla]
cráneo (m)	crânio (m)	['kranju]
músculo (m)	músculo (m)	['muskulu]
bíceps (m)	bíceps (m)	['biseps]
tríceps (m)	tríceps (m)	['triseps]
tendón (m)	tendão (m)	[tẽ'dãw]
articulación (f)	articulação (f)	[artʃikula'sãw]

pulmones (m pl)	pulmões (m pl)	[puw'mãws]
genitales (m pl)	órgãos (m pl) genitais	['ɔrgãws ʒeni'tajs]
piel (f)	pele (f)	['pɛli]

31. La cabeza

cabeza (f)	cabeça (f)	[ka'besa]
cara (f)	rosto, cara (f)	['hostu], ['kara]
nariz (f)	nariz (m)	[na'riz]
boca (f)	boca (f)	['boka]

ojo (m)	olho (m)	['oʎu]
ojos (m pl)	olhos (m pl)	['oʎus]
pupila (f)	pupila (f)	[pu'pila]
ceja (f)	sobrancelha (f)	[sobrã'seʎa]
pestaña (f)	cílio (f)	['silju]
párpado (m)	pálpebra (f)	['pawpebra]

lengua (f)	língua (f)	['lĩgwa]
diente (m)	dente (m)	['dẽtʃi]
labios (m pl)	lábios (m pl)	['labjus]
pómulos (m pl)	maçãs (f pl) do rosto	[ma'sãs du 'hostu]
encía (f)	gengiva (f)	[ʒẽ'ʒiva]
paladar (m)	palato (m)	[pa'latu]

ventanas (f pl)	narinas (f pl)	[na'rinas]
mentón (m)	queixo (m)	['kejʃu]
mandíbula (f)	mandíbula (f)	[mã'dʒibula]
mejilla (f)	bochecha (f)	[bo'ʃeʃa]

frente (f)	testa (f)	['tɛsta]
sien (f)	têmpora (f)	['tẽpora]
oreja (f)	orelha (f)	[o'reʎa]
nuca (f)	costas (f pl) da cabeça	['kɔstas da ka'besa]
cuello (m)	pescoço (m)	[pes'kosu]
garganta (f)	garganta (f)	[gar'gãta]

pelo, cabello (m)	cabelo (m)	[ka'belu]
peinado (m)	penteado (m)	[pẽ'tʃjadu]
corte (m) de pelo	corte (m) de cabelo	['kɔrtʃi de ka'belu]
peluca (f)	peruca (f)	[pe'ruka]

bigote (m)	bigode (m)	[bi'gɔdʒi]
barba (f)	barba (f)	['barba]
tener (~ la barba)	ter (vt)	[ter]
trenza (f)	trança (f)	['trãsa]
patillas (f pl)	suíças (f pl)	['swisas]

pelirrojo (adj)	ruivo	['hwivu]
gris, canoso (adj)	grisalho	[gri'zaʎu]
calvo (adj)	careca	[ka'rɛka]
calva (f)	calva (f)	['kawvu]
cola (f) de caballo	rabo-de-cavalo (m)	['habu-de-ka'valu]
flequillo (m)	franja (f)	['frãʒa]

32. El cuerpo

mano (f)	mão (f)	[mãw]
brazo (m)	braço (m)	['brasu]
dedo (m)	dedo (m)	['dedu]
dedo (m) del pie	dedo (m) do pé	['dedu du pɛ]
dedo (m) pulgar	polegar (m)	[pole'gar]
dedo (m) meñique	dedo (m) mindinho	['dedu mĩ'dʒiɲu]
uña (f)	unha (f)	['uɲa]
puño (m)	punho (m)	['puɲu]
palma (f)	palma (f)	['pawma]
muñeca (f)	pulso (m)	['puwsu]
antebrazo (m)	antebraço (m)	[ãtʃi'brasu]
codo (m)	cotovelo (m)	[koto'velu]
hombro (m)	ombro (m)	['õbru]
pierna (f)	perna (f)	['pɛrna]
planta (f)	pé (m)	[pɛ]
rodilla (f)	joelho (m)	[ʒo'eʎu]
pantorrilla (f)	panturrilha (f)	[pãtu'hiʎa]
cadera (f)	quadril (m)	[kwa'driw]
talón (m)	calcanhar (m)	[kawka'ɲar]
cuerpo (m)	corpo (m)	['korpu]
vientre (m)	barriga (f), ventre (m)	[ba'higa], ['vẽtri]
pecho (m)	peito (m)	['pejtu]
seno (m)	seio (m)	['seju]
lado (m), costado (m)	lado (m)	['ladu]
espalda (f)	costas (f pl)	['kɔstas]
zona (f) lumbar	região (f) lombar	[he'ʒjãw lõ'bar]
cintura (f), talle (m)	cintura (f)	[sĩ'tura]
ombligo (m)	umbigo (m)	[ũ'bigu]
nalgas (f pl)	nádegas (f pl)	['nadegas]
trasero (m)	traseiro (m)	[tra'zejru]
lunar (m)	sinal (m), pinta (f)	[si'naw], ['pĩta]
marca (f) de nacimiento	sinal (m) de nascença	[si'naw de na'sẽsa]
tatuaje (m)	tatuagem (f)	[ta'twaʒẽ]
cicatriz (f)	cicatriz (f)	[sika'triz]

La ropa y los accesorios

33. La ropa exterior. Los abrigos

ropa (f)	roupa (f)	['hopa]
ropa (f) de calle	roupa (f) exterior	['hopa iste'rjor]
ropa (f) de invierno	roupa (f) de inverno	['hopa de ĩ'vɛrnu]
abrigo (m)	sobretudo (m)	[sobri'tudu]
abrigo (m) de piel	casaco (m) de pele	[kaz'aku de 'pɛli]
abrigo (m) corto de piel	jaqueta (f) de pele	[ʒa'keta de 'pɛli]
chaqueta (f) plumón	casaco (m) acolchoado	[ka'zaku akow'ʃwadu]
cazadora (f)	casaco (m), jaqueta (f)	[kaz'aku], [ʒa'keta]
impermeable (m)	impermeável (m)	[ĩper'mjavew]
impermeable (adj)	a prova d'água	[a 'prɔva 'dagwa]

34. Ropa de hombre y mujer

camisa (f)	camisa (f)	[ka'miza]
pantalones (m pl)	calça (f)	['kawsa]
jeans, vaqueros (m pl)	jeans (m)	['dʒins]
chaqueta (f), saco (m)	paletó, terno (m)	[pale'tɔ], ['tɛrnu]
traje (m)	terno (m)	['tɛrnu]
vestido (m)	vestido (m)	[ves'tʃidu]
falda (f)	saia (f)	['saja]
blusa (f)	blusa (f)	['bluza]
rebeca (f),	casaco (m) de malha	[ka'zaku de 'maʎa]
chaqueta (f) de punto		
chaqueta (f)	casaco, blazer (m)	[ka'zaku], ['blejzer]
camiseta (f) (T-shirt)	camiseta (f)	[kami'zɛta]
pantalones (m pl) cortos	short (m)	['ʃortʃi]
traje (m) deportivo	training (m)	['trejnĩŋ]
bata (f) de baño	roupão (m) de banho	[ho'pãw de 'baɲu]
pijama (m)	pijama (m)	[pi'ʒama]
suéter (m)	suéter (m)	['swɛter]
pulóver (m)	pulôver (m)	[pu'lover]
chaleco (m)	colete (m)	[ko'letʃi]
frac (m)	fraque (m)	['fraki]
esmoquin (m)	smoking (m)	[iz'mokĩs]
uniforme (m)	uniforme (m)	[uni'fɔrmi]
ropa (f) de trabajo	roupa (f) de trabalho	['hopa de tra'baʎu]
mono (m)	macacão (m)	[maka'kãws]
bata (f) (p. ej. ~ blanca)	jaleco (m), bata (f)	[ʒa'lɛku], ['bata]

35. La ropa. La ropa interior

ropa (f) interior	roupa (f) íntima	['hopa 'ĩtʃima]
bóxer (m)	cueca boxer (f)	['kwɛka 'bɔkser]
bragas (f pl)	calcinha (f)	[kaw'siɲa]
camiseta (f) interior	camiseta (f)	[kami'zɛta]
calcetines (m pl)	meias (f pl)	['mejas]
camisón (m)	camisola (f)	[kami'zɔla]
sostén (m)	sutiã (m)	[su'tʃiã]
calcetines (m pl) altos	meias longas (f pl)	['mejas 'lõgas]
pantimedias (f pl)	meias-calças (f pl)	['mejas 'kalsas]
medias (f pl)	meias (f pl)	['mejas]
traje (m) de baño	maiô (m)	[ma'jo]

36. Gorras

gorro (m)	chapéu (m), touca (f)	[ʃa'pɛw], ['toka]
sombrero (m) de fieltro	chapéu (m) de feltro	[ʃa'pɛw de 'fewtru]
gorra (f) de béisbol	boné (m) de beisebol	[bo'nɛ de bejsi'bɔw]
gorra (f) plana	boina (f)	['bojna]
boina (f)	boina (f) francesa	['bojna frã'seza]
capuchón (m)	capuz (m)	[ka'puz]
panamá (m)	chapéu panamá (m)	[ʃa'pɛw pana'ma]
gorro (m) de punto	touca (f)	['toka]
pañuelo (m)	lenço (m)	['lẽsu]
sombrero (m) de mujer	chapéu (m) feminino	[ʃa'pɛw femi'ninu]
casco (m) (~ protector)	capacete (m)	[kapa'setʃi]
gorro (m) de campaña	bibico (m)	[bi'biko]
casco (m) (~ de moto)	capacete (m)	[kapa'setʃi]
bombín (m)	chapéu-coco (m)	[ʃa'pɛw 'koku]
sombrero (m) de copa	cartola (f)	[kar'tɔla]

37. El calzado

calzado (m)	calçado (m)	[kaw'sadu]
botas (f pl)	botinas (f pl), sapatos (m pl)	[bo'tʃinas], [sapa'tõjs]
zapatos (m pl) (~ de tacón bajo)	sapatos (m pl)	[sa'patus]
botas (f pl) altas	botas (f pl)	['bɔtas]
zapatillas (f pl)	pantufas (f pl)	[pã'tufas]
tenis (m pl)	tênis (m pl)	['tenis]
zapatillas (f pl) de lona	tênis (m pl)	['tenis]
sandalias (f pl)	sandálias (f pl)	[sã'dalias]
zapatero (m)	sapateiro (m)	[sapa'tejru]
tacón (m)	salto (m)	['sawtu]

par (m)	par (m)	[par]
cordón (m)	cadarço (m)	[ka'darsu]
encordonar (vt)	amarrar os cadarços	[ama'har us ka'darsus]
calzador (m)	calçadeira (f)	[kawsa'dejra]
betún (m)	graxa (f) para calçado	['graʃa 'para kaw'sadu]

38. Los textiles. Las telas

algodón (m)	algodão (m)	[awgo'dãw]
de algodón (adj)	de algodão	[de awgo'dãw]
lino (m)	linho (m)	['liɲu]
de lino (adj)	de linho	[de 'liɲu]

seda (f)	seda (f)	['seda]
de seda (adj)	de seda	[de 'seda]
lana (f)	lã (f)	[lã]
de lana (adj)	de lã	[de lã]

terciopelo (m)	veludo (m)	[ve'ludu]
gamuza (f)	camurça (f)	[ka'mursa]
pana (f)	veludo (m) cotelê	[ve'ludu kɔte'le]

nilón (m)	nylon (m)	['najlɔn]
de nilón (adj)	de nylon	[de 'najlɔn]
poliéster (m)	poliéster (m)	[po'ljɛster]
de poliéster (adj)	de poliéster	[de po'ljɛster]

piel (f) (cuero)	couro (m)	['koru]
de piel (de cuero)	de couro	[de 'koru]
piel (f) (~ de zorro, etc.)	pele (f)	['pɛli]
de piel (abrigo ~)	de pele	[de 'pɛli]

39. Accesorios personales

guantes (m pl)	luva (f)	['luva]
manoplas (f pl)	mitenes (f pl)	[mi'tɛnes]
bufanda (f)	cachecol (m)	[kaʃe'kɔw]

gafas (f pl)	óculos (m pl)	['ɔkulus]
montura (f)	armação (f)	[arma'sãw]
paraguas (m)	guarda-chuva (m)	['gwarda 'ʃuva]
bastón (m)	bengala (f)	[bẽ'gala]
cepillo (m) de pelo	escova (f) para o cabelo	[is'kova 'para u ka'belu]
abanico (m)	leque (m)	['lɛki]

corbata (f)	gravata (f)	[gra'vata]
pajarita (f)	gravata-borboleta (f)	[gra'vata borbo'leta]
tirantes (m pl)	suspensórios (m pl)	[suspẽ'sɔrjus]
moquero (m)	lenço (m)	['lẽsu]

| peine (m) | pente (m) | ['pẽtʃi] |
| pasador (m) de pelo | fivela (f) para cabelo | [fi'vɛla 'para ka'belu] |

| horquilla (f) | grampo (m) | ['grãpu] |
| hebilla (f) | fivela (f) | [fi'vɛla] |

| cinturón (m) | cinto (m) | ['sĩtu] |
| correa (f) (de bolso) | alça (f) de ombro | ['awsa de 'õbru] |

bolsa (f)	bolsa (f)	['bowsa]
bolso (m)	bolsa, carteira (f)	['bowsa], [kar'tejra]
mochila (f)	mochila (f)	[mo'ʃila]

40. La ropa. Miscelánea

moda (f)	moda (f)	['mɔda]
de moda (adj)	na moda	[na 'mɔda]
diseñador (m) de moda	estilista (m)	[istʃi'lista]

cuello (m)	colarinho (m)	[kola'riɲu]
bolsillo (m)	bolso (m)	['bowsu]
de bolsillo (adj)	de bolso	[de 'bowsu]
manga (f)	manga (f)	['mãga]
presilla (f)	ganchinho (m)	[gã'ʃiɲu]
bragueta (f)	bragueta (f)	[bra'gwetʃi]

cremallera (f)	zíper (m)	['ziper]
cierre (m)	colchete (m)	[kow'ʃetʃi]
botón (m)	botão (m)	[bo'tãw]
ojal (m)	botoeira (f)	[bo'twejra]
saltar (un botón)	soltar-se (vr)	[sow'tarsi]

coser (vi, vt)	costurar (vi)	[kostu'rar]
bordar (vt)	bordar (vt)	[bor'dar]
bordado (m)	bordado (m)	[bor'dadu]
aguja (f)	agulha (f)	[a'guʎa]
hilo (m)	fio, linha (f)	['fiu], ['liɲa]
costura (f)	costura (f)	[kos'tura]

ensuciarse (vr)	sujar-se (vr)	[su'ʒarsi]
mancha (f)	mancha (f)	['mãʃa]
arrugarse (vr)	amarrotar-se (vr)	[amaho'tarse]
rasgar (vt)	rasgar (vt)	[haz'gar]
polilla (f)	traça (f)	['trasa]

41. Productos personales. Cosméticos

pasta (f) de dientes	pasta (f) de dente	['pasta de 'dẽtʃi]
cepillo (m) de dientes	escova (f) de dente	[is'kova de 'dẽtʃi]
limpiarse los dientes	escovar os dentes	[isko'var us 'dẽtʃis]

maquinilla (f) de afeitar	gilete (f)	[ʒi'lɛtʃi]
crema (f) de afeitar	creme (m) de barbear	['krɛmi de bar'bjar]
afeitarse (vr)	barbear-se (vr)	[bar'bjarsi]
jabón (m)	sabonete (m)	[sabo'netʃi]

champú (m)	xampu (m)	[ʃã'pu]
tijeras (f pl)	tesoura (f)	[te'zora]
lima (f) de uñas	lixa (f) de unhas	['liʃa de 'uɲas]
cortaúñas (m pl)	corta-unhas (m)	['kɔrta 'uɲas]
pinzas (f pl)	pinça (f)	['pĩsa]

cosméticos (m pl)	cosméticos (m pl)	[koz'mɛtʃikus]
mascarilla (f)	máscara (f)	['maskara]
manicura (f)	manicure (f)	[mani'kuri]
hacer la manicura	fazer as unhas	[fa'zer as 'uɲas]
pedicura (f)	pedicure (f)	[pedi'kure]

bolsa (f) de maquillaje	bolsa (f) de maquiagem	['bowsa de ma'kjaʒẽ]
polvos (m pl)	pó (m)	[pɔ]
polvera (f)	pó (m) compacto	[pɔ kõ'paktu]
colorete (m), rubor (m)	blush (m)	[blaʃ]

perfume (m)	perfume (m)	[per'fumi]
agua (f) de tocador	água-de-colônia (f)	['agwa de ko'lonja]
loción (f)	loção (f)	[lo'sãw]
agua (f) de Colonia	colônia (f)	[ko'lonja]

sombra (f) de ojos	sombra (f) de olhos	['sõbra de 'oʎus]
lápiz (m) de ojos	delineador (m)	[delinja'dor]
rímel (m)	máscara (f), rímel (m)	['maskara], ['himew]

pintalabios (m)	batom (m)	['batõ]
esmalte (m) de uñas	esmalte (m)	[iz'mawtʃi]
fijador (m) para el pelo	laquê (m), spray fixador (m)	[la'ke], [is'prej fiksa'dor]
desodorante (m)	desodorante (m)	[dʒizodo'rãtʃi]

crema (f)	creme (m)	['krɛmi]
crema (f) de belleza	creme (m) de rosto	['krɛmi de 'hostu]
crema (f) de manos	creme (m) de mãos	['krɛmi de 'mãws]
crema (f) antiarrugas	creme (m) antirrugas	['krɛmi ãtʃi'hugas]
crema (f) de día	creme (m) de dia	['krɛmi de 'dʒia]
crema (f) de noche	creme (m) de noite	['krɛmi de 'nojtʃi]
de día (adj)	de dia	[de 'dʒia]
de noche (adj)	da noite	[da 'nojtʃi]

tampón (m)	absorvente (m) interno	[absor'vẽtʃi ĩ'tɛrnu]
papel (m) higiénico	papel (m) higiênico	[pa'pɛw i'ʒjeniku]
secador (m) de pelo	secador (m) de cabelo	[seka'dor de ka'belu]

42. Las joyas

joyas (f pl)	joias (f pl)	['ʒɔjas]
precioso (adj)	precioso	[pre'sjozu]
contraste (m)	marca (f) de contraste	['marka de kõ'trastʃi]

anillo (m)	anel (m)	[a'nɛw]
anillo (m) de boda	aliança (f)	[a'ljãsa]
pulsera (f)	pulseira (f)	[puw'sejra]
pendientes (m pl)	brincos (m pl)	['brĩkus]

collar (m) (~ de perlas)	colar (m)	[ko'lar]
corona (f)	coroa (f)	[ko'roa]
collar (m) de abalorios	colar (m) de contas	[ko'lar de 'kõtas]

diamante (m)	diamante (m)	[dʒja'mãtʃi]
esmeralda (f)	esmeralda (f)	[izme'rawda]
rubí (m)	rubi (m)	[hu'bi]
zafiro (m)	safira (f)	[sa'fira]
perla (f)	pérola (f)	['pɛrola]
ámbar (m)	âmbar (m)	[ãbar]

43. Los relojes

reloj (m)	relógio (m) de pulso	[he'lɔʒu de 'puwsu]
esfera (f)	mostrador (m)	[mostra'dor]
aguja (f)	ponteiro (m)	[põ'tejru]
pulsera (f)	bracelete (f) em aço	[brase'letʃi ẽ 'asu]
correa (f) (del reloj)	bracelete (f) em couro	[brase'letʃi ẽ 'koru]

pila (f)	pilha (f)	['piʎa]
descargarse (vr)	acabar (vi)	[aka'bar]
cambiar la pila	trocar a pilha	[tro'kar a 'piʎa]
adelantarse (vr)	estar adiantado	[is'tar adʒjã'tadu]
retrasarse (vr)	estar atrasado	[is'tar atra'zadu]

reloj (m) de pared	relógio (m) de parede	[he'lɔʒu de pa'redʒi]
reloj (m) de arena	ampulheta (f)	[ãpu'ʎeta]
reloj (m) de sol	relógio (m) de sol	[he'lɔʒu de sɔw]
despertador (m)	despertador (m)	[dʒisperta'dor]
relojero (m)	relojoeiro (m)	[helo'ʒwejru]
reparar (vt)	reparar (vt)	[hepa'rar]

La comida y la nutrición

carne (f)	carne (f)	['karni]
gallina (f)	galinha (f)	[ga'liɲa]
pollo (m)	frango (m)	['frãgu]
pato (m)	pato (m)	['patu]
ganso (m)	ganso (m)	['gãsu]
caza (f) menor	caça (f)	['kasa]
pava (f)	peru (m)	[pe'ru]
carne (f) de cerdo	carne (f) de porco	['karni de 'porku]
carne (f) de ternera	carne (f) de vitela	['karni de vi'tɛla]
carne (f) de carnero	carne (f) de carneiro	['karni de kar'nejru]
carne (f) de vaca	carne (f) de vaca	['karni de 'vaka]
conejo (m)	carne (f) de coelho	['karni de ko'eʎu]
salchichón (m)	linguiça (f), salsichão (m)	[lĩ'gwisa], [sawsi'ʃãw]
salchicha (f)	salsicha (f)	[saw'siʃa]
beicon (m)	bacon (m)	['bejkõ]
jamón (m)	presunto (m)	[pre'zũtu]
jamón (m) fresco	pernil (m) de porco	[per'niw de 'porku]
paté (m)	patê (m)	[pa'te]
hígado (m)	fígado (m)	['figadu]
carne (f) picada	guisado (m)	[gi'zadu]
lengua (f)	língua (f)	['lĩgwa]
huevo (m)	ovo (m)	['ovu]
huevos (m pl)	ovos (m pl)	['ɔvus]
clara (f)	clara (f) de ovo	['klara de 'ovu]
yema (f)	gema (f) de ovo	['ʒɛma de 'ovu]
pescado (m)	peixe (m)	['pejʃi]
mariscos (m pl)	mariscos (m pl)	[ma'riskus]
crustáceos (m pl)	crustáceos (m pl)	[krus'tasjus]
caviar (m)	caviar (m)	[ka'vjar]
cangrejo (m) de mar	caranguejo (m)	[karã'geʒu]
camarón (m)	camarão (m)	[kama'rãw]
ostra (f)	ostra (f)	['ostra]
langosta (f)	lagosta (f)	[la'gosta]
pulpo (m)	polvo (m)	['powvu]
calamar (m)	lula (f)	['lula]
esturión (m)	esturjão (m)	[istur'ʒãw]
salmón (m)	salmão (m)	[saw'mãw]
fletán (m)	halibute (m)	[ali'butʃi]
bacalao (m)	bacalhau (m)	[baka'ʎaw]

caballa (f)	cavala, sarda (f)	[ka'vala], ['sarda]
atún (m)	atum (m)	[a'tũ]
anguila (f)	enguia (f)	[ẽ'gia]

trucha (f)	truta (f)	['truta]
sardina (f)	sardinha (f)	[sar'dʒiɲa]
lucio (m)	lúcio (m)	['lusju]
arenque (m)	arenque (m)	[a'rẽki]

pan (m)	pão (m)	[pãw]
queso (m)	queijo (m)	['kejʒu]
azúcar (m)	açúcar (m)	[a'sukar]
sal (f)	sal (m)	[saw]

arroz (m)	arroz (m)	[a'hoz]
macarrones (m pl)	massas (f pl)	['masas]
tallarines (m pl)	talharim, miojo (m)	[taʎa'rĩ], [mi'oʒu]

mantequilla (f)	manteiga (f)	[mã'tejga]
aceite (m) vegetal	óleo (m) vegetal	['ɔlju veʒe'taw]
aceite (m) de girasol	óleo (m) de girassol	['ɔlju de ʒira'sɔw]
margarina (f)	margarina (f)	[marga'rina]

| olivas, aceitunas (f pl) | azeitonas (f pl) | [azej'tɔnas] |
| aceite (m) de oliva | azeite (m) | [a'zejtʃi] |

leche (f)	leite (m)	['lejtʃi]
leche (f) condensada	leite (m) condensado	['lejtʃi kõdẽ'sadu]
yogur (m)	iogurte (m)	[jo'gurtʃi]
nata (f) agria	creme azedo (m)	['krɛmi a'zedu]
nata (f) líquida	creme (m) de leite	['krɛmi de 'lejtʃi]

| mayonesa (f) | maionese (f) | [majo'nɛzi] |
| crema (f) de mantequilla | creme (m) | ['krɛmi] |

cereales (m pl) integrales	grãos (m pl) de cereais	['grãws de se'rjajs]
harina (f)	farinha (f)	[fa'riɲa]
conservas (f pl)	enlatados (m pl)	[ẽla'tadus]

copos (m pl) de maíz	flocos (m pl) de milho	['flɔkus de 'miʎu]
miel (f)	mel (m)	[mɛw]
confitura (f)	geleia (m)	[ʒe'lɛja]
chicle (m)	chiclete (m)	[ʃi'klɛtʃi]

45. Las bebidas

agua (f)	água (f)	['agwa]
agua (f) potable	água (f) potável	['agwa pu'tavɛw]
agua (f) mineral	água (f) mineral	['agwa mine'raw]

sin gas	sem gás	[sẽ gajs]
gaseoso (adj)	gaseificada	[gazejfi'kadu]
con gas	com gás	[kõ gajs]
hielo (m)	gelo (m)	['ʒelu]

con hielo	com gelo	[kõ 'ʒelu]
sin alcohol	não alcoólico	[nãw aw'kɔliku]
bebida (f) sin alcohol	refrigerante (m)	[hefriʒe'rãtʃi]
refresco (m)	refresco (m)	[he'fresku]
limonada (f)	limonada (f)	[limo'nada]

bebidas (f pl) alcohólicas	bebidas (f pl) alcoólicas	[be'bidas aw'kɔlikas]
vino (m)	vinho (m)	['viɲu]
vino (m) blanco	vinho (m) branco	['viɲu 'brãku]
vino (m) tinto	vinho (m) tinto	['viɲu 'tʃĩtu]

licor (m)	licor (m)	[li'kor]
champaña (f)	champanhe (m)	[ʃã'paɲi]
vermú (m)	vermute (m)	[ver'mutʃi]

whisky (m)	uísque (m)	['wiski]
vodka (m)	vodca (f)	['vɔdʒka]
ginebra (f)	gim (m)	[ʒĩ]
coñac (m)	conhaque (m)	[ko'ɲaki]
ron (m)	rum (m)	[hũ]

café (m)	café (m)	[ka'fɛ]
café (m) solo	café (m) preto	[ka'fɛ 'pretu]
café (m) con leche	café (m) com leite	[ka'fɛ kõ 'lejtʃi]
capuchino (m)	cappuccino (m)	[kapu'tʃinu]
café (m) soluble	café (m) solúvel	[ka'fɛ so'luvew]

leche (f)	leite (m)	['lejtʃi]
cóctel (m)	coquetel (m)	[koke'tɛw]
batido (m)	batida (f), milkshake (m)	[ba'tʃida], ['milkʃejk]

zumo (m), jugo (m)	suco (m)	['suku]
jugo (m) de tomate	suco (m) de tomate	['suku de to'matʃi]
zumo (m) de naranja	suco (m) de laranja	['suku de la'rãʒa]
zumo (m) fresco	suco (m) fresco	['suku 'fresku]

cerveza (f)	cerveja (f)	[ser'veʒa]
cerveza (f) rubia	cerveja (f) clara	[ser'veʒa 'klara]
cerveza (f) negra	cerveja (f) preta	[ser'veʒa 'preta]

té (m)	chá (m)	[ʃa]
té (m) negro	chá (m) preto	[ʃa 'pretu]
té (m) verde	chá (m) verde	[ʃa 'verdʒi]

46. Las verduras

legumbres (f pl)	vegetais (m pl)	[veʒe'tajs]
verduras (f pl)	verdura (f)	[ver'dura]

tomate (m)	tomate (m)	[to'matʃi]
pepino (m)	pepino (m)	[pe'pinu]
zanahoria (f)	cenoura (f)	[se'nora]
patata (f)	batata (f)	[ba'tata]
cebolla (f)	cebola (f)	[se'bola]

ajo (m)	alho (m)	['aʎu]
col (f)	couve (f)	['kovi]
coliflor (f)	couve-flor (f)	['kovi 'flɔr]
col (f) de Bruselas	couve-de-bruxelas (f)	['kovi de bru'ʃelas]
brócoli (m)	brócolis (m pl)	['brɔkolis]

remolacha (f)	beterraba (f)	[bete'haba]
berenjena (f)	berinjela (f)	[berĩ'ʒɛla]
calabacín (m)	abobrinha (f)	[abo'briɲa]
calabaza (f)	abóbora (f)	[a'bɔbora]
nabo (m)	nabo (m)	['nabu]

perejil (m)	salsa (f)	['sawsa]
eneldo (m)	endro, aneto (m)	['ẽdru], [a'netu]
lechuga (f)	alface (f)	[aw'fasi]
apio (m)	aipo (m)	['ajpu]
espárrago (m)	aspargo (m)	[as'pargu]
espinaca (f)	espinafre (m)	[ispi'nafri]

guisante (m)	ervilha (f)	[er'viʎa]
habas (f pl)	feijão (m)	[fej'ʒãw]
maíz (m)	milho (m)	['miʎu]
fréjol (m)	feijão (m) roxo	[fej'ʒãw 'hoʃu]

pimiento (m) dulce	pimentão (m)	[pimẽ'tãw]
rábano (m)	rabanete (m)	[haba'netʃi]
alcachofa (f)	alcachofra (f)	[awka'ʃofra]

47. Las frutas. Las nueces

fruto (m)	fruta (f)	['fruta]
manzana (f)	maçã (f)	[ma'sã]
pera (f)	pera (f)	['pera]
limón (m)	limão (m)	[li'mãw]
naranja (f)	laranja (f)	[la'rãʒa]
fresa (f)	morango (m)	[mo'rãgu]

mandarina (f)	tangerina (f)	[tãʒe'rina]
ciruela (f)	ameixa (f)	[a'mejʃa]
melocotón (m)	pêssego (m)	['pesegu]
albaricoque (m)	damasco (m)	[da'masku]
frambuesa (f)	framboesa (f)	[frãbo'eza]
piña (f)	abacaxi (m)	[abaka'ʃi]

banana (f)	banana (f)	[ba'nana]
sandía (f)	melancia (f)	[melã'sia]
uva (f)	uva (f)	['uva]
guinda (f)	ginja (f)	['ʒĩʒa]
cereza (f)	cereja (f)	[se'reʒa]
melón (m)	melão (m)	[me'lãw]

pomelo (m)	toranja (f)	[to'rãʒa]
aguacate (m)	abacate (m)	[aba'katʃi]
papaya (f)	mamão (m)	[ma'mãw]

| mango (m) | manga (f) | ['mãga] |
| granada (f) | romã (f) | ['homa] |

grosella (f) roja	groselha (f) vermelha	[[gro'zeʎa ver'meʎa]
grosella (f) negra	groselha (f) negra	[gro'zeʎa 'negra]
grosella (f) espinosa	groselha (f) espinhosa	[gro'zeʎa ispi'ɲoza]
arándano (m)	mirtilo (m)	[mih'tʃilu]
zarzamoras (f pl)	amora (f) silvestre	[a'mɔra siw'vɛstri]

pasas (f pl)	passa (f)	['pasa]
higo (m)	figo (m)	['figu]
dátil (m)	tâmara (f)	['tamara]

cacahuete (m)	amendoim (m)	[amẽdo'ĩ]
almendra (f)	amêndoa (f)	[a'mẽdwa]
nuez (f)	noz (f)	[nɔz]
avellana (f)	avelã (f)	[ave'lã]
nuez (f) de coco	coco (m)	['koku]
pistachos (m pl)	pistaches (m pl)	[pis'taʃis]

48. El pan. Los dulces

pasteles (m pl)	pastelaria (f)	[pastela'ria]
pan (m)	pão (m)	[pãw]
galletas (f pl)	biscoito (m), bolacha (f)	[bis'kojtu], [bo'laʃa]

chocolate (m)	chocolate (m)	[ʃoko'latʃi]
de chocolate (adj)	de chocolate	[de ʃoko'latʃi]
caramelo (m)	bala (f)	['bala]
tarta (f) (pequeña)	doce (m), bolo (m) pequeno	['dosi], ['bolu pe'kenu]
tarta (f) (~ de cumpleaños)	bolo (m) de aniversário	['bolu de aniver'sarju]

| tarta (f) (~ de manzana) | torta (f) | ['tɔrta] |
| relleno (m) | recheio (m) | [he'ʃeju] |

confitura (f)	geleia (m)	[ʒe'lɛja]
mermelada (f)	marmelada (f)	[marme'lada]
gofre (m)	wafers (m pl)	['wafers]
helado (m)	sorvete (m)	[sor'vetʃi]
pudin (m)	pudim (m)	[pu'dʒĩ]

49. Los platos

plato (m)	prato (m)	['pratu]
cocina (f)	cozinha (f)	[ko'ziɲa]
receta (f)	receita (f)	[he'sejta]
porción (f)	porção (f)	[por'sãw]

ensalada (f)	salada (f)	[sa'lada]
sopa (f)	sopa (f)	['sopa]
caldo (m)	caldo (m)	['kawdu]
bocadillo (m)	sanduíche (m)	[sand'wiʃi]

huevos (m pl) fritos	ovos (m pl) fritos	['ɔvus 'fritus]
hamburguesa (f)	hambúrguer (m)	[ã'burger]
bistec (m)	bife (m)	['bifi]

guarnición (f)	acompanhamento (m)	[akõpaɲa'mẽtu]
espagueti (m)	espaguete (m)	[ispa'geti]
puré (m) de patatas	purê (m) de batata	[pu're de ba'tata]
pizza (f)	pizza (f)	['pitsa]
gachas (f pl)	mingau (m)	[mĩ'gaw]
tortilla (f) francesa	omelete (f)	[ome'letʃi]

cocido en agua (adj)	fervido	[fer'vidu]
ahumado (adj)	defumado	[defu'madu]
frito (adj)	frito	['fritu]
seco (adj)	seco	['seku]
congelado (adj)	congelado	[kõʒe'ladu]
marinado (adj)	em conserva	[ẽ kõ'serva]

azucarado, dulce (adj)	doce	['dosi]
salado (adj)	salgado	[saw'gadu]
frío (adj)	frio	['friu]
caliente (adj)	quente	['kẽtʃi]
amargo (adj)	amargo	[a'margu]
sabroso (adj)	gostoso	[gos'tozu]

cocer en agua	cozinhar em água fervente	[kozi'ɲar ẽ 'agwa fer'vẽtʃi]
preparar (la cena)	preparar (vt)	[prepa'rar]
freír (vt)	fritar (vt)	[fri'tar]
calentar (vt)	aquecer (vt)	[ake'ser]

salar (vt)	salgar (vt)	[saw'gar]
poner pimienta	apimentar (vt)	[apimẽ'tar]
rallar (vt)	ralar (vt)	[ha'lar]
piel (f)	casca (f)	['kaska]
pelar (vt)	descascar (vt)	[dʒiskas'kar]

50. Las especias

sal (f)	sal (m)	[saw]
salado (adj)	salgado	[saw'gadu]
salar (vt)	salgar (vt)	[saw'gar]

pimienta (f) negra	pimenta-do-reino (f)	[pi'mẽta-du-hejnu]
pimienta (f) roja	pimenta (f) vermelha	[pi'mẽta ver'meʎa]
mostaza (f)	mostarda (f)	[mos'tarda]
rábano (m) picante	raiz-forte (f)	[ha'iz fortʃi]

condimento (m)	condimento (m)	[kõdʒi'mẽtu]
especia (f)	especiaria (f)	[ispesja'ria]
salsa (f)	molho (m)	['moʎu]
vinagre (m)	vinagre (m)	[vi'nagri]

anís (m)	anis (m)	[a'nis]
albahaca (f)	manjericão (m)	[mãʒeri'kãw]

clavo (m)	cravo (m)	['kravu]
jengibre (m)	gengibre (m)	[ʒẽ'ʒibri]
cilantro (m)	coentro (m)	[ko'ẽtru]
canela (f)	canela (f)	[ka'nɛla]

sésamo (m)	gergelim (m)	[ʒerʒe'lĩ]
hoja (f) de laurel	folha (f) de louro	['foʎaʃ de 'loru]
paprika (f)	páprica (f)	['paprika]
comino (m)	cominho (m)	[ko'miɲu]
azafrán (m)	açafrão (m)	[asa'frãw]

51. Las comidas

| comida (f) | comida (f) | [ko'mida] |
| comer (vi, vt) | comer (vt) | [ko'mer] |

desayuno (m)	café (m) da manhã	[ka'fɛ da ma'ɲã]
desayunar (vi)	tomar café da manhã	[to'mar ka'fɛ da ma'ɲã]
almuerzo (m)	almoço (m)	[aw'mosu]
almorzar (vi)	almoçar (vi)	[awmo'sar]
cena (f)	jantar (m)	[ʒã'tar]
cenar (vi)	jantar (vi)	[ʒã'tar]

| apetito (m) | apetite (m) | [ape'tʃitʃi] |
| ¡Que aproveche! | Bom apetite! | [bõ ape'tʃitʃi] |

abrir (vt)	abrir (vt)	[a'brir]
derramar (líquido)	derramar (vt)	[deha'mar]
derramarse (líquido)	derramar-se (vr)	[deha'marsi]

hervir (vi)	ferver (vi)	[fer'ver]
hervir (vt)	ferver (vt)	[fer'ver]
hervido (agua ~a)	fervido	[fer'vidu]

| enfriar (vt) | esfriar (vt) | [is'frjar] |
| enfriarse (vr) | esfriar-se (vr) | [is'frjarse] |

| sabor (m) | sabor, gosto (m) | [sa'bor], ['gostu] |
| regusto (m) | fim (m) de boca | [fĩ de 'boka] |

adelgazar (vi)	emagrecer (vi)	[imagre'ser]
dieta (f)	dieta (f)	['dʒɛta]
vitamina (f)	vitamina (f)	[vita'mina]
caloría (f)	caloria (f)	[kalo'ria]

| vegetariano (m) | vegetariano (m) | [veʒeta'rjanu] |
| vegetariano (adj) | vegetariano | [veʒeta'rjanu] |

grasas (f pl)	gorduras (f pl)	[gor'duras]
proteínas (f pl)	proteínas (f pl)	[prote'inas]
carbohidratos (m pl)	carboidratos (m pl)	[karboi'dratus]
loncha (f)	fatia (f)	[fa'tʃia]
pedazo (m)	pedaço (m)	[pe'dasu]
miga (f)	migalha (f), farelo (m)	[mi'gaʎa], [fa'rɛlu]

52. Los cubiertos

cuchara (f)	colher (f)	[ko'ʎer]
cuchillo (m)	faca (f)	['faka]
tenedor (m)	garfo (m)	['garfu]

taza (f)	xícara (f)	['ʃikara]
plato (m)	prato (m)	['pratu]
platillo (m)	pires (m)	['piris]
servilleta (f)	guardanapo (m)	[gwarda'napu]
mondadientes (m)	palito (m)	[pa'litu]

53. El restaurante

restaurante (m)	restaurante (m)	[hestaw'rãtʃi]
cafetería (f)	cafeteria (f)	[kafete'ria]
bar (m)	bar (m), cervejaria (f)	[bar], [serveʒa'ria]
salón (m) de té	salão (m) de chá	[sa'lãw de ʃa]

camarero (m)	garçom (m)	[gar'sõ]
camarera (f)	garçonete (f)	[garso'netʃi]
barman (m)	barman (m)	[bar'mã]

carta (f), menú (m)	cardápio (m)	[kar'dapju]
carta (f) de vinos	lista (f) de vinhos	['lista de 'viɲus]
reservar una mesa	reservar uma mesa	[hezer'var 'uma 'meza]

plato (m)	prato (m)	['pratu]
pedir (vt)	pedir (vt)	[pe'dʒir]
hacer un pedido	fazer o pedido	[fa'zer u pe'dʒidu]

aperitivo (m)	aperitivo (m)	[aperi'tʃivu]
entremés (m)	entrada (f)	[ẽ'trada]
postre (m)	sobremesa (f)	[sobri'meza]

cuenta (f)	conta (f)	['kõta]
pagar la cuenta	pagar a conta	[pa'gar a 'kõta]
dar la vuelta	dar o troco	[dar u 'troku]
propina (f)	gorjeta (f)	[gor'ʒeta]

La familia nuclear, los parientes y los amigos

nombre (m)	nome (m)	['nɔmi]
apellido (m)	sobrenome (m)	[sobri'nɔmi]
fecha (f) de nacimiento	data (f) de nascimento	['data de nasi'mẽtu]
lugar (m) de nacimiento	local (m) de nascimento	[lo'kaw de nasi'mẽtu]
nacionalidad (f)	nacionalidade (f)	[nasjonali'dadʒi]
domicilio (m)	lugar (m) de residência	[lu'gar de hezi'dẽsja]
país (m)	país (m)	[pa'jis]
profesión (f)	profissão (f)	[profi'sãw]
sexo (m)	sexo (m)	['sɛksu]
estatura (f)	estatura (f)	[ista'tura]
peso (m)	peso (m)	['pezu]

madre (f)	mãe (f)	[mãj]
padre (m)	pai (m)	[paj]
hijo (m)	filho (m)	['fiʎu]
hija (f)	filha (f)	['fiʎa]
hija (f) menor	caçula (f)	[ka'sula]
hijo (m) menor	caçula (m)	[ka'sula]
hija (f) mayor	filha (f) mais velha	['fiʎa majs 'vɛʎa]
hijo (m) mayor	filho (m) mais velho	['fiʎu majs 'vɛʎu]
hermano (m)	irmão (m)	[ir'mãw]
hermano (m) mayor	irmão (m) mais velho	[ir'mãw majs 'vɛʎu]
hermano (m) menor	irmão (m) mais novo	[ir'mãw majs 'novu]
hermana (f)	irmã (f)	[ir'mã]
hermana (f) mayor	irmã (f) mais velha	[ir'mã majs 'vɛʎa]
hermana (f) menor	irmã (f) mais nova	[ir'mã majs 'nɔva]
primo (m)	primo (m)	['primu]
prima (f)	prima (f)	['prima]
mamá (f)	mamãe (f)	[ma'mãj]
papá (m)	papai (m)	[pa'paj]
padres (pl)	pais (pl)	['pajs]
niño -a (m, f)	criança (f)	['krjãsa]
niños (pl)	crianças (f pl)	['krjãsas]
abuela (f)	avó (f)	[a'vo]
abuelo (m)	avô (m)	[a'vɔ]
nieto (m)	neto (m)	['nɛtu]

nieta (f)	neta (f)	['nɛta]
nietos (pl)	netos (pl)	['nɛtus]

tío (m)	tio (m)	['tʃiu]
tía (f)	tia (f)	['tʃia]
sobrino (m)	sobrinho (m)	[so'briɲu]
sobrina (f)	sobrinha (f)	[so'briɲa]

suegra (f)	sogra (f)	['sɔgra]
suegro (m)	sogro (m)	['sogru]
yerno (m)	genro (m)	['ʒẽhu]
madrastra (f)	madrasta (f)	[ma'drasta]
padrastro (m)	padrasto (m)	[pa'drastu]

niño (m) de pecho	criança (f) de colo	['krjãsa de 'kɔlu]
bebé (m)	bebê (m)	[be'be]
chico (m)	menino (m)	[me'ninu]

mujer (f)	mulher (f)	[mu'ʎer]
marido (m)	marido (m)	[ma'ridu]
esposo (m)	esposo (m)	[is'pozu]
esposa (f)	esposa (f)	[is'poza]

casado (adj)	casado	[ka'zadu]
casada (adj)	casada	[ka'zada]
soltero (adj)	solteiro	[sow'tejru]
soltero (m)	solteirão (m)	[sowtej'rãw]
divorciado (adj)	divorciado	[dʒivor'sjadu]
viuda (f)	viúva (f)	['vjuva]
viudo (m)	viúvo (m)	['vjuvu]

pariente (m)	parente (m)	[pa'rẽtʃi]
pariente (m) cercano	parente (m) próximo	[pa'rẽtʃi 'prɔsimu]
pariente (m) lejano	parente (m) distante	[pa'rẽtʃi dʒis'tãtʃi]
parientes (pl)	parentes (m pl)	[pa'rẽtʃis]

huérfano (m)	órfão (m)	['ɔrfãw]
huérfana (f)	órfã (f)	['ɔrfã]
tutor (m)	tutor (m)	[tu'tor]
adoptar (un niño)	adotar (vt)	[ado'tar]
adoptar (una niña)	adotar (vt)	[ado'tar]

56. Los amigos. Los compañeros del trabajo

amigo (m)	amigo (m)	[a'migu]
amiga (f)	amiga (f)	[a'miga]
amistad (f)	amizade (f)	[ami'zadʒi]
ser amigo	ser amigos	[ser a'migus]

amigote (m)	amigo (m)	[a'migu]
amiguete (f)	amiga (f)	[a'miga]
compañero (m)	parceiro (m)	[par'sejru]
jefe (m)	chefe (m)	['ʃɛfi]
superior (m)	superior (m)	[supe'rjor]

propietario (m)	proprietário (m)	[proprje'tarju]
subordinado (m)	subordinado (m)	[subordʒi'nadu]
colega (m, f)	colega (m, f)	[ko'lɛga]

conocido (m)	conhecido (m)	[koɲe'sidu]
compañero (m) de viaje	companheiro (m) de viagem	[kõpa'ɲejru de 'vjaʒẽ]
condiscípulo (m)	colega (m) de classe	[ko'lɛga de 'klasi]

vecino (m)	vizinho (m)	[vi'ziɲu]
vecina (f)	vizinha (f)	[vi'ziɲa]
vecinos (pl)	vizinhos (pl)	[vi'ziɲus]

57. El hombre. La mujer

mujer (f)	mulher (f)	[mu'ʎer]
muchacha (f)	menina (f)	[me'nina]
novia (f)	noiva (f)	['nojva]

guapa (adj)	bonita, bela	[bo'nita], ['bɛla]
alta (adj)	alta	['awta]
esbelta (adj)	esbelta	[iz'bɛwta]
de estatura mediana	baixa	['baɪʃa]

| rubia (f) | loira (f) | ['lojra] |
| morena (f) | morena (f) | [mo'rena] |

de señora (adj)	de senhora	[de se'ɲora]
virgen (f)	virgem (f)	['virʒẽ]
embarazada (adj)	grávida	['gravida]

hombre (m) (varón)	homem (m)	['ɔmẽ]
rubio (m)	loiro (m)	['lojru]
moreno (m)	moreno (m)	[mo'renu]
alto (adj)	alto	['awtu]
de estatura mediana	baixo	['baɪʃu]

grosero (adj)	rude	['hudʒi]
rechoncho (adj)	atarracado	[ataha'kadu]
robusto (adj)	robusto	[ho'bustu]
fuerte (adj)	forte	['fortʃi]
fuerza (f)	força (f)	['forsa]

gordo (adj)	gordo	['gordu]
moreno (adj)	moreno	[mo'renu]
esbelto (adj)	esbelto	[iz'bɛwtu]
elegante (adj)	elegante	[ele'gãtʃi]

58. La edad

edad (f)	idade (f)	[i'dadʒi]
juventud (f)	juventude (f)	[ʒuvẽ'tudʒi]
joven (adj)	jovem	['ʒovẽ]

| menor (adj) | mais novo | [majs 'novu] |
| mayor (adj) | mais velho | [majs 'vɛʎu] |

joven (m)	jovem (m)	['ʒɔvẽ]
adolescente (m)	adolescente (m)	[adole'sẽtʃi]
muchacho (m)	rapaz (m)	[ha'pajz]

| anciano (m) | velho (m) | ['vɛʎu] |
| anciana (f) | velha (f) | ['vɛʎa] |

adulto	adulto	[a'duwtu]
de edad media (adj)	de meia-idade	[de meja i'dadʒi]
anciano, mayor (adj)	idoso, de idade	[i'dozu], [de i'dade]
viejo (adj)	velho	['vɛʎu]

jubilación (f)	aposentadoria (f)	[apozẽtado'ria]
jubilarse	aposentar-se (vr)	[apozẽ'tarsi]
jubilado (m)	aposentado (m)	[apozẽ'tadu]

59. Los niños

niño -a (m, f)	criança (f)	['krjãsa]
niños (pl)	crianças (f pl)	['krjãsas]
gemelos (pl)	gêmeos (m pl), gêmeas (f pl)	['ʒemjus], ['ʒemjas]

cuna (f)	berço (m)	['bersu]
sonajero (m)	chocalho (m)	[ʃo'kaʎu]
pañal (m)	fralda (f)	['frawda]

chupete (m)	chupeta (f), bico (m)	[ʃu'peta], ['biku]
cochecito (m)	carrinho (m) de bebê	[ka'hiɲu de be'be]
jardín (m) de infancia	jardim (m) de infância	[ʒar'dʒĩ de ĩ'fãsja]
niñera (f)	babysitter, babá (f)	[bebi'sitter], [ba'ba]

infancia (f)	infância (f)	[ĩ'fãsja]
muñeca (f)	boneca (f)	[bo'nɛka]
juguete (m)	brinquedo (m)	[brĩ'kedu]
mecano (m)	jogo (m) de montar	['ʒogu de mõ'tar]

bien criado (adj)	bem-educado	[bẽj edu'kadu]
mal criado (adj)	malcriado	[maw'krjadu]
mimado (adj)	mimado	[mi'madu]

hacer travesuras	ser travesso	[ser tra'vɛsu]
travieso (adj)	travesso, traquinas	[tra'vɛsu], [tra'kinas]
travesura (f)	travessura (f)	[trave'sura]
travieso (m)	criança (f) travessa	['krjãsa tra'vɛsa]

| obediente (adj) | obediente | [obe'dʒẽtʃi] |
| desobediente (adj) | desobediente | [dʒizobe'dʒẽtʃi] |

dócil (adj)	dócil	['dɔsiw]
inteligente (adj)	inteligente	[ĩteli'ʒẽtʃi]
niño (m) prodigio	prodígio (m)	[pro'dʒiʒu]

60. El matrimonio. La vida familiar

besar (vt)	beijar (vt)	[bej'ʒar]
besarse (vr)	beijar-se (vr)	[bej'ʒarsi]
familia (f)	família (f)	[fa'milja]
familiar (adj)	familiar	[fami'ljar]
pareja (f)	casal (m)	[ka'zaw]
matrimonio (m)	matrimônio (m)	[matri'monju]
hogar (m) familiar	lar (m)	[lar]
dinastía (f)	dinastia (f)	[dʒinas'tʃia]
cita (f)	encontro (m)	[ẽ'kõtru]
beso (m)	beijo (m)	['bejʒu]
amor (m)	amor (m)	[a'mor]
querer (amar)	amar (vt)	[a'mar]
querido (adj)	amado, querido	[a'madu], [ke'ridu]
ternura (f)	ternura (f)	[ter'nura]
tierno (afectuoso)	afetuoso	[afe'twozu]
fidelidad (f)	fidelidade (f)	[fideli'dadʒi]
fiel (adj)	fiel	[fjɛw]
cuidado (m)	cuidado (m)	[kwi'dadu]
cariñoso (un padre ~)	carinhoso	[kari'ɲozu]
recién casados (pl)	recém-casados (pl)	[he'sẽ-ka'zadus]
luna (f) de miel	lua (f) de mel	['lua de mɛw]
estar casada	casar-se (vr)	[ka'zarsi]
casarse (con una mujer)	casar-se (vr)	[ka'zarsi]
boda (f)	casamento (m)	[kaza'mẽtu]
bodas (f pl) de oro	bodas (f pl) de ouro	['bodas de 'oru]
aniversario (m)	aniversário (m)	[aniver'sarju]
amante (m)	amante (m)	[a'mãtʃi]
amante (f)	amante (f)	[a'mãtʃi]
adulterio (m)	adultério (m), traição (f)	[aduw'tɛrju], [traj'sãw]
cometer adulterio	cometer adultério	[kome'ter aduw'tɛrju]
celoso (adj)	ciumento	[sju'mẽtu]
tener celos	ser ciumento, -a	[ser sju'mẽtu, -a]
divorcio (m)	divórcio (m)	[dʒi'vɔrsju]
divorciarse (vr)	divorciar-se (vr)	[dʒivor'sjarsi]
reñir (vi)	brigar (vi)	[bri'gar]
reconciliarse (vr)	fazer as pazes	[fa'zer as 'pajzis]
juntos (adv)	juntos	['ʒũtus]
sexo (m)	sexo (m)	['sɛksu]
felicidad (f)	felicidade (f)	[felisi'dadʒi]
feliz (adj)	feliz	[fe'liz]
desgracia (f)	infelicidade (f)	[ĩfelisi'dadʒi]
desgraciado (adj)	infeliz	[ĩfe'liz]

Las características de personalidad. Los sentimientos

sentimiento (m)	sentimento (m)	[sẽtʃi'mẽtu]
sentimientos (m pl)	sentimentos (m pl)	[sẽtʃi'mẽtus]
sentir (vt)	sentir (vt)	[sẽ'tʃir]
hambre (f)	fome (f)	['fɔmi]
tener hambre	ter fome	[ter 'fɔmi]
sed (f)	sede (f)	['sedʒi]
tener sed	ter sede	[ter 'sedʒi]
somnolencia (f)	sonolência (f)	[sono'lẽsja]
tener sueño	estar sonolento	[is'tar sono'lẽtu]
cansancio (m)	cansaço (m)	[kã'sasu]
cansado (adj)	cansado	[kã'sadu]
estar cansado	ficar cansado	[fi'kar kã'sadu]
humor (m) (de buen ~)	humor (m)	[u'mor]
aburrimiento (m)	tédio (m)	['tɛdʒju]
aburrirse (vr)	entediar-se (vr)	[ẽte'dʒjarsi]
soledad (f)	reclusão (f)	[heklu'zãw]
aislarse (vr)	isolar-se (vr)	[izo'larsi]
inquietar (vt)	preocupar (vt)	[preoku'par]
inquietarse (vr)	estar preocupado	[is'tar preoku'padu]
inquietud (f)	preocupação (f)	[preokupa'sãw]
preocupación (f)	ansiedade (f)	[ãsje'dadʒi]
preocupado (adj)	preocupado	[preoku'padu]
estar nervioso	estar nervoso	[is'tar ner'vozu]
darse al pánico	entrar em pânico	[ẽ'trar ẽ 'paniku]
esperanza (f)	esperança (f)	[ispe'rãsa]
esperar (tener esperanza)	esperar (vi, vt)	[ispe'rar]
seguridad (f)	certeza (f)	[ser'teza]
seguro (adj)	certo, seguro de …	['sɛrtu], [se'guru de]
inseguridad (f)	indecisão (f)	[ĩdesi'zãw]
inseguro (adj)	indeciso	[ĩde'sizu]
borracho (adj)	bêbado	['bebadu]
sobrio (adj)	sóbrio	['sɔbrju]
débil (adj)	fraco	['fraku]
feliz (adj)	feliz	[fe'liz]
asustar (vt)	assustar (vt)	[asus'tar]
furia (f)	fúria (f)	['furja]
rabia (f)	ira, raiva (f)	['ira], ['hajva]
depresión (f)	depressão (f)	[depre'sãw]
incomodidad (f)	desconforto (m)	[dʒiskõ'fortu]

comodidad (f)	conforto (m)	[kõ'fortu]
arrepentirse (vr)	arrepender-se (vr)	[ahepẽ'dersi]
arrepentimiento (m)	arrependimento (m)	[ahepẽʤi'mẽtu]
mala suerte (f)	azar (m), má sorte (f)	[a'zar], [ma 'sɔrtʃi]]
tristeza (f)	tristeza (f)	[tris'teza]

vergüenza (f)	vergonha (f)	[ver'goɲa]
júbilo (m)	alegria (f)	[ale'gria]
entusiasmo (m)	entusiasmo (m)	[ẽtu'zjazmu]
entusiasta (m)	entusiasta (m)	[ẽtu'zjasta]
mostrar entusiasmo	mostrar entusiasmo	[mos'trar ẽtu'zjazmu]

62. El carácter. La personalidad

carácter (m)	caráter (m)	[ka'rater]
defecto (m)	falha (f) de caráter	['faʎa de ka'rater]
mente (f)	mente (f)	['mẽtʃi]
razón (f)	razão (f)	[ha'zãw]

consciencia (f)	consciência (f)	[kõ'sjẽsja]
hábito (m)	hábito, costume (m)	['abitu], [kos'tumi]
habilidad (f)	habilidade (f)	[abili'daʤi]
poder (~ nadar, etc.)	saber (vi)	[sa'ber]

paciente (adj)	paciente	[pa'sjẽtʃi]
impaciente (adj)	impaciente	[ĩpa'sjẽtʃi]
curioso (adj)	curioso	[ku'rjozu]
curiosidad (f)	curiosidade (f)	[kurjozi'daʤi]

modestia (f)	modéstia (f)	[mo'dɛstu]
modesto (adj)	modesto	[mo'dɛstu]
inmodesto (adj)	imodesto	[imo'dɛstu]

pereza (f)	preguiça (f)	[pre'gisa]
perezoso (adj)	preguiçoso	[pregi'sozu]
perezoso (m)	preguiçoso (m)	[pregi'sozu]

astucia (f)	astúcia (f)	[as'tusja]
astuto (adj)	astuto	[as'tutu]
desconfianza (f)	desconfiança (f)	[ʤiskõ'fjãsa]
desconfiado (adj)	desconfiado	[ʤiskõ'fjadu]

generosidad (f)	generosidade (f)	[ʒenerozi'daʤi]
generoso (adj)	generoso	[ʒene'rozu]
talentoso (adj)	talentoso	[talẽ'tozu]
talento (m)	talento (m)	[ta'lẽtu]

valiente (adj)	corajoso	[kora'ʒozu]
coraje (m)	coragem (f)	[ko'raʒẽ]
honesto (adj)	honesto	[o'nɛstu]
honestidad (f)	honestidade (f)	[onestʃi'daʤi]

| prudente (adj) | prudente, cuidadoso | [pru'dẽtʃi], [kwida'dozu] |
| valeroso (adj) | valoroso | [valo'rozu] |

| serio (adj) | sério | ['sɛrju] |
| severo (adj) | severo | [se'vɛru] |

decidido (adj)	decidido	[desi'dʒidu]
indeciso (adj)	indeciso	[ĩde'sizu]
tímido (adj)	tímido	['tʃimidu]
timidez (f)	timidez (f)	[tʃimi'dez]

confianza (f)	confiança (f)	[kõ'fjãsa]
creer (créeme)	confiar (vt)	[kõ'fjar]
confiado (crédulo)	crédulo	['krɛdulu]

sinceramente (adv)	sinceramente	[sĩsera'mẽtʃi]
sincero (adj)	sincero	[sĩ'sɛru]
sinceridad (f)	sinceridade (f)	[sĩseri'dadʒi]
abierto (adj)	aberto	[a'bɛrtu]

calmado (adj)	calmo	['kawmu]
franco (sincero)	franco	['frãku]
ingenuo (adj)	ingênuo	[ĩ'ʒenwu]
distraído (adj)	distraído	[dʒistra'idu]
gracioso (adj)	engraçado	[ẽgra'sadu]

avaricia (f)	ganância (f)	[ga'nãsja]
avaro (adj)	ganancioso	[ganã'sjozu]
tacaño (adj)	avarento, sovina	[avar'ẽtu], [so'vina]
malvado (adj)	mal	[maw]
terco (adj)	teimoso	[tej'mozu]
desagradable (adj)	desagradável	[dʒizagra'davew]

egoísta (m)	egoísta (m)	[ego'ista]
egoísta (adj)	egoísta	[ego'ista]
cobarde (m)	covarde (m)	[ko'vardʒi]
cobarde (adj)	covarde	[ko'vardʒi]

63. El sueño. Los sueños

dormir (vi)	dormir (vi)	[dor'mir]
sueño (m) (estado)	sono (m)	['sɔnu]
sueño (m) (dulces ~s)	sonho (m)	['sɔɲu]
soñar (vi)	sonhar (vi)	[so'ɲar]
adormilado (adj)	sonolento	[sono'lẽtu]

cama (f)	cama (f)	['kama]
colchón (m)	colchão (m)	[kow'ʃãw]
manta (f)	cobertor (m)	[kuber'tor]
almohada (f)	travesseiro (m)	[trave'sejru]
sábana (f)	lençol (m)	[lẽ'sɔw]

insomnio (m)	insônia (f)	[ĩ'sonja]
de insomnio (adj)	sem sono	[sẽ 'sɔnu]
somnífero (m)	sonífero (m)	[so'niferu]
tomar el somnífero	tomar um sonífero	[to'mar ũ so'niferu]
tener sueño	estar sonolento	[is'tar sono'lẽtu]

bostezar (vi)	bocejar (vi)	[buse'ʒar]
irse a la cama	ir para a cama	[ir 'para a 'kama]
hacer la cama	fazer a cama	[fa'zer a 'kama]
dormirse (vr)	adormecer (vi)	[adorme'ser]

pesadilla (f)	pesadelo (m)	[peza'delu]
ronquido (m)	ronco (m)	['hõku]
roncar (vi)	roncar (vi)	[hõ'kar]

despertador (m)	despertador (m)	[dʒisperta'dor]
despertar (vt)	acordar, despertar (vt)	[akor'dar], [dʒisper'tar]
despertarse (vr)	acordar (vi)	[akor'dar]
levantarse (vr)	levantar-se (vr)	[levã'tarsi]
lavarse (vr)	lavar-se (vr)	[la'varsi]

64. El humor. La risa. La alegría

humor (m)	humor (m)	[u'mor]
sentido (m) del humor	senso (m) de humor	['sẽsu de u'mor]
divertirse (vr)	divertir-se (vr)	[dʒiver'tʃirsi]
alegre (adj)	alegre	[a'lɛgri]
júbilo (m)	alegria, diversão (f)	[ale'gria], [dʒiver'sãw]

sonrisa (f)	sorriso (m)	[so'hizu]
sonreír (vi)	sorrir (vi)	[so'hir]
echarse a reír	começar a rir	[kome'sar a hir]
reírse (vr)	rir (vi)	[hir]
risa (f)	riso (m)	['hizu]

anécdota (f)	anedota (f)	[ane'dɔta]
gracioso (adj)	engraçado	[ẽgra'sadu]
ridículo (adj)	ridículo, cômico	[hi'dʒikulu], ['komiku]

bromear (vi)	brincar (vi)	[brĩ'kar]
broma (f)	piada (f)	['pjada]
alegría (f) (emoción)	alegria (f)	[ale'gria]
alegrarse (vr)	regozijar-se (vr)	[hegozi'ʒarsi]
alegre (~ de que …)	alegre	[a'lɛgri]

65. La discusión y la conversación. Unidad 1

| comunicación (f) | comunicação (f) | [komunika'sãw] |
| comunicarse (vr) | comunicar-se (vr) | [komuni'karse] |

conversación (f)	conversa (f)	[kõ'vɛrsa]
diálogo (m)	diálogo (m)	['dʒjalogu]
discusión (f) (debate)	discussão (f)	[dʒisku'sãw]
debate (m)	debate (m)	[de'batʃi]
debatir (vi)	debater (vt)	[deba'ter]

| interlocutor (m) | interlocutor (m) | [ĩterloku'tor] |
| tema (m) | tema (m) | ['tɛma] |

punto (m) de vista	ponto (m) de vista	['põtu de 'vista]
opinión (f)	opinião (f)	[opi'njãw]
discurso (m)	discurso (m)	[dʒis'kursu]

discusión (f) (del informe, etc.)	discussão (f)	[dʒisku'sãw]
discutir (vt)	discutir (vt)	[dʒisku'tʃir]
conversación (f)	conversa (f)	[kõ'vɛrsa]
conversar (vi)	conversar (vi)	[kõver'sar]
reunión (f)	reunião (f)	[heu'njãw]
encontrarse (vr)	encontrar-se (vr)	[ẽkõ'trarsi]

proverbio (m)	provérbio (m)	[pro'vɛrbju]
dicho (m)	ditado, provérbio (m)	[dʒi'tadu], [pro'vɛrbju]
adivinanza (f)	adivinha (f)	[adʒi'viɲa]
contar una adivinanza	dizer uma adivinha	[dʒi'zer 'uma adʒi'viɲu]
contraseña (f)	senha (f)	['seɲa]
secreto (m)	segredo (m)	[se'gredu]

juramento (m)	juramento (m)	[ʒura'mẽtu]
jurar (vt)	jurar (vi)	[ʒu'rar]
promesa (f)	promessa (f)	[pro'mɛsa]
prometer (vt)	prometer (vt)	[prome'ter]

consejo (m)	conselho (m)	[kõ'seʎu]
aconsejar (vt)	aconselhar (vt)	[akõse'ʎar]
seguir el consejo	seguir o conselho	[se'gir u kõ'seʎu]
escuchar (a los padres)	escutar (vt)	[isku'tar]

noticias (f pl)	novidade, notícia (f)	[novi'dadʒi], [no'tʃisja]
sensación (f)	sensação (f)	[sẽsa'sãw]
información (f)	informação (f)	[ĩforma'sãw]
conclusión (f)	conclusão (f)	[kõklu'zãw]
voz (f)	voz (f)	[vɔz]
cumplido (m)	elogio (m)	[elo'ʒiu]
amable (adj)	amável, querido	[a'mavew], [ke'ridu]

palabra (f)	palavra (f)	[pa'lavra]
frase (f)	frase (f)	['frazi]
respuesta (f)	resposta (f)	[hes'pɔsta]

| verdad (f) | verdade (f) | [ver'dadʒi] |
| mentira (f) | mentira (f) | [mẽ'tʃira] |

pensamiento (m)	pensamento (m)	[pẽsa'mẽtu]
idea (f)	ideia (f)	[i'dɛja]
fantasía (f)	fantasia (f)	[fãta'zia]

66. La discusión y la conversación. Unidad 2

respetado (adj)	estimado, respeitado	[istʃi'madu], [hespej'tadu]
respetar (vt)	respeitar (vt)	[hespej'tar]
respeto (m)	respeito (m)	[hes'pejtu]
Estimado ...	Estimado ..., Caro ...	[istʃi'madu], ['karu]
presentar (~ a sus padres)	apresentar (vt)	[aprezẽ'tar]

conocer a alguien	conhecer (vt)	[koɲe'ser]
intención (f)	intenção (f)	[ĩtẽ'sãw]
tener intención (de …)	tencionar (vt)	[tẽsjo'nar]
deseo (m)	desejo (m)	[de'zeʒu]
desear (vt) (~ buena suerte)	desejar (vt)	[deze'ʒar]

sorpresa (f)	surpresa (f)	[sur'preza]
sorprender (vt)	surpreender (vt)	[surprjẽ'der]
sorprenderse (vr)	surpreender-se (vr)	[surprjẽ'dersi]

dar (vt)	dar (vt)	[dar]
tomar (vt)	pegar (vt)	[pe'gar]
devolver (vt)	devolver (vt)	[devow'ver]
retornar (vt)	retornar (vt)	[hetor'nar]

disculparse (vr)	desculpar-se (vr)	[dʒiskuw'parsi]
disculpa (f)	desculpa (f)	[dʒis'kuwpa]
perdonar (vt)	perdoar (vt)	[per'dwar]

hablar (vi)	falar (vi)	[fa'lar]
escuchar (vt)	escutar (vt)	[isku'tar]
escuchar hasta el final	ouvir até o fim	[o'vir a'tɛ u fĩ]
comprender (vt)	entender (vt)	[ẽtẽ'der]

mostrar (vt)	mostrar (vt)	[mos'trar]
mirar a …	olhar para …	[ɔ'ʎar 'para]
llamar (vt)	chamar (vt)	[ʃa'mar]
distraer (molestar)	perturbar, distrair (vt)	[pertur'bar], [dʒistra'ir]
molestar (vt)	perturbar (vt)	[pertur'bar]
pasar (~ un mensaje)	entregar (vt)	[ẽtre'gar]

petición (f)	pedido (m)	[pe'dʒidu]
pedir (vt)	pedir (vt)	[pe'dʒir]
exigencia (f)	exigência (f)	[ezi'ʒẽsja]
exigir (vt)	exigir (vt)	[ezi'ʒir]

motejar (vr)	insultar (vt)	[ĩsuw'tar]
burlarse (vr)	zombar (vt)	[zõ'bar]
burla (f)	zombaria (f)	[zõba'ria]
apodo (m)	alcunha (f), apelido (m)	[aw'kuɲa], [ape'lidu]

alusión (f)	insinuação (f)	[ĩsinwa'sãw]
aludir (vi)	insinuar (vt)	[ĩsi'nwar]
sobrentender (vt)	querer dizer	[ke'rer dʒi'zer]

descripción (f)	descrição (f)	[dʒiskri'sãw]
describir (vt)	descrever (vt)	[dʒiskre'ver]
elogio (m)	elogio (m)	[elo'ʒiu]
elogiar (vt)	elogiar (vt)	[elo'ʒjar]

decepción (f)	desapontamento (m)	[dʒizapõta'mẽtu]
decepcionar (vt)	desapontar (vt)	[dʒizapõ'tar]
estar decepcionado	desapontar-se (vr)	[dʒizapõ'tarsi]

suposición (f)	suposição (f)	[supozi'sãw]
suponer (vt)	supor (vt)	[su'por]

| advertencia (f) | advertência (f) | [adʒiver'tẽsja] |
| prevenir (vt) | advertir (vt) | [adʒiver'tʃir] |

67. La discusión y la conversación. Unidad 3

| convencer (vt) | convencer (vt) | [kõvẽ'ser] |
| calmar (vt) | acalmar (vt) | [akaw'mar] |

silencio (m) (~ es oro)	silêncio (m)	[si'lẽsju]
callarse (vr)	ficar em silêncio	[fi'kar ẽ si'lẽsju]
susurrar (vi, vt)	sussurrar (vi, vt)	[susu'har]
susurro (m)	sussurro (m)	[su'suhu]

| francamente (adv) | francamente | [frãka'mẽtʃi] |
| en mi opinión … | na minha opinião … | [na 'miɲa opi'njãw] |

detalle (m) (de la historia)	detalhe (m)	[de'taʎi]
detallado (adj)	detalhado	[deta'ʎadu]
detalladamente (adv)	detalhadamente	[detaʎada'mẽtʃi]

| pista (f) | dica (f) | ['dʒika] |
| dar una pista | dar uma dica | [dar 'uma 'dʒika] |

mirada (f)	olhar (m)	[ɔ'ʎar]
echar una mirada	dar uma olhada	[dar 'uma o'ʎada]
fija (mirada ~)	fixo	['fiksu]
parpadear (vi)	piscar (vi)	[pis'kar]
guiñar un ojo	piscar (vt)	[pis'kar]
asentir con la cabeza	acenar com a cabeça	[ase'nar kõ a ka'besa]

suspiro (m)	suspiro (m)	[sus'piru]
suspirar (vi)	suspirar (vi)	[suspi'rar]
estremecerse (vr)	estremecer (vi)	[istreme'ser]
gesto (m)	gesto (m)	['ʒɛstu]
tocar (con la mano)	tocar (vt)	[to'kar]
asir (~ de la mano)	agarrar (vt)	[aga'har]
palmear (~ la espalda)	bater de leve	[ba'ter de 'lɛvi]

¡Cuidado!	Cuidado!	[kwi'dadu]
¿De veras?	Sério?	['sɛrju]
¿Estás seguro?	Tem certeza?	[tẽj ser'teza]
¡Suerte!	Boa sorte!	['boa 'sɔrtʃi]
¡Ya veo!	Entendi!	[ẽtẽ'dʒi]
¡Es una lástima!	Que pena!	[ki 'pena]

68. El acuerdo. El rechazo

acuerdo (m)	consentimento (m)	[kõsẽtʃi'mẽtu]
estar de acuerdo	consentir (vi)	[kõsẽ'tʃir]
aprobación (f)	aprovação (f)	[aprova'sãw]
aprobar (vt)	aprovar (vt)	[apro'var]
rechazo (m)	recusa (f)	[he'kuza]

negarse (vr)	negar-se a ...	[ne'garsi]
¡Excelente!	Ótimo!	['ɔtʃimu]
¡De acuerdo!	Tudo bem!	['tudu bẽj]
¡Vale!	Está bem! De acordo!	[is'ta bẽj], [de a'kordu]

prohibido (adj)	proibido	[proi'bidu]
está prohibido	é proibido	[ɛ proi'bidu]
es imposible	é impossível	[ɛ ĩpo'sivew]
incorrecto (adj)	incorreto	[ĩko'hɛtu]

rechazar (vt)	rejeitar (vt)	[heʒej'tar]
apoyar (la decisión)	apoiar (vt)	[apo'jar]
aceptar (vt)	aceitar (vt)	[asej'tar]

confirmar (vt)	confirmar (vt)	[kõfir'mar]
confirmación (f)	confirmação (f)	[kõfirma'sãw]
permiso (m)	permissão (f)	[permi'sãw]
permitir (vt)	permitir (vt)	[permi'tʃir]
decisión (f)	decisão (f)	[desi'zãw]
no decir nada	não dizer nada	['nãw dʒi'zer 'nada]

condición (f)	condição (f)	[kõdʒi'sãw]
excusa (f) (pretexto)	pretexto (m)	[pre'testu]
elogio (m)	elogio (m)	[elo'ʒiu]
elogiar (vt)	elogiar (vt)	[elo'ʒjar]

69. El éxito. La buena suerte. El fracaso

éxito (m)	êxito, sucesso (m)	['ezitu], [su'sɛsu]
con éxito (adv)	com êxito	[kõ 'ezitu]
exitoso (adj)	bem sucedido	[bẽj suse'dʒidu]

suerte (f)	sorte (f)	['sɔrtʃi]
¡Suerte!	Boa sorte!	['boa 'sɔrtʃi]
de suerte (día ~)	de sorte	[de 'sɔrtʃi]
afortunado (adj)	sortudo, felizardo	[sor'tudu], [feli'zardu]

fiasco (m)	fracasso (m)	[fra'kasu]
infortunio (m)	pouca sorte (f)	['poka 'sɔrtʃi]
mala suerte (f)	azar (m), má sorte (f)	[a'zar], [ma 'sɔrtʃi]

| fracasado (adj) | mal sucedido | [maw suse'dʒidu] |
| catástrofe (f) | catástrofe (f) | [ka'tastrofi] |

orgullo (m)	orgulho (m)	[or'guʎu]
orgulloso (adj)	orgulhoso	[orgu'ʎozu]
estar orgulloso	estar orgulhoso	[is'tar orgu'ʎozu]

ganador (m)	vencedor (m)	[vẽse'dor]
ganar (vi)	vencer (vi, vt)	[vẽ'ser]
perder (vi)	perder (vt)	[per'der]
tentativa (f)	tentativa (f)	[tẽta'tʃiva]
intentar (tratar)	tentar (vt)	[tẽ'tar]
chance (f)	chance (m)	['ʃãsi]

70. Las discusiones. Las emociones negativas

grito (m)	grito (m)	['gritu]
gritar (vi)	gritar (vi)	[gri'tar]
comenzar a gritar	começar a gritar	[kome'sar a gri'tar]

disputa (f), riña (f)	discussão (f)	[dʒisku'sãw]
reñir (vi)	brigar (vi)	[bri'gar]
escándalo (m) (riña)	escândalo (m)	[is'kãdalu]
causar escándalo	criar escândalo	[krjar is'kãdalu]
conflicto (m)	conflito (m)	[kõ'flitu]
malentendido (m)	mal-entendido (m)	[mal ẽtẽ'dʒidu]

insulto (m)	insulto (m)	[ĩ'suwtu]
insultar (vt)	insultar (vt)	[ĩsuw'tar]
insultado (adj)	insultado	[ĩsuw'tadu]
ofensa (f)	ofensa (f)	[ɔ'fẽsa]
ofender (vt)	ofender (vt)	[ofẽ'der]
ofenderse (vr)	ofender-se (vr)	[ofẽ'dersi]

indignación (f)	indignação (f)	[ĩdʒigna'sãw]
indignarse (vr)	indignar-se (vr)	[ĩdʒig'narsi]
queja (f)	queixa (f)	['kejʃa]
quejarse (vr)	queixar-se (vr)	[kej'ʃarsi]

disculpa (f)	desculpa (f)	[dʒis'kuwpa]
disculparse (vr)	desculpar-se (vr)	[dʒiskuw'parsi]
pedir perdón	pedir perdão	[pe'dʒir per'dãw]

crítica (f)	crítica (f)	['kritʃika]
criticar (vt)	criticar (vt)	[kritʃi'kar]
acusación (f)	acusação (f)	[akuza'sãw]
acusar (vt)	acusar (vt)	[aku'zar]

venganza (f)	vingança (f)	[vĩ'gãsa]
vengar (vt)	vingar (vt)	[vĩ'gar]
pagar (vt)	vingar-se (vr)	[vĩ'garsi]

desprecio (m)	desprezo (m)	[dʒis'prezu]
despreciar (vt)	desprezar (vt)	[dʒispre'zar]
odio (m)	ódio (m)	['ɔdʒju]
odiar (vt)	odiar (vt)	[o'dʒjar]

nervioso (adj)	nervoso	[ner'vozu]
estar nervioso	estar nervoso	[is'tar ner'vozu]
enfadado (adj)	zangado	[zã'gadu]
enfadar (vt)	zangar (vt)	[zã'gar]

humillación (f)	humilhação (f)	[umiʎa'sãw]
humillar (vt)	humilhar (vt)	[umi'ʎar]
humillarse (vr)	humilhar-se (vr)	[umi'ʎarsi]

choque (m)	choque (m)	['ʃɔki]
chocar (vi)	chocar (vt)	[ʃo'kar]
molestia (f) (problema)	aborrecimento (m)	[abohesi'mẽtu]

desagradable (adj)	desagradável	[dʒizagra'davew]
miedo (m)	medo (m)	['medu]
terrible (tormenta, etc.)	terrível	[te'hivew]
de miedo (historia ~)	assustador	[asusta'dor]
horror (m)	horror (m)	[o'hor]
horrible (adj)	horrível, terrível	[o'hivew], [te'hivew]

empezar a temblar	começar a tremer	[kome'sar a tre'mer]
llorar (vi)	chorar (vi)	[ʃo'rar]
comenzar a llorar	começar a chorar	[kome'sar a ʃo'rar]
lágrima (f)	lágrima (f)	['lagrima]

culpa (f)	falta (f)	['fawta]
remordimiento (m)	culpa (f)	['kuwpa]
deshonra (f)	desonra (f)	[dʒi'zõha]
protesta (f)	protesto (m)	[pro'tɛstu]
estrés (m)	estresse (m)	[is'trɛsi]

molestar (vt)	perturbar (vt)	[pertur'bar]
estar furioso	zangar-se com …	[zã'garsi kõ]
enfadado (adj)	zangado	[zã'gadu]
terminar (vt)	terminar (vt)	[termi'nar]
regañar (vt)	praguejar	[prage'ʒar]

asustarse (vr)	assustar-se	[asus'tarsi]
golpear (vt)	golpear (vt)	[gow'pjar]
pelear (vi)	brigar (vi)	[bri'gar]

resolver (~ la discusión)	resolver (vt)	[hezow'ver]
descontento (adj)	descontente	[dʒiskõ'tẽtʃi]
furioso (adj)	furioso	[fu'rjozu]

| ¡No está bien! | Não está bem! | ['nãw is'ta bẽj] |
| ¡Está mal! | É ruim! | [ɛ hu'ĩ] |

La medicina

enfermedad (f)	doença (f)	[do'ẽsa]
estar enfermo	estar doente	[is'tar do'ẽtʃi]
salud (f)	saúde (f)	[sa'udʒi]

resfriado (m) (coriza)	nariz (m) escorrendo	[na'riz isko'hẽdu]
angina (f)	amigdalite (f)	[amigda'litʃi]
resfriado (m)	resfriado (m)	[hes'frjadu]
resfriarse (vr)	ficar resfriado	[fi'kar hes'frjadu]

bronquitis (f)	bronquite (f)	[brõ'kitʃi]
pulmonía (f)	pneumonia (f)	[pnewmo'nia]
gripe (f)	gripe (f)	['gripi]

miope (adj)	míope	['miopi]
présbita (adj)	presbita	[pres'bita]
estrabismo (m)	estrabismo (m)	[istra'bizmu]
estrábico (m) (adj)	estrábico, vesgo	[is'trabiku], ['vezgu]
catarata (f)	catarata (f)	[kata'rata]
glaucoma (m)	glaucoma (m)	[glaw'koma]

insulto (m)	AVC (m), apoplexia (f)	[ave'se], [apople'ksia]
ataque (m) cardiaco	ataque (m) cardíaco	[a'taki kar'dʒiaku]
infarto (m) de miocardio	enfarte (m) do miocárdio	[ẽ'fartʃi du mjo'kardʒiu]
parálisis (f)	paralisia (f)	[parali'zia]
paralizar (vt)	paralisar (vt)	[parali'zar]

alergia (f)	alergia (f)	[aler'ʒia]
asma (f)	asma (f)	['azma]
diabetes (f)	diabetes (f)	[dʒja'bɛtʃis]

dolor (m) de muelas	dor (f) de dente	[dor de 'dẽtʃi]
caries (f)	cárie (f)	['kari]

diarrea (f)	diarreia (f)	[dʒja'hɛja]
estreñimiento (m)	prisão (f) de ventre	[pri'zãw de 'vẽtri]
molestia (f) estomacal	desarranjo (m) intestinal	[dʒiza'hãʒu ĩtestʃi'naw]
envenenamiento (m)	intoxicação (f) alimentar	[ĩtoksika'sãw alimẽ'tar]
envenenarse (vr)	intoxicar-se	[ĩtoksi'karsi]

artritis (f)	artrite (f)	[ar'tritʃi]
raquitismo (m)	raquitismo (m)	[haki'tʃizmu]
reumatismo (m)	reumatismo (m)	[hewma'tʃizmu]
ateroesclerosis (f)	arteriosclerose (f)	[arterjoskle'rɔzi]

gastritis (f)	gastrite (f)	[gas'tritʃi]
apendicitis (f)	apendicite (f)	[apẽdʒi'sitʃi]

| colecistitis (f) | colecistite (f) | [kulesi'stʃitʃi] |
| úlcera (f) | úlcera (f) | ['uwsera] |

sarampión (m)	sarampo (m)	[sa'rãpu]
rubeola (f)	rubéola (f)	[hu'bɛola]
ictericia (f)	icterícia (f)	[ikte'risja]
hepatitis (f)	hepatite (f)	[epa'tʃitʃi]

esquizofrenia (f)	esquizofrenia (f)	[iskizofre'nia]
rabia (f) (hidrofobia)	raiva (f)	['hajva]
neurosis (f)	neurose (f)	[new'rɔzi]
conmoción (f) cerebral	contusão (f) cerebral	[kõtu'zãw sere'braw]

cáncer (m)	câncer (m)	['kãser]
esclerosis (f)	esclerose (f)	[iskle'rozi]
esclerosis (m) múltiple	esclerose (f) múltipla	[iskle'rozi 'muwtʃipla]

alcoholismo (m)	alcoolismo (m)	[awko'lizmu]
alcohólico (m)	alcoólico (m)	[aw'kɔliku]
sífilis (f)	sífilis (f)	['sifilis]
SIDA (m)	AIDS (f)	['ajdʒs]

tumor (m)	tumor (m)	[tu'mor]
maligno (adj)	maligno	[ma'lignu]
benigno (adj)	benigno	[be'nignu]

fiebre (f)	febre (f)	['fɛbri]
malaria (f)	malária (f)	[ma'larja]
gangrena (f)	gangrena (f)	[gã'grena]
mareo (m)	enjoo (m)	[ẽ'ʒou]
epilepsia (f)	epilepsia (f)	[epile'psia]

epidemia (f)	epidemia (f)	[epide'mia]
tifus (m)	tifo (m)	['tʃifu]
tuberculosis (f)	tuberculose (f)	[tuberku'lɔzi]
cólera (f)	cólera (f)	['kɔlera]
peste (f)	peste (f) bubônica	['pɛstʃi bu'bonika]

72. Los síntomas. Los tratamientos. Unidad 1

síntoma (m)	sintoma (m)	[sĩ'tɔma]
temperatura (f)	temperatura (f)	[tẽpera'tura]
fiebre (f)	febre (f)	['fɛbri]
pulso (m)	pulso (m)	['puwsu]

mareo (m) (vértigo)	vertigem (f)	[ver'tʃiʒẽ]
caliente (adj)	quente	['kẽtʃi]
escalofrío (m)	calafrio (m)	[kala'friu]
pálido (adj)	pálido	['palidu]

tos (f)	tosse (f)	['tɔsi]
toser (vi)	tossir (vi)	[to'sir]
estornudar (vi)	espirrar (vi)	[ispi'har]
desmayo (m)	desmaio (m)	[dʒiz'maju]

desmayarse (vr)	desmaiar (vi)	[dʒizma'jar]
moradura (f)	mancha (f) preta	['mãʃa 'preta]
chichón (m)	galo (m)	['galu]
golpearse (vr)	machucar-se (vr)	[maʃu'karsi]
magulladura (f)	contusão (f)	[kõtu'zãw]
magullarse (vr)	machucar-se (vr)	[maʃu'karsi]

cojear (vi)	mancar (vi)	[mã'kar]
dislocación (f)	deslocamento (f)	[dʒizloka'mẽtu]
dislocar (vt)	deslocar (vt)	[dʒizlo'kar]
fractura (f)	fratura (f)	[fra'tura]
tener una fractura	fraturar (vt)	[fratu'rar]

corte (m) (tajo)	corte (m)	['kɔrtʃi]
cortarse (vr)	cortar-se (vr)	[kor'tarsi]
hemorragia (f)	hemorragia (f)	[emoha'ʒia]

quemadura (f)	queimadura (f)	[kejma'dura]
quemarse (vr)	queimar-se (vr)	[kej'marsi]

pincharse (~ el dedo)	picar (vt)	[pi'kar]
pincharse (vr)	picar-se (vr)	[pi'karsi]
herir (vt)	lesionar (vt)	[lezjo'nar]
herida (f)	lesão (m)	[le'zãw]
lesión (f) (herida)	ferida (f), ferimento (m)	[fe'rida], [feri'mẽtu]
trauma (m)	trauma (m)	['trawma]

delirar (vi)	delirar (vi)	[deli'rar]
tartamudear (vi)	gaguejar (vi)	[gage'ʒar]
insolación (f)	insolação (f)	[insola'sãw]

73. Los síntomas. Los tratamientos. Unidad 2

dolor (m)	dor (f)	[dor]
astilla (f)	farpa (f)	['farpa]

sudor (m)	suor (m)	[swɔr]
sudar (vi)	suar (vi)	[swar]
vómito (m)	vômito (m)	['vomitu]
convulsiones (f pl)	convulsões (f pl)	[kõvuw'sõjs]

embarazada (adj)	grávida	['gravida]
nacer (vi)	nascer (vi)	[na'ser]
parto (m)	parto (m)	['partu]
dar a luz	dar à luz	[dar a luz]
aborto (m)	aborto (m)	[a'bortu]

respiración (f)	respiração (f)	[hespira'sãw]
inspiración (f)	inspiração (f)	[ĩspira'sãw]
espiración (f)	expiração (f)	[ispira'sãw]
espirar (vi)	expirar (vi)	[ispi'rar]
inspirar (vi)	inspirar (vi)	[ĩspi'rar]
inválido (m)	inválido (m)	[ĩ'validu]
mutilado (m)	aleijado (m)	[alej'ʒadu]

drogadicto (m)	drogado (m)	[dro'gadu]
sordo (adj)	surdo	['surdu]
mudo (adj)	mudo	['mudu]
sordomudo (adj)	surdo-mudo	['surdu-'mudu]

loco (adj)	louco, insano	['loku], [ĩ'sanu]
loco (m)	louco (m)	['loku]
loca (f)	louca (f)	['loka]
volverse loco	ficar louco	[fi'kar 'loku]

gen (m)	gene (m)	['ʒɛni]
inmunidad (f)	imunidade (f)	[imuni'dadʒi]
hereditario (adj)	hereditário	[eredʒi'tarju]
de nacimiento (adj)	congênito	[kõ'ʒenitu]

virus (m)	vírus (m)	['virus]
microbio (m)	micróbio (m)	[mi'krɔbju]
bacteria (f)	bactéria (f)	[bak'tɛrja]
infección (f)	infecção (f)	[ĩfek'sãw]

74. Los síntomas. Los tratamientos. Unidad 3

| hospital (m) | hospital (m) | [ospi'taw] |
| paciente (m) | paciente (m) | [pa'sjẽtʃi] |

diagnosis (f)	diagnóstico (m)	[dʒjag'nɔstʃiku]
cura (f)	cura (f)	['kura]
tratamiento (m)	tratamento (m) médico	[trata'mẽtu 'mɛdʒiku]
curarse (vr)	curar-se (vr)	[ku'rarsi]
tratar (vt)	tratar (vt)	[tra'tar]
cuidar (a un enfermo)	cuidar (vt)	[kwi'dar]
cuidados (m pl)	cuidado (m)	[kwi'dadu]

operación (f)	operação (f)	[opera'sãw]
vendar (vt)	enfaixar (vt)	[ẽfaj'ʃar]
vendaje (m)	enfaixamento (m)	[bã'daʒãj]

vacunación (f)	vacinação (f)	[vasina'sãw]
vacunar (vt)	vacinar (vt)	[vasi'nar]
inyección (f)	injeção (f)	[inʒe'sãw]
aplicar una inyección	dar uma injeção	[dar 'uma inʒe'sãw]

ataque (m)	ataque (m)	[a'taki]
amputación (f)	amputação (f)	[ãputa'sãw]
amputar (vt)	amputar (vt)	[ãpu'tar]
coma (m)	coma (f)	['kɔma]
estar en coma	estar em coma	[is'tar ẽ 'kɔma]
revitalización (f)	reanimação (f)	[hianima'sãw]

recuperarse (vr)	recuperar-se (vr)	[hekupe'rarsi]
estado (m) (de salud)	estado (m)	[i'stadu]
consciencia (f)	consciência (f)	[kõ'sjẽsja]
memoria (f)	memória (f)	[me'mɔrja]
extraer (un diente)	tirar (vt)	[tʃi'rar]

| empaste (m) | obturação (f) | [obitura'sãw] |
| empastar (vt) | obturar (vt) | [obitu'rar] |

| hipnosis (f) | hipnose (f) | [ip'nɔzi] |
| hipnotizar (vt) | hipnotizar (vt) | [ipnotʃi'zar] |

75. Los médicos

médico (m)	médico (m)	['mɛdʒiku]
enfermera (f)	enfermeira (f)	[ẽfer'mejra]
médico (m) personal	médico (m) pessoal	['mɛdʒiku pe'swaw]

dentista (m)	dentista (m)	[dẽ'tʃista]
oftalmólogo (m)	oculista (m)	[oku'lista]
internista (m)	terapeuta (m)	[tera'pewta]
cirujano (m)	cirurgião (m)	[sirur'ʒjãw]

psiquiatra (m)	psiquiatra (m)	[psi'kjatra]
pediatra (m)	pediatra (m)	[pe'dʒjatra]
psicólogo (m)	psicólogo (m)	[psi'kɔlogu]
ginecólogo (m)	ginecologista (m)	[ʒinekolo'ʒista]
cardiólogo (m)	cardiologista (m)	[kardʒjolo'ʒista]

76. La medicina. Las drogas. Los accesorios

medicamento (m), droga (f)	medicamento (m)	[medʒika'mẽtu]
remedio (m)	remédio (m)	[he'mɛdʒju]
prescribir (vt)	receitar (vt)	[hesej'tar]
receta (f)	receita (f)	[he'sejta]

tableta (f)	comprimido (m)	[kõpri'midu]
ungüento (m)	unguento (m)	[ũ'gwẽtu]
ampolla (f)	ampola (f)	[ã'pɔla]
mixtura (f), mezcla (f)	solução, preparado (m)	[solu'sãw], [prepa'radu]
sirope (m)	xarope (m)	[ʃa'rɔpi]
píldora (f)	cápsula (f)	['kapsula]
polvo (m)	pó (m)	[pɔ]

venda (f)	atadura (f)	[ata'dura]
algodón (m) (discos de ~)	algodão (m)	[awgo'dãw]
yodo (m)	iodo (m)	['jodu]

tirita (f), curita (f)	curativo (m) adesivo	[kura'tivu ade'zivu]
pipeta (f)	conta-gotas (m)	['kõta 'gotas]
termómetro (m)	termômetro (m)	[ter'mometru]
jeringa (f)	seringa (f)	[se'rĩga]

| silla (f) de ruedas | cadeira (f) de rodas | [ka'dejra de 'hɔdas] |
| muletas (f pl) | muletas (f pl) | [mu'letas] |

| anestésico (m) | analgésico (m) | [anaw'ʒɛziku] |
| purgante (m) | laxante (m) | [la'ʃãtʃi] |

alcohol (m)	álcool (m)	['awkɔw]
hierba (f) medicinal	ervas (f pl) medicinais	['ɛrvas meʤisi'najs]
de hierbas (té ~)	de ervas	[de 'ɛrvas]

77. El tabaquismo. Los productos del tabaco

tabaco (m)	tabaco (m)	[ta'baku]
cigarrillo (m)	cigarro (m)	[si'gahu]
cigarro (m)	charuto (m)	[ʃa'rutu]
pipa (f)	cachimbo (m)	[ka'ʃĩbu]
paquete (m)	maço (m)	['masu]

cerillas (f pl)	fósforos (m pl)	['fɔsforus]
caja (f) de cerillas	caixa (f) de fósforos	['kaɪʃa de 'fɔsforus]
encendedor (m)	isqueiro (m)	[is'kejru]
cenicero (m)	cinzeiro (m)	[sĩ'zejru]
pitillera (f)	cigarreira (f)	[siga'hejra]

boquilla (f)	piteira (f)	[pi'tejra]
filtro (m)	filtro (m)	['fiwtru]

fumar (vi, vt)	fumar (vi, vt)	[fu'mar]
encender un cigarrillo	acender um cigarro	[asẽ'der ũ si'gahu]
tabaquismo (m)	tabagismo (m)	[taba'ʒiʒmu]
fumador (m)	fumante (m)	[fu'mãtʃi]

colilla (f)	bituca (f)	[bi'tuka]
humo (m)	fumaça (f)	[fu'masa]
ceniza (f)	cinza (f)	['sĩza]

EL AMBIENTE HUMANO

La ciudad

ciudad (f)	cidade (f)	[si'dadʒi]
capital (f)	capital (f)	[kapi'taw]
aldea (f)	aldeia (f)	[aw'deja]
plano (m) de la ciudad	mapa (m) da cidade	['mapa da si'dadʒi]
centro (m) de la ciudad	centro (m) da cidade	['sẽtru da si'dadʒi]
suburbio (m)	subúrbio (m)	[su'burbju]
suburbano (adj)	suburbano	[subur'banu]
arrabal (m)	periferia (f)	[perife'ria]
afueras (f pl)	arredores (m pl)	[ahe'dɔris]
barrio (m)	quarteirão (m)	[kwartej'rãw]
zona (f) de viviendas	quarteirão (m) residencial	[kwartej'rãw hezidẽ'sjaw]
tráfico (m)	tráfego (m)	['trafegu]
semáforo (m)	semáforo (m)	[se'maforu]
transporte (m) urbano	transporte (m) público	[trãs'pɔrtʃi 'publiku]
cruce (m)	cruzamento (m)	[kruza'mẽtu]
paso (m) de peatones	faixa (f)	['fajʃa]
paso (m) subterráneo	túnel (m)	['tunew]
cruzar (vt)	cruzar, atravessar (vt)	[kru'zar], [atrave'sar]
peatón (m)	pedestre (m)	[pe'dɛstri]
acera (f)	calçada (f)	[kaw'sada]
puente (m)	ponte (f)	['põtʃi]
muelle (m)	margem (f) do rio	['marʒẽ du 'hiu]
fuente (f)	fonte (f)	['fõtʃi]
alameda (f)	alameda (f)	[ala'meda]
parque (m)	parque (m)	['parki]
bulevar (m)	bulevar (m)	[bule'var]
plaza (f)	praça (f)	['prasa]
avenida (f)	avenida (f)	[ave'nida]
calle (f)	rua (f)	['hua]
callejón (m)	travessa (f)	[tra'vɛsa]
callejón (m) sin salida	beco (m) sem saída	['beku sẽ sa'ida]
casa (f)	casa (f)	['kaza]
edificio (m)	edifício, prédio (m)	[edʒi'fisju], ['prɛdʒju]
rascacielos (m)	arranha-céu (m)	[a'haɲa-sɛw]
fachada (f)	fachada (f)	[fa'ʃada]
techo (m)	telhado (m)	[te'ʎadu]

ventana (f)	janela (f)	[ʒa'nɛla]
arco (m)	arco (m)	['arku]
columna (f)	coluna (f)	[ko'luna]
esquina (f)	esquina (f)	[is'kina]

escaparate (f)	vitrine (f)	[vi'trini]
letrero (m) (~ luminoso)	letreiro (m)	[le'trejru]
cartel (m)	cartaz (m)	[kar'taz]
cartel (m) publicitario	cartaz (m) publicitário	[kar'taz publisi'tarju]
valla (f) publicitaria	painel (m) publicitário	[paj'nɛw publisi'tarju]

basura (f)	lixo (m)	['liʃu]
cajón (m) de basura	lixeira (f)	[li'ʃejra]
tirar basura	jogar lixo na rua	[ʒo'gar 'liʃu na 'hua]
basurero (m)	aterro (m) sanitário	[a'tehu sani'tarju]

cabina (f) telefónica	orelhão (m)	[ore'ʎãw]
farola (f)	poste (m) de luz	['pɔstʃi de luz]
banco (m) (del parque)	banco (m)	['bãku]

policía (m)	polícia (m)	[po'lisja]
policía (f) (~ nacional)	polícia (f)	[po'lisja]
mendigo (m)	mendigo, pedinte (m)	[mẽ'dʒigu], [pe'dʒĩtʃi]
persona (f) sin hogar	desabrigado (m)	[dʒizabri'gadu]

79. Las instituciones urbanas

tienda (f)	loja (f)	['lɔʒa]
farmacia (f)	drogaria (f)	[droga'ria]
óptica (f)	ótica (f)	['ɔtʃika]
centro (m) comercial	centro (m) comercial	['sẽtru komer'sjaw]
supermercado (m)	supermercado (m)	[supermer'kadu]

panadería (f)	padaria (f)	[pada'ria]
panadero (m)	padeiro (m)	[pa'dejru]
pastelería (f)	pastelaria (f)	[pastela'ria]
tienda (f) de comestibles	mercearia (f)	[mersja'ria]
carnicería (f)	açougue (m)	[a'sogi]

verdulería (f)	fruteira (f)	[fru'tejra]
mercado (m)	mercado (m)	[mer'kadu]

cafetería (f)	cafeteria (f)	[kafete'ria]
restaurante (m)	restaurante (m)	[hestaw'rãtʃi]
cervecería (f)	bar (m)	[bar]
pizzería (f)	pizzaria (f)	[pitsa'ria]

peluquería (f)	salão (m) de cabeleireiro	[sa'lãw de kabelej'rejru]
oficina (f) de correos	agência (f) dos correios	[a'ʒẽsja dus ko'hejus]
tintorería (f)	lavanderia (f)	[lavãde'ria]
estudio (m) fotográfico	estúdio (m) fotográfico	[is'tudʒu foto'grafiku]

zapatería (f)	sapataria (f)	[sapata'ria]
librería (f)	livraria (f)	[livra'ria]

tienda (f) deportiva	loja (f) de artigos esportivos	['lɔʒa de ar'tʃigus ispor'tʃivus]
arreglos (m pl) de ropa	costureira (m)	[kostu'rejra]
alquiler (m) de ropa	aluguel (m) de roupa	[alu'gɛw de 'hopa]
videoclub (m)	videolocadora (f)	['vidʒju·loka'dɔra]
circo (m)	circo (m)	['sirku]
zoológico (m)	jardim (m) zoológico	[ʒar'dʒĩ zo'lɔʒiku]
cine (m)	cinema (m)	[si'nɛma]
museo (m)	museu (m)	[mu'zew]
biblioteca (f)	biblioteca (f)	[bibljo'tɛka]
teatro (m)	teatro (m)	['tʃjatru]
ópera (f)	ópera (f)	['ɔpera]
club (m) nocturno	boate (f)	['bwatʃi]
casino (m)	cassino (m)	[ka'sinu]
mezquita (f)	mesquita (f)	[mes'kita]
sinagoga (f)	sinagoga (f)	[sina'gɔga]
catedral (f)	catedral (f)	[kate'draw]
templo (m)	templo (m)	['tẽplu]
iglesia (f)	igreja (f)	[i'greʒa]
instituto (m)	faculdade (f)	[fakuw'dadʒi]
universidad (f)	universidade (f)	[universi'dadʒi]
escuela (f)	escola (f)	[is'kɔla]
prefectura (f)	prefeitura (f)	[prefej'tura]
alcaldía (f)	câmara (f) municipal	['kamara munisi'paw]
hotel (m)	hotel (m)	[o'tɛw]
banco (m)	banco (m)	['bãku]
embajada (f)	embaixada (f)	[ẽbaj'ʃada]
agencia (f) de viajes	agência (f) de viagens	[a'ʒẽsja de 'vjaʒẽs]
oficina (f) de información	agência (f) de informações	[a'ʒẽsja de ĩforma'sõjs]
oficina (f) de cambio	casa (f) de câmbio	['kaza de 'kãbju]
metro (m)	metrô (m)	[me'tro]
hospital (m)	hospital (m)	[ospi'taw]
gasolinera (f)	posto (m) de gasolina	['postu de gazo'lina]
aparcamiento (m)	parque (m) de estacionamento	['parki de istasjona'mẽtu]

80. Los avisos

letrero (m) (~ luminoso)	letreiro (m)	[le'trejru]
cartel (m) (texto escrito)	aviso (m)	[a'vizu]
pancarta (f)	pôster (m)	['poster]
señal (m) de dirección	placa (f) de direção	['plaka]
flecha (f) (signo)	seta (f)	['sɛta]
advertencia (f)	aviso (m), advertência (f)	[a'vizu], [adʒiver'tẽsja]
aviso (m)	sinal (m) de aviso	[si'naw de a'vizu]
advertir (vt)	avisar, advertir (vt)	[avi'zar], [adʒiver'tʃir]

día (m) de descanso	dia (m) de folga	['dʒia de 'fɔwga]
horario (m)	horário (m)	[o'rarju]
horario (m) de apertura	horário (m)	[o'rarju]
¡BIENVENIDOS!	BEM-VINDOS!	[bẽj 'vĩdu]
ENTRADA	ENTRADA	[ẽ'trada]
SALIDA	SAÍDA	[sa'ida]
EMPUJAR	EMPURRE	[ẽ'puhe]
TIRAR	PUXE	['puʃe]
ABIERTO	ABERTO	[a'bɛrtu]
CERRADO	FECHADO	[fe'ʃadu]
MUJERES	MULHER	[mu'ʎer]
HOMBRES	HOMEM	['ɔmẽ]
REBAJAS	DESCONTOS	[dʒis'kõtus]
SALDOS	SALDOS, PROMOÇÃO	['sawdus], [promo'sãw]
NOVEDAD	NOVIDADE!	[novi'dadʒi]
GRATIS	GRÁTIS	['gratʃis]
¡ATENCIÓN!	ATENÇÃO!	[atẽ'sãw]
COMPLETO	NÃO HÁ VAGAS	['nãw a 'vagas]
RESERVADO	RESERVADO	[hezer'vadu]
ADMINISTRACIÓN	ADMINISTRAÇÃO	[adʒiministra'sãw]
SÓLO PERSONAL	SOMENTE PESSOAL	[sɔ'mẽtʃi pe'swaw
AUTORIZADO	AUTORIZADO	awtori'zadu]
CUIDADO CON EL PERRO	CUIDADO CÃO FEROZ	[kwi'dadu kãw fe'rɔz]
PROHIBIDO FUMAR	PROIBIDO FUMAR!	[proi'bidu fu'mar]
NO TOCAR	NÃO TOCAR	['nãw to'kar]
PELIGROSO	PERIGOSO	[peri'gozu]
PELIGRO	PERIGO	[pe'rigu]
ALTA TENSIÓN	ALTA TENSÃO	['awta tẽ'sãw]
PROHIBIDO BAÑARSE	PROIBIDO NADAR	[proi'bidu na'dar]
NO FUNCIONA	COM DEFEITO	[kõ de'fejtu]
INFLAMABLE	INFLAMÁVEL	[ĩfla'mavew]
PROHIBIDO	PROIBIDO	[proi'bidu]
PROHIBIDO EL PASO	ENTRADA PROIBIDA	[ẽ'trada proi'bida]
RECIÉN PINTADO	CUIDADO TINTA FRESCA	[kwi'dadu 'tʃĩta 'freska]

81. El transporte urbano

autobús (m)	ônibus (m)	['onibus]
tranvía (m)	bonde (m) elétrico	['bõdʒi e'lɛtriku]
trolebús (m)	trólebus (m)	['trɔlebus]
itinerario (m)	rota (f), itinerário (m)	['hɔta], [itʃine'rarju]
número (m)	número (m)	['numeru]
ir en …	ir de …	[ir de]
tomar (~ el autobús)	entrar no …	[ẽ'trar nu]

bajar (~ del tren)	descer do ...	[de'ser du]
parada (f)	parada (f)	[pa'rada]
próxima parada (f)	próxima parada (f)	['prɔsima pa'rada]
parada (f) final	terminal (m)	[termi'naw]
horario (m)	horário (m)	[o'rarju]
esperar (aguardar)	esperar (vt)	[ispe'rar]
billete (m)	passagem (f)	[pa'saʒẽ]
precio (m) del billete	tarifa (f)	[ta'rifa]
cajero (m)	bilheteiro (m)	[biʎe'tejru]
control (m) de billetes	controle (m) de passagens	[kõ'troli de pa'saʒãjʃ]
revisor (m)	revisor (m)	[hevi'zor]
llegar tarde (vi)	atrasar-se (vr)	[atra'zarsi]
perder (~ el tren)	perder (vt)	[per'der]
tener prisa	estar com pressa	[is'tar kõ 'prɛsa]
taxi (m)	táxi (m)	['taksi]
taxista (m)	taxista (m)	[tak'sista]
en taxi	de táxi	[de 'taksi]
parada (f) de taxi	ponto (m) de táxis	['põtu de 'taksis]
llamar un taxi	chamar um táxi	[ʃa'mar ũ 'taksi]
tomar un taxi	pegar um táxi	[pe'gar ũ 'taksi]
tráfico (m)	tráfego (m)	['trafegu]
atasco (m)	engarrafamento (m)	[ẽgahafa'mẽtu]
horas (f pl) de punta	horas (f pl) de pico	['ɔras de 'piku]
aparcar (vi)	estacionar (vi)	[istasjo'nar]
aparcar (vt)	estacionar (vt)	[istasjo'nar]
aparcamiento (m)	parque (m) de estacionamento	['parki de istasjona'mẽtu]
metro (m)	metrô (m)	[me'tro]
estación (f)	estação (f)	[ista'sãw]
ir en el metro	ir de metrô	[ir de me'tro]
tren (m)	trem (m)	[trẽj]
estación (f)	estação (f) de trem	[ista'sãw de trẽj]

82. El turismo. La excursión

monumento (m)	monumento (m)	[monu'mẽtu]
fortaleza (f)	fortaleza (f)	[forta'leza]
palacio (m)	palácio (m)	[pa'lasju]
castillo (m)	castelo (m)	[kas'tɛlu]
torre (f)	torre (f)	['tohi]
mausoleo (m)	mausoléu (m)	[mawzo'lɛw]
arquitectura (f)	arquitetura (f)	[arkite'tura]
medieval (adj)	medieval	[medʒje'vaw]
antiguo (adj)	antigo	[ã'tʃigu]
nacional (adj)	nacional	[nasjo'naw]
conocido (adj)	famoso	[fa'mozu]
turista (m)	turista (m)	[tu'rista]

guía (m) (persona)	guia (m)	['gia]
excursión (f)	excursão (f)	[iskur'sãw]
mostrar (vt)	mostrar (vt)	[mos'trar]
contar (una historia)	contar (vt)	[kõ'tar]

encontrar (hallar)	encontrar (vt)	[ẽkõ'trar]
perderse (vr)	perder-se (vr)	[per'dersi]
plano (m) (~ de metro)	mapa (m)	['mapa]
mapa (m) (~ de la ciudad)	mapa (m)	['mapa]

recuerdo (m)	lembrança (f), presente (m)	[lẽ'brãsa], [pre'zẽtʃi]
tienda (f) de regalos	loja (f) de presentes	['lɔʒa de pre'zẽtʃis]
hacer fotos	tirar fotos	[tʃi'rar 'fɔtus]
fotografiarse (vr)	fotografar-se (vr)	[fotogra'farse]

83. Las compras

comprar (vt)	comprar (vt)	[kõ'prar]
compra (f)	compra (f)	['kõpra]
hacer compras	fazer compras	[fa'zer 'kõpras]
compras (f pl)	compras (f pl)	['kõpras]

estar abierto (tienda)	estar aberta	[is'tar a'bɛrta]
estar cerrado	estar fechada	[is'tar fe'ʃada]

calzado (m)	calçado (m)	[kaw'sadu]
ropa (f)	roupa (f)	['hopa]
cosméticos (m pl)	cosméticos (m pl)	[koz'mɛtʃikus]
productos alimenticios	alimentos (m pl)	[ali'mẽtus]
regalo (m)	presente (m)	[pre'zẽtʃi]

vendedor (m)	vendedor (m)	[vẽde'dor]
vendedora (f)	vendedora (f)	[vẽde'dora]

caja (f)	caixa (f)	['kaɪʃa]
espejo (m)	espelho (m)	[is'peʎu]
mostrador (m)	balcão (m)	[baw'kãw]
probador (m)	provador (m)	[prɔva'dor]

probar (un vestido)	provar (vt)	[pro'var]
quedar (una ropa, etc.)	servir (vi)	[ser'vir]
gustar (vi)	gostar (vt)	[gos'tar]

precio (m)	preço (m)	['presu]
etiqueta (f) de precio	etiqueta (f) de preço	[etʃi'keta de 'presu]
costar (vt)	custar (vt)	[kus'tar]
¿Cuánto?	Quanto?	['kwãtu]
descuento (m)	desconto (m)	[dʒis'kõtu]

no costoso (adj)	não caro	['nãw 'karu]
barato (adj)	barato	[ba'ratu]
caro (adj)	caro	['karu]
Es caro	É caro	[ɛ 'karu]
alquiler (m)	aluguel (m)	[alu'gɛw]

alquilar (vt)	alugar (vt)	[alu'gar]
crédito (m)	crédito (m)	['krɛdʒitu]
a crédito (adv)	a crédito	[a 'krɛdʒitu]

84. El dinero

dinero (m)	dinheiro (m)	[dʒi'ɲejru]
cambio (m)	câmbio (m)	['kãbju]
curso (m)	taxa (f) de câmbio	['taʃa de 'kãbju]
cajero (m) automático	caixa (m) eletrônico	['kaɪʃa ele'troniku]
moneda (f)	moeda (f)	['mwɛda]

| dólar (m) | dólar (m) | ['dɔlar] |
| euro (m) | euro (m) | ['ewru] |

lira (f)	lira (f)	['lira]
marco (m) alemán	marco (m)	['marku]
franco (m)	franco (m)	['frãku]
libra esterlina (f)	libra (f) esterlina	['libra ister'linu]
yen (m)	iene (m)	['jɛni]

deuda (f)	dívida (f)	['dʒivida]
deudor (m)	devedor (m)	[deve'dor]
prestar (vt)	emprestar (vt)	[ẽpres'tar]
tomar prestado	pedir emprestado	[pe'dʒir ẽpres'tadu]

banco (m)	banco (m)	['bãku]
cuenta (f)	conta (f)	['kõta]
ingresar (~ en la cuenta)	depositar (vt)	[depozi'tar]
ingresar en la cuenta	depositar na conta	[depozi'tar na 'kõta]
sacar de la cuenta	sacar (vt)	[sa'kar]

tarjeta (f) de crédito	cartão (m) de crédito	[kar'tãw de 'krɛdʒitu]
dinero (m) en efectivo	dinheiro (m) vivo	[dʒi'ɲejru 'vivu]
cheque (m)	cheque (m)	['ʃɛki]
sacar un cheque	passar um cheque	[pa'sar ũ 'ʃɛki]
talonario (m)	talão (m) de cheques	[ta'lãw de 'ʃɛkis]

cartera (f)	carteira (f)	[kar'tejra]
monedero (m)	niqueleira (f)	[nike'lejra]
caja (f) fuerte	cofre (m)	['kɔfri]

heredero (m)	herdeiro (m)	[er'dejru]
herencia (f)	herança (f)	[e'rãsa]
fortuna (f)	fortuna (f)	[for'tuna]

arriendo (m)	arrendamento (m)	[ahẽda'mẽtu]
alquiler (m) (dinero)	aluguel (m)	[alu'gɛw]
alquilar (~ una casa)	alugar (vt)	[alu'gar]

precio (m)	preço (m)	['presu]
coste (m)	custo (m)	['kustu]
suma (f)	soma (f)	['sɔma]
gastar (vt)	gastar (vt)	[gas'tar]

gastos (m pl)	gastos (m pl)	['gastus]
economizar (vi, vt)	economizar (vi)	[ekonomi'zar]
económico (adj)	econômico	[eko'nomiku]

pagar (vi, vt)	pagar (vt)	[pa'gar]
pago (m)	pagamento (m)	[paga'mẽtu]
cambio (m) (devolver el ~)	troco (m)	['troku]

impuesto (m)	imposto (m)	[ĩ'postu]
multa (f)	multa (f)	['muwta]
multar (vt)	multar (vt)	[muw'tar]

85. La oficina de correos

oficina (f) de correos	agência (f) dos correios	[a'ʒẽsja dus ko'hejus]
correo (m) (cartas, etc.)	correio (m)	[ko'heju]
cartero (m)	carteiro (m)	[kar'tejru]
horario (m) de apertura	horário (m)	[o'rarju]

carta (f)	carta (f)	['karta]
carta (f) certificada	carta (f) registada	['karta heʒis'tada]
tarjeta (f) postal	cartão (m) postal	[kar'tãw pos'taw]
telegrama (m)	telegrama (m)	[tele'grama]
paquete (m) postal	encomenda (f)	[ẽko'mẽda]
giro (m) postal	transferência (f) de dinheiro	[trãsfe'rẽsja de dʒi'ɲejru]

recibir (vt)	receber (vt)	[hese'ber]
enviar (vt)	enviar (vt)	[ẽ'vjar]
envío (m)	envio (m)	[ẽ'viu]

dirección (f)	endereço (m)	[ẽde'resu]
código (m) postal	código (m) postal	['kɔdʒigu pos'taw]
expedidor (m)	remetente (m)	[heme'tẽtʃi]
destinatario (m)	destinatário (m)	[destʃina'tarju]

| nombre (m) | nome (m) | ['nɔmi] |
| apellido (m) | sobrenome (m) | [sobri'nɔmi] |

tarifa (f)	tarifa (f)	[ta'rifa]
ordinario (adj)	ordinário	[ordʒi'narju]
económico (adj)	econômico	[eko'nomiku]

peso (m)	peso (m)	['pezu]
pesar (~ una carta)	pesar (vt)	[pe'zar]
sobre (m)	envelope (m)	[ẽve'lɔpi]
sello (m)	selo (m) postal	['selu pos'taw]
poner un sello	colar o selo	[ko'lar u 'selu]

La vivienda. La casa. El hogar

casa (f)	casa (f)	['kaza]
en casa (adv)	em casa	[ẽ 'kaza]
patio (m)	pátio (m), quintal (f)	['patʃu], [kĩ'taw]
verja (f)	cerca, grade (f)	['sɛrka], ['gradʒi]
ladrillo (m)	tijolo (m)	[tʃi'ʒolu]
de ladrillo (adj)	de tijolos	[de tʃi'ʒolus]
piedra (f)	pedra (f)	['pɛdra]
de piedra (adj)	de pedra	[de 'pɛdra]
hormigón (m)	concreto (m)	[kõ'krɛtu]
de hormigón (adj)	concreto	[kõ'krɛtu]
nuevo (adj)	novo	['novu]
viejo (adj)	velho	['vɛʎu]
deteriorado (adj)	decrépito	[de'krɛpitu]
moderno (adj)	moderno	[mo'dɛrnu]
de muchos pisos	de vários andares	[de 'varjus ã'daris]
alto (adj)	alto	['awtu]
piso (m), planta (f)	andar (m)	[ã'dar]
de una sola planta	de um andar	[de ũ ã'dar]
piso (m) bajo	térreo (m)	['tɛhju]
piso (m) alto	andar (m) de cima	[ã'dar de 'sima]
techo (m)	telhado (m)	[te'ʎadu]
chimenea (f)	chaminé (f)	[ʃami'nɛ]
tejas (f pl)	telha (f)	['teʎa]
de tejas (adj)	de telha	[de 'teʎa]
desván (m)	sótão (m)	['sɔtãw]
ventana (f)	janela (f)	[ʒa'nɛla]
vidrio (m)	vidro (m)	['vidru]
alféizar (m)	parapeito (m)	[para'pejtu]
contraventanas (f pl)	persianas (f pl)	[per'sjanas]
pared (f)	parede (f)	[pa'redʒi]
balcón (m)	varanda (f)	[va'rãda]
gotera (f)	calha (f)	['kaʎa]
arriba (estar ~)	em cima	[ẽ 'sima]
subir (vi)	subir (vi)	[su'bir]
descender (vi)	descer (vi)	[de'ser]
mudarse (vr)	mudar-se (vr)	[mu'darsi]

83

87. La casa. La entrada. El ascensor

entrada (f)	entrada (f)	[ẽ'trada]
escalera (f)	escada (f)	[is'kada]
escalones (m pl)	degraus (m pl)	[de'graws]
baranda (f)	corrimão (m)	[kohi'mãw]
vestíbulo (m)	hall (m) de entrada	[hɔw de ẽ'trada]

buzón (m)	caixa (f) de correio	['kaɪʃa de ko'heju]
contenedor (m) de basura	lixeira (f)	[li'ʃejra]
bajante (f) de basura	calha (f) de lixo	['kaʎa de 'liʃu]

ascensor (m)	elevador (m)	[eleva'dor]
ascensor (m) de carga	elevador (m) de carga	[eleva'dor de 'karga]
cabina (f)	cabine (f)	[ka'bini]
ir en el ascensor	pegar o elevador	[pe'gar u eleva'dor]

apartamento (m)	apartamento (m)	[aparta'mẽtu]
inquilinos (pl)	residentes (pl)	[hezi'dẽtʃis]
vecino (m)	vizinho (m)	[vi'ziɲu]
vecina (f)	vizinha (f)	[vi'ziɲa]
vecinos (pl)	vizinhos (pl)	[vi'ziɲus]

88. La casa. La electricidad

electricidad (f)	eletricidade (f)	[eletrisi'dadʒi]
bombilla (f)	lâmpada (f)	['lãpada]
interruptor (m)	interruptor (m)	[ĩtehup'tor]
fusible (m)	fusível, disjuntor (m)	[fu'zivew], [dʒisʒũ'tor]

cable, hilo (m)	fio, cabo (m)	['fiu], ['kabu]
instalación (f) eléctrica	instalação (f) elétrica	[ĩstala'sãw e'lɛtrika]
contador (m) de luz	medidor (m) de eletricidade	[medʒi'dor de eletrisi'dadʒi]
lectura (f) (~ del contador)	indicação (f), registro (m)	[indʒika'sãw], [he'ʒistru]

89. La casa. La puerta. La cerradura

puerta (f)	porta (f)	['pɔrta]
portón (m)	portão (m)	[por'tãw]
tirador (m)	maçaneta (f)	[masa'neta]
abrir el cerrojo	destrancar (vt)	[dʒistrã'kar]
abrir (vt)	abrir (vt)	[a'brir]
cerrar (vt)	fechar (vt)	[fe'ʃar]

llave (f)	chave (f)	['ʃavi]
manojo (m) de llaves	molho (m)	['moʎu]
crujir (vi)	ranger (vi)	[hã'ʒer]
crujido (m)	rangido (m)	[hã'ʒidu]
gozne (m)	dobradiça (f)	[dobra'dʒisa]
felpudo (m)	capacho (m)	[ka'paʃu]
cerradura (f)	fechadura (f)	[feʃa'dura]

ojo (m) de cerradura	buraco (m) da fechadura	[bu'raku da feʃa'dura]
cerrojo (m)	barra (f)	['baha]
pestillo (m)	fecho (m)	['feʃu]
candado (m)	cadeado (m)	[ka'dʒjadu]

tocar el timbre	tocar (vt)	[to'kar]
campanillazo (m)	toque (m)	['tɔki]
timbre (m)	campainha (f)	[kampa'iɲa]
botón (m)	botão (m)	[bo'tãw]
toque (m) a la puerta	batida (f)	[ba'tʃida]
tocar la puerta	bater (vi)	[ba'ter]

código (m)	código (m)	['kɔdʒigu]
cerradura (f) de contraseña	fechadura (f) de código	[feʃa'dura de 'kɔdʒigu]
telefonillo (m)	interfone (m)	[īter'fɔni]
número (m)	número (m)	['numeru]
placa (f) de puerta	placa (f) de porta	['plaka de 'pɔrta]
mirilla (f)	olho (m) mágico	['oʎu 'maʒiku]

90. La casa de campo

aldea (f)	aldeia (f)	[aw'deja]
huerta (f)	horta (f)	['ɔrta]
empalizada (f)	cerca (f)	['sɛrka]
valla (f)	cerca (f) de piquete	['sɛrka de pi'ketʃi]
puertecilla (f)	portão (f) do jardim	[por'tãw du ʒar'dʒī]

granero (m)	celeiro (m)	[se'lejru]
sótano (m)	adega (f)	[a'dɛga]
cobertizo (m)	galpão, barracão (m)	[gaw'pãw], [baha'kãw]
pozo (m)	poço (m)	['posu]

estufa (f)	fogão (m)	[fo'gãw]
calentar la estufa	atiçar o fogo	[atʃi'sar u 'fogu]
leña (f)	lenha (f)	['lɛɲa]
leño (m)	lenha (f)	['lɛɲa]

veranda (f)	varanda (f)	[va'rãda]
terraza (f)	alpendre (m)	[aw'pẽdri]
porche (m)	degraus (m pl) de entrada	[de'graws de ẽ'trada]
columpio (m)	balanço (m)	[ba'lãsu]

91. La villa. La mansión

casa (f) de campo	casa (f) de campo	['kaza de 'kãpu]
villa (f)	vila (f)	['vila]
ala (f)	ala (f)	['ala]

jardín (m)	jardim (m)	[ʒar'dʒī]
parque (m)	parque (m)	['parki]
invernadero (m) tropical	estufa (f)	[is'tufa]
cuidar (~ el jardín, etc.)	cuidar de ...	[kwi'dar de]

piscina (f)	piscina (f)	[pi'sina]
gimnasio (m)	academia (f) de ginástica	[akade'mia de ʒi'nastʃika]
cancha (f) de tenis	quadra (f) de tênis	['kwadra de 'tenis]
sala (f) de cine	cinema (m)	[si'nɛma]
garaje (m)	garagem (f)	[ga'raʒẽ]

| propiedad (f) privada | propriedade (f) privada | [proprje'dadʒi pri'vada] |
| terreno (m) privado | terreno (m) privado | [te'hɛnu pri'vadu] |

| advertencia (f) | advertência (f) | [adʒiver'tẽsja] |
| letrero (m) de aviso | sinal (m) de aviso | [si'naw de a'vizu] |

seguridad (f)	guarda (f)	['gwarda]
guardia (m) de seguridad	guarda (m)	['gwarda]
alarma (f) antirrobo	alarme (m)	[a'larmi]

92. El castillo. El palacio

castillo (m)	castelo (m)	[kas'tɛlu]
palacio (m)	palácio (m)	[pa'lasju]
fortaleza (f)	fortaleza (f)	[forta'leza]
muralla (f)	muralha (f)	[mu'raʎa]
torre (f)	torre (f)	['tohi]
torre (f) principal	calabouço (m)	[kala'bosu]

rastrillo (m)	grade (f) levadiça	['gradʒi leva'dʒisa]
pasaje (m) subterráneo	passagem (f) subterrânea	[pa'saʒẽ subite'hanja]
foso (m) del castillo	fosso (m)	['fosu]
cadena (f)	corrente, cadeia (f)	[ko'hẽtʃi], [ka'deja]
aspillera (f)	seteira (f)	[se'tejra]

magnífico (adj)	magnífico	[mag'nifiku]
majestuoso (adj)	majestoso	[maʒes'tozu]
inexpugnable (adj)	inexpugnável	[inespug'navew]
medieval (adj)	medieval	[medʒje'vaw]

93. El apartamento

apartamento (m)	apartamento (m)	[aparta'mẽtu]
habitación (f)	quarto, cômodo (m)	['kwartu], ['komodu]
dormitorio (m)	quarto (m) de dormir	['kwartu de dor'mir]
comedor (m)	sala (f) de jantar	['sala de ʒã'tar]
salón (m)	sala (f) de estar	['sala de is'tar]
despacho (m)	escritório (m)	[iskri'tɔrju]

antecámara (f)	sala (f) de entrada	['sala de ẽ'trada]
cuarto (m) de baño	banheiro (m)	[ba'ɲejru]
servicio (m)	lavabo (m)	[la'vabu]

techo (m)	teto (m)	['tɛtu]
suelo (m)	chão, piso (m)	['ʃãw], ['pizu]
rincón (m)	canto (m)	['kãtu]

94. El apartamento. La limpieza

hacer la limpieza	arrumar, limpar (vt)	[ahu'mar], [ĩ'par]
quitar (retirar)	guardar (vt)	[gwar'dar]
polvo (m)	pó (m)	[pɔ]
polvoriento (adj)	empoeirado	[ẽpoej'radu]
limpiar el polvo	tirar o pó	[tʃi'rar u pɔ]
aspirador (m), aspiradora (f)	aspirador (m)	[aspira'dor]
limpiar con la aspiradora	aspirar (vt)	[aspi'rar]
barrer (vi, vt)	varrer (vt)	[va'her]
barreduras (f pl)	sujeira (f)	[su'ʒejra]
orden (m)	arrumação, ordem (f)	[ahuma'sãw], ['ordẽ]
desorden (m)	desordem (f)	[dʒi'zordẽ]
fregona (f)	esfregão (m)	[isfre'gaw]
trapo (m)	pano (m), trapo (m)	['panu], ['trapu]
escoba (f)	vassoura (f)	[va'sora]
cogedor (m)	pá (f) de lixo	[pa de 'liʃu]

95. Los muebles. El interior

muebles (m pl)	mobiliário (m)	[mobi'ljarju]
mesa (f)	mesa (f)	['meza]
silla (f)	cadeira (f)	[ka'dejra]
cama (f)	cama (f)	['kama]
sofá (m)	sofá, divã (m)	[so'fa], [dʒi'vã]
sillón (m)	poltrona (f)	[pow'trɔna]
librería (f)	estante (f)	[is'tãtʃi]
estante (m)	prateleira (f)	[prate'lejra]
armario (m)	guarda-roupas (m)	['gwarda 'hopa]
percha (f)	cabide (m) de parede	[ka'bidʒi de pa'redʒi]
perchero (m) de pie	cabideiro (m) de pé	[kabi'dejru de pɛ]
cómoda (f)	cômoda (f)	['komoda]
mesa (f) de café	mesinha (f) de centro	[me'ziɲa de 'sẽtru]
espejo (m)	espelho (m)	[is'peʎu]
tapiz (m)	tapete (m)	[ta'petʃi]
alfombra (f)	tapete (m)	[ta'petʃi]
chimenea (f)	lareira (f)	[la'rejra]
vela (f)	vela (f)	['vɛla]
candelero (m)	castiçal (m)	[kastʃi'saw]
cortinas (f pl)	cortinas (f pl)	[kor'tʃinas]
empapelado (m)	papel (m) de parede	[pa'pɛw de pa'redʒi]
estor (m) de láminas	persianas (f pl)	[per'sjanas]
lámpara (f) de mesa	luminária (f) de mesa	[lumi'narja de 'meza]
aplique (m)	luminária (f) de parede	[lumi'narja de pa'redʒi]

lámpara (f) de pie	abajur (m) de pé	[aba'ʒur de 'pɛ]
lámpara (f) de araña	lustre (m)	['lustri]

pata (f) (~ de la mesa)	pé (m)	[pɛ]
brazo (m)	braço, descanso (m)	['brasu], [dʒis'kãsu]
espaldar (m)	costas (f pl)	['kɔstas]
cajón (m)	gaveta (f)	[ga'veta]

96. Los accesorios de cama

ropa (f) de cama	roupa (f) de cama	['hopa de 'kama]
almohada (f)	travesseiro (m)	[trave'sejru]
funda (f)	fronha (f)	['froɲa]
manta (f)	cobertor (m)	[kuber'tor]
sábana (f)	lençol (m)	[lẽ'sɔw]
sobrecama (f)	colcha (f)	['kowʃa]

97. La cocina

cocina (f)	cozinha (f)	[ko'ziɲa]
gas (m)	gás (m)	[gajs]
cocina (f) de gas	fogão (m) a gás	[fo'gãw a gajs]
cocina (f) eléctrica	fogão (m) elétrico	[fo'gãw e'lɛtriku]
horno (m)	forno (m)	['fornu]
horno (m) microondas	forno (m) de micro-ondas	['fornu de mikro'õdas]

frigorífico (m)	geladeira (f)	[ʒela'dejra]
congelador (m)	congelador (m)	[kõʒela'dor]
lavavajillas (m)	máquina (f) de lavar louça	['makina de la'var 'losa]

picadora (f) de carne	moedor (m) de carne	[moe'dor de 'karni]
exprimidor (m)	espremedor (m)	[ispreme'dor]
tostador (m)	torradeira (f)	[toha'dejra]
batidora (f)	batedeira (f)	[bate'dejra]

cafetera (f) (aparato de cocina)	máquina (f) de café	['makina de ka'fɛ]
cafetera (f) (para servir)	cafeteira (f)	[kafe'tejra]
molinillo (m) de café	moedor (m) de café	[moe'dor de ka'fɛ]

hervidor (m) de agua	chaleira (f)	[ʃa'lejra]
tetera (f)	bule (m)	['buli]
tapa (f)	tampa (f)	['tãpa]
colador (m) de té	coador (m) de chá	[koa'dor de ʃa]

cuchara (f)	colher (f)	[ko'ʎer]
cucharilla (f)	colher (f) de chá	[ko'ʎer de ʃa]
cuchara (f) de sopa	colher (f) de sopa	[ko'ʎer de 'sopa]
tenedor (m)	garfo (m)	['garfu]
cuchillo (m)	faca (f)	['faka]
vajilla (f)	louça (f)	['losa]
plato (m)	prato (m)	['pratu]

platillo (m)	pires (m)	['piris]
vaso (m) de chupito	cálice (m)	['kalisi]
vaso (m) (~ de agua)	copo (m)	['kɔpu]
taza (f)	xícara (f)	['ʃikara]

azucarera (f)	açucareiro (m)	[asuka'rejru]
salero (m)	saleiro (m)	[sa'lejru]
pimentero (m)	pimenteiro (m)	[pimẽ'tejru]
mantequera (f)	manteigueira (f)	[mãtej'gejra]

cacerola (f)	panela (f)	[pa'nɛla]
sartén (f)	frigideira (f)	[friʒi'dejra]
cucharón (m)	concha (f)	['kõʃa]
colador (m)	coador (m)	[koa'dor]
bandeja (f)	bandeja (f)	[bã'deʒa]

botella (f)	garrafa (f)	[ga'hafa]
tarro (m) de vidrio	pote (m) de vidro	['pɔtʃi de 'vidru]
lata (f)	lata (f)	['lata]

abrebotellas (m)	abridor (m) de garrafa	[abri'dor de ga'hafa]
abrelatas (m)	abridor (m) de latas	[abri'dor de 'latas]
sacacorchos (m)	saca-rolhas (m)	['saka-'hoʎas]
filtro (m)	filtro (m)	['fiwtru]
filtrar (vt)	filtrar (vt)	[fiw'trar]

basura (f)	lixo (m)	['liʃu]
cubo (m) de basura	lixeira (f)	[li'ʃejra]

98. El baño

cuarto (m) de baño	banheiro (m)	[ba'ɲejru]
agua (f)	água (f)	['agwa]
grifo (m)	torneira (f)	[tor'nejra]
agua (f) caliente	água (f) quente	['agwa 'kẽtʃi]
agua (f) fría	água (f) fria	['agwa 'fria]

pasta (f) de dientes	pasta (f) de dente	['pasta de 'dẽtʃi]
limpiarse los dientes	escovar os dentes	[isko'var us 'dẽtʃis]
cepillo (m) de dientes	escova (f) de dente	[is'kova de 'dẽtʃi]

afeitarse (vr)	barbear-se (vr)	[bar'bjarsi]
espuma (f) de afeitar	espuma (f) de barbear	[is'puma de bar'bjar]
maquinilla (f) de afeitar	gilete (f)	[ʒi'lɛtʃi]

lavar (vt)	lavar (vt)	[la'var]
darse un baño	tomar banho	[to'mar baɲu]
ducha (f)	chuveiro (m), ducha (f)	[ʃu'vejru], ['duʃa]
darse una ducha	tomar uma ducha	[to'mar 'uma 'duʃa]

bañera (f)	banheira (f)	[ba'ɲejra]
inodoro (m)	vaso (m) sanitário	['vazu sani'tarju]
lavabo (m)	pia (f)	['pia]
jabón (m)	sabonete (m)	[sabo'netʃi]

jabonera (f)	saboneteira (f)	[sabone'tejra]
esponja (f)	esponja (f)	[is'põʒa]
champú (m)	xampu (m)	[ʃã'pu]
toalla (f)	toalha (f)	[to'aʎa]
bata (f) de baño	roupão (m) de banho	[ho'pãw de 'baɲu]

colada (f), lavado (m)	lavagem (f)	[la'vaʒẽ]
lavadora (f)	lavadora (f) de roupas	[lava'dora de 'hopas]
lavar la ropa	lavar a roupa	[la'var a 'hopa]
detergente (m) en polvo	detergente (m)	[deter'ʒẽtʃi]

99. Los aparatos domésticos

televisor (m)	televisor (m)	[televi'zor]
magnetófono (m)	gravador (m)	[grava'dor]
vídeo (m)	videogravador (m)	['vidʒju·grava'dor]
radio (m)	rádio (m)	['hadʒju]
reproductor (m) (~ MP3)	leitor (m)	[lej'tor]

proyector (m) de vídeo	projetor (m)	[proʒe'tor]
sistema (m) home cinema	cinema (m) em casa	[si'nɛma ẽ 'kaza]
reproductor (m) de DVD	DVD Player (m)	[deve'de 'plejer]
amplificador (m)	amplificador (m)	[ãplifika'dor]
videoconsola (f)	console (f) de jogos	[kõ'sɔli de 'ʒogus]

cámara (f) de vídeo	câmera (f) de vídeo	['kamera de 'vidʒju]
cámara (f) fotográfica	máquina (f) fotográfica	['makina foto'grafika]
cámara (f) digital	câmera (f) digital	['kamera dʒiʒi'taw]

aspirador (m), aspiradora (f)	aspirador (m)	[aspira'dor]
plancha (f)	ferro (m) de passar	['fɛhu de pa'sar]
tabla (f) de planchar	tábua (f) de passar	['tabwa de pa'sar]

teléfono (m)	telefone (m)	[tele'fɔni]
teléfono (m) móvil	celular (m)	[selu'lar]
máquina (f) de escribir	máquina (f) de escrever	['makina de iskre'ver]
máquina (f) de coser	máquina (f) de costura	['makina de kos'tura]

micrófono (m)	microfone (m)	[mikro'fɔni]
auriculares (m pl)	fone (m) de ouvido	['fɔni de o'vidu]
mando (m) a distancia	controle remoto (m)	[kõ'troli he'mɔtu]

CD (m)	CD (m)	['sede]
casete (m)	fita (f) cassete	['fita ka'sɛtʃi]
disco (m) de vinilo	disco (m) de vinil	['dʒisku de vi'niw]

100. Los arreglos. La renovación

renovación (f)	renovação (f)	[henova'sãw]
renovar (vt)	renovar (vt), fazer obras	[heno'var], [fa'zer 'ɔbras]
reparar (vt)	reparar (vt)	[hepa'rar]
poner en orden	consertar (vt)	[kõser'tar]

rehacer (vt)	refazer (vt)	[hefa'zer]
pintura (f)	tinta (f)	[tʃĩta]
pintar (las paredes)	pintar (vt)	[pĩ'tar]
pintor (m)	pintor (m)	[pĩ'tor]
brocha (f)	pincel (m)	[pĩ'sɛw]
cal (f)	cal (f)	[kaw]
encalar (vt)	caiar (vt)	[kaj'ar]
empapelado (m)	papel (m) de parede	[pa'pɛw de pa'reʤi]
empapelar (vt)	colocar papel de parede	[kolo'kar pa'pɛw de pa'reʤi]
barniz (m)	verniz (m)	[ver'niz]
cubrir con barniz	envernizar (vt)	[ẽverni'zar]

101. La plomería

agua (f)	água (f)	['agwa]
agua (f) caliente	água (f) quente	['agwa 'kẽtʃĩ]
agua (f) fría	água (f) fria	['agwa 'fria]
grifo (m)	torneira (f)	[tor'nejra]
gota (f)	gota (f)	['gota]
gotear (el grifo)	gotejar (vi)	[gote'ʒar]
gotear (cañería)	vazar (vt)	[va'zar]
escape (m) de agua	vazamento (m)	[vaza'mẽtu]
charco (m)	poça (f)	['posa]
tubo (m)	tubo (m)	['tubu]
válvula (f)	válvula (f)	['vawvula]
estar atascado	entupir-se (vr)	[ẽtu'pirsi]
instrumentos (m pl)	ferramentas (f pl)	[feha'mẽtas]
llave (f) inglesa	chave (f) inglesa	['ʃavi ĩ'gleza]
destornillar (vt)	desenroscar (vt)	[dezẽhos'kar]
atornillar (vt)	enroscar (vt)	[ẽhos'kar]
desatascar (vt)	desentupir (vt)	[ʤizẽtu'pir]
fontanero (m)	encanador (m)	[ẽkana'dor]
sótano (m)	porão (m)	[po'rãw]
alcantarillado (m)	rede (f) de esgotos	['heʤi de iz'gotus]

102. El fuego. El incendio

incendio (m)	incêndio (m)	[ĩ'sẽʤju]
llama (f)	chama (f)	['ʃama]
chispa (f)	faísca (f)	[fa'iska]
humo (m)	fumaça (f)	[fu'masa]
antorcha (f)	tocha (f)	['toʃa]
hoguera (f)	fogueira (f)	[fo'gejra]
gasolina (f)	gasolina (f)	[gazo'lina]
queroseno (m)	querosene (m)	[kero'zɛni]

inflamable (adj)	inflamável	[ĩfla'mavew]
explosivo (adj)	explosivo	[isplo'zivu]
PROHIBIDO FUMAR	PROIBIDO FUMAR!	[proi'bidu fu'mar]

seguridad (f)	segurança (f)	[segu'rãsa]
peligro (m)	perigo (m)	[pe'rigu]
peligroso (adj)	perigoso	[peri'gozu]

prenderse fuego	incendiar-se (vr)	[ĩsẽ'dʒjarse]
explosión (f)	explosão (f)	[isplo'zãw]
incendiar (vt)	incendiar (vt)	[ĩsẽ'dʒjar]
incendiario (m)	incendiário (m)	[ĩsẽ'dʒjarju]
incendio (m) provocado	incêndio (m) criminoso	[ĩ'sẽdʒju krimi'nozu]

estar en llamas	flamejar (vi)	[flame'ʒar]
arder (vi)	queimar (vi)	[kej'mar]
incendiarse (vr)	queimar tudo (vi)	[kej'mar 'tudu]

llamar a los bomberos	chamar os bombeiros	[ʃa'mar us bõ'bejrus]
bombero (m)	bombeiro (m)	[bõ'bejru]
coche (m) de bomberos	caminhão (m) de bombeiros	[kami'ɲãw de bõ'bejrus]
cuerpo (m) de bomberos	corpo (m) de bombeiros	['korpu de bõ'bejrus]
escalera (f) telescópica	escada (f) extensível	[is'kada istẽ'sivɛl]

manguera (f)	mangueira (f)	[mã'gejra]
extintor (m)	extintor (m)	[istĩ'tor]
casco (m)	capacete (m)	[kapa'setʃi]
sirena (f)	sirene (f)	[si'rɛni]

gritar (vi)	gritar (vi)	[gri'tar]
pedir socorro	chamar por socorro	[ʃa'mar por so'kohu]
socorrista (m)	socorrista (m)	[soko'hista]
salvar (vt)	salvar, resgatar (vt)	[saw'var], [hezga'tar]

llegar (vi)	chegar (vi)	[ʃe'gar]
apagar (~ el incendio)	apagar (vt)	[apa'gar]
agua (f)	água (f)	['agwa]
arena (f)	areia (f)	[a'reja]

ruinas (f pl)	ruínas (f pl)	['hwinas]
colapsarse (vr)	ruir (vi)	['hwir]
hundirse (vr)	desmoronar (vi)	[dʒizmoro'nar]
derrumbarse (vr)	desabar (vi)	[dʒiza'bar]

trozo (m) (~ del muro)	fragmento (m)	[frag'mẽtu]
ceniza (f)	cinza (f)	['sĩza]

morir asfixiado	sufocar (vi)	[sufo'kar]
perecer (vi)	perecer (vi)	[pere'ser]

LAS ACTIVIDADES DE LA GENTE

El trabajo. Los negocios. Unidad 1

103. La oficina. El trabajo de oficina

oficina (f)	escritório (m)	[iskri'tɔrju]
despacho (m)	escritório (m)	[iskri'tɔrju]
recepción (f)	recepção (f)	[hesep'sãw]
secretario (m)	secretário (m)	[sekre'tarju]
secretaria (f)	secretária (f)	[sekre'tarja]
director (m)	diretor (m)	[dʒire'tor]
manager (m)	gerente (m)	[ʒe'rẽtʃi]
contable (m)	contador (m)	[kõta'dɔr]
colaborador (m)	empregado (m)	[ẽpre'gadu]
muebles (m pl)	mobiliário (m)	[mobi'ljarju]
escritorio (m)	mesa (f)	['meza]
silla (f)	cadeira (f)	[ka'dejra]
cajonera (f)	gaveteiro (m)	[gave'tejru]
perchero (m) de pie	cabideiro (m) de pé	[kabi'dejru de pɛ]
ordenador (m)	computador (m)	[kõputa'dor]
impresora (f)	impressora (f)	[ĩpre'sora]
fax (m)	fax (m)	[faks]
fotocopiadora (f)	fotocopiadora (f)	[fotokopja'dora]
papel (m)	papel (m)	[pa'pɛw]
papelería (f)	artigos (m pl) de escritório	[ar'tʃigus de iskri'tɔrju]
alfombrilla (f) para ratón	tapete (m) para mouse	[ta'petʃi 'para 'mawz]
hoja (f) de papel	folha (f)	['foʎa]
carpeta (f)	pasta (f)	['pasta]
catálogo (m)	catálogo (m)	[ka'talogu]
directorio (m) telefónico	lista (f) telefônica	['lista tele'fonika]
documentación (f)	documentação (f)	[dokumẽta'sãw]
folleto (m)	brochura (f)	[bro'ʃura]
prospecto (m)	panfleto (m)	[pã'fletu]
muestra (f)	amostra (f)	[a'mɔstra]
reunión (f) de formación	formação (f)	[forma'sãw]
reunión (f)	reunião (f)	[heu'njãw]
pausa (f) del almuerzo	hora (f) de almoço	['ɔra de aw'mosu]
hacer una copia	fazer uma cópia	[fa'zer 'uma 'kɔpja]
hacer copias	tirar cópias	[tʃi'rar 'kɔpjas]
recibir un fax	receber um fax	[hese'ber ũ faks]
enviar un fax	enviar um fax	[ẽ'vjar ũ faks]

llamar por teléfono	fazer uma chamada	[fa'zer 'uma ʃa'mada]
responder (vi, vt)	responder (vt)	[hespõ'der]
poner en comunicación	passar (vt)	[pa'sar]

fijar (~ una reunión)	marcar (vt)	[mar'kar]
demostrar (vt)	demonstrar (vt)	[demõs'trar]
estar ausente	estar ausente	[is'tar aw'zẽtʃi]
ausencia (f)	ausência (f)	[aw'zẽsja]

104. Los procesos de negocio. Unidad 1

negocio (m), comercio (m)	negócio (m)	[ne'gɔsju]
ocupación (f)	ocupação (f)	[okupa'sãw]
firma (f)	firma, empresa (f)	['firma], [ẽ'preza]
compañía (f)	companhia (f)	[kõpa'ɲia]
corporación (f)	corporação (f)	[korpora'sãw]
empresa (f)	empresa (f)	[ẽ'preza]
agencia (f)	agência (f)	[a'ʒẽsja]

acuerdo (m)	acordo (m)	[a'kordu]
contrato (m)	contrato (m)	[kõ'tratu]
trato (m), acuerdo (m)	acordo (m)	[a'kordu]
pedido (m)	pedido (m)	[pe'dʒidu]
condición (f) del contrato	termos (m pl)	['termus]

al por mayor (adv)	por atacado	[por ata'kadu]
al por mayor (adj)	por atacado	[por atak'adu]
venta (f) al por mayor	venda (f) por atacado	['vẽda pur ata'kadu]
al por menor (adj)	a varejo	[a va're ʒu]
venta (f) al por menor	venda (f) a varejo	['vẽda a va're ʒu]

competidor (m)	concorrente (m)	[kõko'hẽtʃi]
competencia (f)	concorrência (f)	[kõko'hẽsja]
competir (vi)	competir (vi)	[kõpe'tʃir]

| socio (m) | sócio (m) | ['sɔsju] |
| sociedad (f) | parceria (f) | [parse'ria] |

crisis (f)	crise (f)	['krizi]
bancarrota (f)	falência (f)	[fa'lẽsja]
ir a la bancarrota	entrar em falência	[ẽ'trar ẽ fa'lẽsja]
dificultad (f)	dificuldade (f)	[dʒifikuw'dadʒi]
problema (m)	problema (m)	[prob'lɛma]
catástrofe (f)	catástrofe (f)	[ka'tastrofi]

economía (f)	economia (f)	[ekono'mia]
económico (adj)	econômico	[eko'nomiku]
recesión (f) económica	recessão (f) econômica	[hesep'sãw eko'nomika]

| meta (f) | objetivo (m) | [obʒe'tʃivu] |
| objetivo (m) | tarefa (f) | [ta'rɛfa] |

| comerciar (vi) | comerciar (vi, vt) | [komer'sjar] |
| red (f) (~ comercial) | rede (f), cadeia (f) | ['hedʒi], [ka'deja] |

| existencias (f pl) | estoque (m) | [is'tɔki] |
| surtido (m) | sortimento (m) | [sortʃi'mẽtu] |

líder (m)	líder (m)	['lider]
grande (empresa ~)	grande	['grãdʒi]
monopolio (m)	monopólio (m)	[mono'pɔlju]

teoría (f)	teoria (f)	[teo'ria]
práctica (f)	prática (f)	['pratʃika]
experiencia (f)	experiência (f)	[ispe'rjẽsja]
tendencia (f)	tendência (f)	[tẽ'dẽsja]
desarrollo (m)	desenvolvimento (m)	[dʒizẽvowvi'mẽtu]

105. Los procesos de negocio. Unidad 2

| rentabilidad (f) | rentabilidade (f) | [hẽtabili'dadʒi] |
| rentable (adj) | rentável | [hẽ'tavew] |

delegación (f)	delegação (f)	[delega'sãw]
salario (m)	salário, ordenado (m)	[sa'larju], [orde'nadu]
corregir (un error)	corrigir (vt)	[kohi'ʒir]
viaje (m) de negocios	viagem (f) de negócios	['vjaʒẽ de ne'gɔsjus]
comisión (f)	comissão (f)	[komi'sãw]

controlar (vt)	controlar (vt)	[kõtro'lar]
conferencia (f)	conferência (f)	[kõfe'rẽsja]
licencia (f)	licença (f)	[li'sẽsa]
fiable (socio ~)	confiável	[kõ'fjavew]

iniciativa (f)	empreendimento (m)	[ẽprjẽdʒi'mẽtu]
norma (f)	norma (f)	['nɔrma]
circunstancia (f)	circunstância (f)	[sirkũ'stãsja]
deber (m)	dever (m)	[de'ver]

empresa (f)	empresa (f)	[ẽ'preza]
organización (f) (proceso)	organização (f)	[organiza'sãw]
organizado (adj)	organizado	[organi'zadu]
anulación (f)	anulação (f)	[anula'sãw]
anular (vt)	anular, cancelar (vt)	[anu'lar], [kãse'lar]
informe (m)	relatório (m)	[hela'tɔrju]

patente (m)	patente (f)	[pa'tẽtʃi]
patentar (vt)	patentear (vt)	[patẽ'tʃjar]
planear (vt)	planejar (vt)	[plane'ʒar]

premio (m)	bônus (m)	['bonus]
profesional (adj)	profissional	[profisjo'naw]
procedimiento (m)	procedimento (m)	[prosedʒi'mẽtu]

examinar (vt)	examinar (vt)	[ezami'nar]
cálculo (m)	cálculo (m)	['kawkulu]
reputación (f)	reputação (f)	[reputa'sãw]
riesgo (m)	risco (m)	['hisku]
dirigir (administrar)	dirigir (vt)	[dʒiri'ʒir]

información (f)	informação (f)	[ĩforma'sãw]
propiedad (f)	propriedade (f)	[proprje'dadʒi]
unión (f)	união (f)	[u'njãw]

seguro (m) de vida	seguro (m) de vida	[se'guru de 'vida]
asegurar (vt)	fazer um seguro	[fa'zer ũ se'guru]
seguro (m)	seguro (m)	[se'guru]

subasta (f)	leilão (m)	[lej'lãw]
notificar (informar)	notificar (vt)	[notʃifi'kar]
gestión (f)	gestão (f)	[ʒes'tãw]
servicio (m)	serviço (m)	[ser'visu]

foro (m)	fórum (m)	['forũ]
funcionar (vi)	funcionar (vi)	[fũsjo'nar]
etapa (f)	estágio (m)	[is'taʒu]
jurídico (servicios ~s)	jurídico, legal	[ʒu'ridʒiku], [le'gaw]
jurista (m)	advogado (m)	[adʒivo'gadu]

106. La producción. Los trabajos

planta (f)	usina (f)	[u'zina]
fábrica (f)	fábrica (f)	['fabrika]
taller (m)	oficina (f)	[ɔfi'sina]
planta (f) de producción	local (m) de produção	[lo'kaw de produ'sãw]

industria (f)	indústria (f)	[ĩ'dustrja]
industrial (adj)	industrial	[ĩdus'trjaw]
industria (f) pesada	indústria (f) pesada	[ĩ'dustrja pe'zada]
industria (f) ligera	indústria (f) ligeira	[ĩ'dustrja li'ʒejra]

producción (f)	produção (f)	[produ'sãw]
producir (vt)	produzir (vt)	[produ'zir]
materias (f pl) primas	matérias-primas (f pl)	[ma'tɛrjas 'primas]

jefe (m) de brigada	chefe (m) de obras	['ʃɛfi de 'ɔbras]
brigada (f)	equipe (f)	[e'kipi]
obrero (m)	operário (m)	[ope'rarju]

día (m) de trabajo	dia (m) de trabalho	['dʒia de tra'baʎu]
descanso (m)	intervalo (m)	[ĩter'valu]
reunión (f)	reunião (f)	[heu'njãw]
discutir (vt)	discutir (vt)	[dʒisku'tʃir]

plan (m)	plano (m)	['planu]
cumplir el plan	cumprir o plano	[kũ'prir u 'planu]
tasa (f) de producción	taxa (f) de produção	['taʃa de produ'sãw]
calidad (f)	qualidade (f)	[kwali'dadʒi]
control (m)	controle (m)	[kõ'troli]
control (m) de calidad	controle (m) da qualidade	[kõ'troli da kwali'dadʒi]

seguridad (f) de trabajo	segurança (f) no trabalho	[segu'rãsa nu tra'baʎu]
disciplina (f)	disciplina (f)	[dʒisi'plina]
infracción (f)	infração (f)	[ĩfra'sãw]

violar (las reglas)	violar (vt)	[vjo'lar]
huelga (f)	greve (f)	['grɛvi]
huelguista (m)	grevista (m)	[gre'vista]
estar en huelga	estar em greve	[is'tar ẽ 'grɛvi]
sindicato (m)	sindicato (m)	[sĩdʒi'katu]

inventar (máquina, etc.)	inventar (vt)	[ĩvẽ'tar]
invención (f)	invenção (f)	[ĩvẽ'sãw]
investigación (f)	pesquisa (f)	[pes'kiza]
mejorar (vt)	melhorar (vt)	[meʎo'rar]
tecnología (f)	tecnologia (f)	[teknolo'ʒia]
dibujo (m) técnico	desenho (m) técnico	[de'zɛɲu 'tɛkniku]

cargamento (m)	carga (f)	['karga]
cargador (m)	carregador (m)	[kahega'dor]
cargar (camión, etc.)	carregar (vt)	[kahe'gar]
carga (f) (proceso)	carregamento (m)	[kahega'mẽtu]
descargar (vt)	descarregar (vt)	[dʒiskahe'gar]
descarga (f)	descarga (f)	[dʒis'karga]

transporte (m)	transporte (m)	[trãs'portʃi]
compañía (f) de transporte	companhia (f) de transporte	[kõpa'ɲia de trãs'portʃi]
transportar (vt)	transportar (vt)	[trãspor'tar]

vagón (m)	vagão (m) de carga	[va'gãw de 'karga]
cisterna (f)	tanque (m)	['tãki]
camión (m)	caminhão (m)	[kami'ɲãw]

| máquina (f) herramienta | máquina (f) operatriz | ['makina opera'triz] |
| mecanismo (m) | mecanismo (m) | [meka'nizmu] |

desperdicios (m pl)	resíduos (m pl) industriais	[he'zidwus ĩdus'trjajs]
empaquetado (m)	embalagem (f)	[ẽba'laʒẽ]
empaquetar (vt)	embalar (vt)	[ẽba'lar]

107. El contrato. El acuerdo

contrato (m)	contrato (m)	[kõ'tratu]
acuerdo (m)	acordo (m)	[a'kordu]
anexo (m)	anexo (m)	[a'nɛksu]

firmar un contrato	assinar o contrato	[asi'nar u kõ'tratu]
firma (f) (nombre)	assinatura (f)	[asina'tura]
firmar (vt)	assinar (vt)	[asi'nar]
sello (m)	carimbo (m)	[ka'rĩbu]

objeto (m) del acuerdo	objeto (m) do contrato	[ob'ʒɛtu du kõ'tratu]
cláusula (f)	cláusula (f)	['klawzula]
partes (f pl)	partes (f pl)	['partʃis]
domicilio (m) legal	domicílio (m) legal	[domi'silju le'gaw]

violar el contrato	violar o contrato	[vjo'lar u kõ'tratu]
obligación (f)	obrigação (f)	[obriga'sãw]
responsabilidad (f)	responsabilidade (f)	[hespõsabili'dadʒi]

fuerza mayor (f)	força (f) maior	['forsa ma'jɔr]
disputa (f)	litígio (m), disputa (f)	[li'tʃiʒju], [dʒis'puta]
penalidades (f pl)	multas (f pl)	['muwtas]

108. Importación y exportación

importación (f)	importação (f)	[importa'sãw]
importador (m)	importador (m)	[ĩporta'dor]
importar (vt)	importar (vt)	[ĩpor'tar]
de importación (adj)	de importação	[de importa'sãw]

exportación (f)	exportação (f)	[isporta'sãw]
exportador (m)	exportador (m)	[isporta'dor]
exportar (vt)	exportar (vt)	[ispor'tar]
de exportación (adj)	de exportação	[de isporta'sãw]

| mercancía (f) | mercadoria (f) | [merkado'ria] |
| lote (m) de mercancías | lote (m) | ['lɔtʃi] |

peso (m)	peso (m)	['pezu]
volumen (m)	volume (m)	[vo'lumi]
metro (m) cúbico	metro (m) cúbico	['mɛtru 'kubiku]

productor (m)	produtor (m)	[produ'tor]
compañía (f) de transporte	companhia (f) de transporte	[kõpa'ɲia de trãs'pɔrtʃi]
contenedor (m)	contêiner (m)	[kõ'tejner]

frontera (f)	fronteira (f)	[frõ'tejra]
aduana (f)	alfândega (f)	[aw'fãdʒiga]
derechos (m pl) arancelarios	taxa (f) alfandegária	['taʃa awfãde'garja]
aduanero (m)	funcionário (m) da alfândega	[fũsjo'narju da aw'fãdʒiga]
contrabandismo (m)	contrabando (m)	[kõtra'bãdu]
contrabando (m)	contrabando (m)	[kõtra'bãdu]

109. Las finanzas

acción (f)	ação (f)	[a'sãw]
bono (m), obligación (f)	obrigação (f)	[obriga'sãw]
letra (f) de cambio	nota (f) promissória	['nɔta promi'sɔrja]

| bolsa (f) | bolsa (f) de valores | ['bowsa de va'lores] |
| cotización (f) de valores | cotação (m) das ações | [kota'sãw das a'sõjs] |

| abaratarse (vr) | tornar-se mais barato | [tor'narsi majs ba'ratu] |
| encarecerse (vr) | tornar-se mais caro | [tor'narsi majs 'karu] |

parte (f)	parte (f)	['partʃi]
interés (m) mayoritario	participação (f) majoritária	[partʃisipa'sãw maʒori'tarja]
inversiones (f pl)	investimento (m)	[ĩvestʃi'mẽtu]
invertir (vi, vt)	investir (vt)	[ĩves'tʃir]
porcentaje (m)	porcentagem (f)	[porsẽ'taʒẽ]
interés (m)	juros (m pl)	['ʒurus]

beneficio (m)	lucro (m)	['lukru]
beneficioso (adj)	lucrativo	[lukra'tʃivu]
impuesto (m)	imposto (m)	[ĩ'postu]

divisa (f)	divisa (f)	[dʒi'viza]
nacional (adj)	nacional	[nasjo'naw]
cambio (m)	câmbio (m)	['kãbju]

contable (m)	contador (m)	[kõta'dɔr]
contaduría (f)	contabilidade (f)	[kõtabili'dadʒi]

bancarrota (f)	falência (f)	[fa'lẽsja]
quiebra (f)	falência, quebra (f)	[fa'lẽsja], ['kɛbra]
ruina (f)	ruína (f)	['hwina]
arruinarse (vr)	estar quebrado	[is'tar ke'bradu]
inflación (f)	inflação (f)	[ĩfla'sãw]
devaluación (f)	desvalorização (f)	[dʒizvaloriza'sãw]

capital (m)	capital (m)	[kapi'taw]
ingresos (m pl)	rendimento (m)	[hẽdʒi'mẽtu]
volumen (m) de negocio	volume (m) de negócios	[vo'lumi de ne'gɔsjus]
recursos (m pl)	recursos (m pl)	[he'kursus]
recursos (m pl) monetarios	recursos (m pl) financeiros	[he'kursus finã'sejrus]
gastos (m pl) accesorios	despesas (f pl) gerais	[dʒis'pezas ʒe'rajs]
reducir (vt)	reduzir (vt)	[hedu'zir]

110. La mercadotecnia

mercadotecnia (f)	marketing (m)	['marketʃĩ]
mercado (m)	mercado (m)	[mer'kadu]
segmento (m) del mercado	segmento (m) do mercado	[sɛg'mẽtu du mer'kadu]
producto (m)	produto (m)	[pru'dutu]
mercancía (f)	mercadoria (f)	[merkado'ria]

marca (f)	marca (f)	['marka]
marca (f) comercial	marca (f) registrada	['marka heʒis'trada]
logotipo (m)	logotipo (m)	[logo'tʃipu]
logo (m)	logo (m)	['lɔgu]

demanda (f)	demanda (f)	[de'mãda]
oferta (f)	oferta (f)	[ɔ'fɛrta]

necesidad (f)	necessidade (f)	[nesesi'dadʒi]
consumidor (m)	consumidor (m)	[kõsumi'dor]

análisis (m)	análise (f)	[a'nalizi]
analizar (vt)	analisar (vt)	[anali'zar]

posicionamiento (m)	posicionamento (m)	[pozisjona'mẽtu]
posicionar (vt)	posicionar (vt)	[pozisjo'nar]

precio (m)	preço (m)	['presu]
política (f) de precios	política (f) de preços	[po'litʃika de 'presus]
formación (f) de precios	formação (f) de preços	[forma'sãw de 'presus]

111. La publicidad

publicidad (f)	publicidade (f)	[publisi'daʤi]
publicitar (vt)	fazer publicidade	[fa'zer publisi'daʤi]
presupuesto (m)	orçamento (m)	[orsa'mẽtu]
anuncio (m) publicitario	anúncio (m)	[a'nũsju]
publicidad (f) televisiva	publicidade (f) televisiva	[publisi'daʤi televi'ziva]
publicidad (f) radiofónica	publicidade (f) na rádio	[publisi'daʤi na 'haʤju]
publicidad (f) exterior	publicidade (f) exterior	[publisi'daʤi iste'rjor]
medios (m pl) de comunicación de masas	comunicação (f) de massa	[komunika'sãw de 'masa]
periódico (m)	periódico (m)	[pe'rjɔʤiku]
imagen (f)	imagem (f)	[i'maʒẽ]
consigna (f)	slogan (m)	[iz'lɔgã]
divisa (f)	mote (m), lema (f)	['mɔtʃi], ['lɛma]
campaña (f)	campanha (f)	[kã'paɲa]
campaña (f) publicitaria	campanha (f) publicitária	[kã'paɲa publisi'tarja]
auditorio (m) objetivo	grupo (m) alvo	['grupu 'awvu]
tarjeta (f) de visita	cartão (m) de visita	[kar'tãw de vi'zita]
prospecto (m)	panfleto (m)	[pã'fletu]
folleto (m)	brochura (f)	[bro'ʃura]
panfleto (m)	folheto (m)	[fo'ʎetu]
boletín (m)	boletim (m)	[bole'tʃĩ]
letrero (m) (~ luminoso)	letreiro (m)	[le'trejru]
pancarta (f)	pôster (m)	['poster]
valla (f) publicitaria	painel (m) publicitário	[paj'nɛw publisi'tarju]

112. La banca

banco (m)	banco (m)	['bãku]
sucursal (f)	balcão (f)	[baw'kãw]
consultor (m)	consultor (m) bancário	[kõsuw'tor bã'karju]
gerente (m)	gerente (m)	[ʒe'rẽtʃi]
cuenta (f)	conta (f)	['kõta]
numero (m) de la cuenta	número (m) da conta	['numeru da 'kõta]
cuenta (f) corriente	conta (f) corrente	['kõta ko'hẽtʃi]
cuenta (f) de ahorros	conta (f) poupança	['kõta po'pãsa]
abrir una cuenta	abrir uma conta	[a'brir 'uma 'kõta]
cerrar la cuenta	fechar uma conta	[fe'ʃar 'uma 'kõta]
ingresar en la cuenta	depositar na conta	[depozi'tar na 'kõta]
sacar de la cuenta	sacar (vt)	[sa'kar]
depósito (m)	depósito (m)	[de'pɔzitu]
hacer un depósito	fazer um depósito	[fa'zer ũ de'pɔzitu]

giro (m) bancario	transferência (f) bancária	[trãsfe'rẽsja bã'karja]
hacer un giro	transferir (vt)	[trãsfe'rir]
suma (f)	soma (f)	['sɔma]
¿Cuánto?	Quanto?	['kwãtu]
firma (f) (nombre)	assinatura (f)	[asina'tura]
firmar (vt)	assinar (vt)	[asi'nar]
tarjeta (f) de crédito	cartão (m) de crédito	[kar'tãw de 'krɛdʒitu]
código (m)	senha (f)	['sɛɲa]
número (m) de tarjeta de crédito	número (m) do cartão de crédito	['numeru du kar'tãw de 'krɛdʒitu]
cajero (m) automático	caixa (m) eletrônico	['kaɪʃa ele'troniku]
cheque (m)	cheque (m)	['ʃɛki]
sacar un cheque	passar um cheque	[pa'sar ũ 'ʃɛki]
talonario (m)	talão (m) de cheques	[ta'lãw de 'ʃɛkis]
crédito (m)	empréstimo (m)	[ẽ'prɛstʃimu]
pedir el crédito	pedir um empréstimo	[pe'dʒir ũ ẽ'prɛstʃimu]
obtener un crédito	obter empréstimo	[ob'ter ẽ'prɛstʃimu]
conceder un crédito	dar um empréstimo	[dar ũ ẽ'prɛstʃimu]
garantía (f)	garantia (f)	[garã'tʃia]

113. El teléfono. Las conversaciones telefónicas

teléfono (m)	telefone (m)	[tele'fɔni]
teléfono (m) móvil	celular (m)	[selu'lar]
contestador (m)	secretária (f) eletrônica	[sekre'tarja ele'tronika]
llamar, telefonear	fazer uma chamada	[fa'zer 'uma ʃa'mada]
llamada (f)	chamada (f)	[ʃa'mada]
marcar un número	discar um número	[dʒis'kar ũ 'numeru]
¿Sí?, ¿Dígame?	Alô!	[a'lo]
preguntar (vt)	perguntar (vt)	[pergũ'tar]
responder (vi, vt)	responder (vt)	[hespõ'der]
oír (vt)	ouvir (vt)	[o'vir]
bien (adv)	bem	[bẽj]
mal (adv)	mal	[maw]
ruidos (m pl)	ruído (m)	['hwidu]
auricular (m)	fone (m)	['fɔni]
descolgar (el teléfono)	pegar o telefone	[pe'gar u tele'fɔni]
colgar el auricular	desligar (vi)	[dʒizli'gar]
ocupado (adj)	ocupado	[oku'padu]
sonar (teléfono)	tocar (vi)	[to'kar]
guía (f) de teléfonos	lista (f) telefônica	['lista tele'fonika]
local (adj)	local	[lo'kaw]
llamada (f) local	chamada (f) local	[ʃa'mada lo'kaw]

de larga distancia	de longa distância	['de 'lõgu dʒis'tãsja]
llamada (f) de larga distancia	chamada (f) de longa distância	[ʃa'mada de 'lõgu dʒis'tãsja]
internacional (adj)	internacional	[ĩternasjo'naw]
llamada (f) internacional	chamada (f) internacional	[ʃa'mada ĩternasjo'naw]

114. El teléfono celular

teléfono (m) móvil	celular (m)	[selu'lar]
pantalla (f)	tela (f)	['tɛla]
botón (m)	botão (m)	[bo'tãw]
tarjeta SIM (f)	cartão SIM (m)	[kar'tãw sim]

pila (f)	bateria (f)	[bate'ria]
descargarse (vr)	descarregar-se (vr)	[dʒiskahe'garsi]
cargador (m)	carregador (m)	[kahega'dor]

menú (m)	menu (m)	[me'nu]
preferencias (f pl)	configurações (f pl)	[kõfigura'sõjs]
melodía (f)	melodia (f)	[melo'dʒia]
seleccionar (vt)	escolher (vt)	[isko'ʎer]

calculadora (f)	calculadora (f)	[kawkula'dora]
contestador (m)	correio (m) de voz	[ko'heju de vɔz]
despertador (m)	despertador (m)	[dʒisperta'dor]
contactos (m pl)	contatos (m pl)	[kõ'tatus]

mensaje (m) de texto	mensagem (f) de texto	[mẽ'saʒẽ de 'testu]
abonado (m)	assinante (m)	[asi'nãtʃi]

115. Los artículos de escritorio. La papelería

bolígrafo (m)	caneta (f)	[ka'neta]
pluma (f) estilográfica	caneta (f) tinteiro	[ka'neta tʃi'tejru]

lápiz (m)	lápis (m)	['lapis]
marcador (m)	marcador (m) de texto	[marka'dor de 'testu]
rotulador (m)	caneta (f) hidrográfica	[ka'neta idro'grafika]

bloc (m) de notas	bloco (m) de notas	['blɔku de 'nɔtas]
agenda (f)	agenda (f)	[a'ʒẽda]

regla (f)	régua (f)	['hɛgwa]
calculadora (f)	calculadora (f)	[kawkula'dora]
goma (f) de borrar	borracha (f)	[bo'haʃa]
chincheta (f)	alfinete (m)	[awfi'netʃi]
clip (m)	clipe (m)	['klipi]

cola (f), pegamento (m)	cola (f)	['kɔla]
grapadora (f)	grampeador (m)	[grãpja'dor]
perforador (m)	furador (m) de papel	[fura'dor de pa'pɛw]
sacapuntas (m)	apontador (m)	[apõta'dor]

116. Diversos tipos de documentación

informe (m)	relatório (m)	[hela'tɔrju]
acuerdo (m)	acordo (m)	[a'kordu]
formulario (m) de solicitud	ficha (f) de inscrição	['fiʃa de ĩskri'sãw]
auténtico (adj)	autêntico	[aw'tẽtʃiku]
tarjeta (f) de identificación	crachá (m)	[kra'ʃa]
tarjeta (f) de visita	cartão (m) de visita	[kar'tãw de vi'zita]
certificado (m)	certificado (m)	[sertʃifi'kadu]
cheque (m) bancario	cheque (m)	['ʃɛki]
cuenta (f) (restaurante)	conta (f)	['kõta]
constitución (f)	constituição (f)	[kõstʃitwi'sãw]
contrato (m)	contrato (m)	[kõ'tratu]
copia (f)	cópia (f)	['kɔpja]
ejemplar (m)	exemplar (m)	[ezẽ'plar]
declaración (f) de aduana	declaração (f) alfandegária	[deklara'sãw awfãde'garja]
documento (m)	documento (m)	[doku'mẽtu]
permiso (m) de conducir	carteira (f) de motorista	[kar'tejra de moto'rista]
anexo (m)	anexo (m)	[a'nɛksu]
cuestionario (m)	questionário (m)	[kestʃo'narju]
carnet (m) de identidad	carteira (f) de identidade	[kar'tejra de idẽtʃi'dadʒi]
solicitud (f) de información	inquérito (m)	[ĩ'kɛritu]
tarjeta (f) de invitación	convite (m)	[kõ'vitʃi]
factura (f)	fatura (f)	[fa'tura]
ley (f)	lei (f)	[lej]
carta (f)	carta (f)	['karta]
hoja (f) membretada	papel (m) timbrado	[pa'pɛw tĩ'bradu]
lista (f) (de nombres, etc.)	lista (f)	['lista]
manuscrito (m)	manuscrito (m)	[manus'kritu]
boletín (m)	boletim (m)	[bole'tʃĩ]
nota (f) (mensaje)	bilhete (m)	[bi'ʎetʃi]
pase (m) (permiso)	passe (m)	['pasi]
pasaporte (m)	passaporte (m)	[pasa'pɔrtʃi]
permiso (m)	permissão (f)	[permi'sãw]
curriculum vitae (m)	currículo (m)	[ku'hikulu]
pagaré (m)	nota (f) promissória	['nɔta promi'sɔrja]
recibo (m)	recibo (m)	[he'sibu]
ticket (m) de compra	talão (f)	[ta'lãw]
informe (m)	relatório (m)	[hela'tɔrju]
presentar (identificación)	mostrar (vt)	[mos'trar]
firmar (vt)	assinar (vt)	[asi'nar]
firma (f) (nombre)	assinatura (f)	[asina'tura]
sello (m)	carimbo (m)	[ka'rĩbu]
texto (m)	texto (m)	['testu]
billete (m)	ingresso (m)	[ĩ'grɛsu]
tachar (vt)	riscar (vt)	[his'kar]
rellenar (vt)	preencher (vt)	[preẽ'ʃer]

| guía (f) de embarque | carta (f) de porte | ['karta de 'pɔrtʃi] |
| testamento (m) | testamento (m) | [testa'mẽtu] |

117. Tipos de negocios

agencia (f) de empleo	agência (f) de emprego	[a'ʒẽsja de ẽ'pregu]
agencia (f) de información	agência (f) de notícias	[a'ʒẽsja de no'tʃisjas]
agencia (f) de publicidad	agência (f) de publicidade	[a'ʒẽsja de publisi'dadʒi]
agencia (f) de seguridad	empresa (f) de segurança	[ẽ'preza de segu'rãsa]

almacén (m)	armazém (m)	[arma'zẽj]
antigüedad (f)	comércio (m)	[ko'mɛrsju
	de antiguidades	de ãtʃigwi'dadʒi]
asesoría (f) jurídica	assessorias (f pl) jurídicas	[aseso'rias ʒu'ridʒikas]
servicios (m pl) de auditoría	serviços (m pl) de auditoria	[ser'visus de awdʒito'ria]

bar (m)	bar (m)	[bar]
bebidas (f pl) alcohólicas	bebidas (f pl) alcoólicas	[be'bidas aw'kɔlikas]
bolsa (f) de comercio	bolsa (f) de valores	['bowsa de va'lores]

casino (m)	cassino (m)	[ka'sinu]
centro (m) de negocios	centro (m) de escritórios	['sẽtru de iskri'tɔrjus]
fábrica (f) de cerveza	cervejaria (f)	[serveʒa'ria]
cine (m) (iremos al ~)	cinema (m)	[si'nɛma]
climatizadores (m pl)	ar (m) condicionado	[ar kõdʒisjo'nadu]
club (m) nocturno	boate (f)	['bwatʃi]

comercio (m)	comércio (m)	[ko'mɛrsju]
productos alimenticios	alimentos (m pl)	[ali'mẽtus]
compañía (f) aérea	companhia (f) aérea	[kõpa'ɲia a'erja]
construcción (f)	construção (f)	[kõstru'sãw]
contabilidad (f)	serviços (m pl)	[ser'visus
	de contabilidade	de kõtabili'dadʒi]

| deporte (m) | esporte (m) | [is'pɔrtʃi] |
| diseño (m) | design (m) | [dʒi'zãjn] |

editorial (f)	editora (f)	[edʒi'tora]
escuela (f) de negocios	escola (f) de negócios	[is'kɔla de ne'gɔsjus]
estomatología (f)	clínica (f) dentária	['klinika dẽ'tarja]

farmacia (f)	drogaria (f)	[droga'ria]
industria (f) farmacéutica	indústria (f) farmacêutica	[ĩ'dustrja farma'sewtʃiku]
funeraria (f)	casa (f) funerária	['kaza fune'raria]
galería (f) de arte	galeria (f) de arte	[gale'ria de 'artʃi]
helado (m)	sorvete (m)	[sor'vetʃi]
hotel (m)	hotel (m)	[o'tɛw]

industria (f)	indústria (f)	[ĩ'dustrja]
industria (f) ligera	indústria (f) ligeira	[ĩ'dustrja li'ʒejra]
inmueble (m)	imobiliário (m)	[imobi'ljarju]
internet (m), red (f)	internet (f)	[ĩter'nɛtʃi]
inversiones (f pl)	investimento (m)	[ĩvestʃi'mẽtu]
joyería (f)	joias (f pl)	['ʒɔjas]

joyero (m)	joalheiro (m)	[ʒoa'ʎejru]
lavandería (f)	lavanderia (f)	[lavãde'ria]
librería (f)	livraria (f)	[livra'ria]
medicina (f)	medicina (f)	[medʒi'sina]
muebles (m pl)	mobiliário (m)	[mobi'ljarju]
museo (m)	museu (m)	[mu'zew]
negocio (m) bancario	negócios (m pl) bancários	[ne'gɔsjus bã'karjus]

periódico (m)	jornal (m)	[ʒor'naw]
petróleo (m)	petróleo (m)	[pe'trɔlju]
piscina (f)	piscina (f)	[pi'sina]
poligrafía (f)	tipografia (f)	[tʃipogra'fia]
publicidad (f)	publicidade (f)	[publisi'dadʒi]

radio (f)	rádio (m)	['hadʒju]
recojo (m) de basura	recolha (f) do lixo	[he'koʎa du 'liʃu]
restaurante (m)	restaurante (m)	[hestaw'rãtʃi]
revista (f)	revista (f)	[he'vista]
ropa (f)	roupa (f)	['hopa]

salón (m) de belleza	salão (m) de beleza	[sa'lãw de be'leza]
seguro (m)	seguro (m)	[se'guru]
servicio (m) de entrega	serviços (m pl) de remessa	[ser'visus de he'mɛsa]
servicios (m pl) financieros	serviços (m pl) financeiros	[ser'visus finã'sejrus]
supermercado (m)	supermercado (m)	[supermer'kadu]

taller (m)	alfaiataria (f)	[awfajata'ria]
teatro (m)	teatro (m)	['tʃjatru]
televisión (f)	televisão (f)	[televi'zãw]
tienda (f)	loja (f)	['lɔʒa]
tintorería (f)	lavanderia (f)	[lavãde'ria]
servicios de transporte	serviços (m pl) de transporte	[ser'visus de trãs'pɔrtʃi]
turismo (m)	viagens (f pl)	['vjaʒẽs]

venta (f) por catálogo	vendas (f pl) por catálogo	['vẽdas por ka'talogu]
veterinario (m)	veterinário (m)	[veteri'narju]
consultoría (f)	consultoria (f)	[kõsuwto'ria]

El trabajo. Los negocios. Unidad 2

| exposición, feria (f) | feira, exposição (f) | ['fejra], [ispozi'sãw] |
| feria (f) comercial | feira (f) comercial | ['fejra komer'sjaw] |

participación (f)	participação (f)	[partʃisipa'sãw]
participar (vi)	participar (vi)	[partʃisi'par]
participante (m)	participante (m)	[partʃisi'pãtʃi]

director (m)	diretor (m)	[dʒire'tor]
dirección (f)	direção (f)	[dʒire'sãw]
organizador (m)	organizador (m)	[organiza'dor]
organizar (vt)	organizar (vt)	[organi'zar]

solicitud (f) de participación	ficha (f) de inscrição	['fiʃa de ĩskri'sãw]
rellenar (vt)	preencher (vt)	[preẽ'ʃer]
detalles (m pl)	detalhes (m pl)	[de'taʎis]
información (f)	informação (f)	[ĩforma'sãw]

precio (m)	preço (m)	['presu]
incluso	incluindo	[ĩklw'ĩdu]
incluir (vt)	incluir (vt)	[ĩ'klwir]
pagar (vi, vt)	pagar (vt)	[pa'gar]
cuota (f) de registro	taxa (f) de inscrição	['taʃa de ĩskri'sãw]

entrada (f)	entrada (f)	[ẽ'trada]
pabellón (m)	pavilhão (m), salão (f)	[pavi'ʎãw], [sa'lãw]
registrar (vt)	inscrever (vt)	[ĩskre'ver]
tarjeta (f) de identificación	crachá (m)	[kra'ʃa]

| stand (m) de feria | stand (m) | [stɛnd] |
| reservar (vt) | reservar (vt) | [hezer'var] |

vitrina (f)	vitrine (f)	[vi'trini]
lámpara (f)	lâmpada (f)	['lãpada]
diseño (m)	design (m)	[dʒi'zãjn]
poner (colocar)	pôr, colocar (vt)	[por], [kolo'kar]

distribuidor (m)	distribuidor (m)	[dʒistribwi'dor]
proveedor (m)	fornecedor (m)	[fornese'dor]
suministrar (vt)	fornecer (vt)	[forne'ser]

país (m)	país (m)	[pa'jis]
extranjero (adj)	estrangeiro	[istrã'ʒejru]
producto (m)	produto (m)	[pru'dutu]

| asociación (f) | associação (f) | [asosja'sãw] |
| sala (f) de conferencias | sala (f) de conferência | ['sala de kõfe'rẽsja] |

| congreso (m) | congresso (m) | [kõ'grɛsu] |
| concurso (m) | concurso (m) | [kõ'kursu] |

visitante (m)	visitante (m)	[vizi'tãtʃi]
visitar (vt)	visitar (vt)	[vizi'tar]
cliente (m)	cliente (m)	['kljẽtʃi]

119. Medios de comunicación de masas

periódico (m)	jornal (m)	[ʒor'naw]
revista (f)	revista (f)	[he'vista]
prensa (f)	imprensa (f)	[ĩ'prẽsa]
radio (f)	rádio (m)	['hadʒju]
estación (f) de radio	estação (f) de rádio	[ista'sãw de 'hadʒju]
televisión (f)	televisão (f)	[televi'zãw]

presentador (m)	apresentador (m)	[aprezẽta'dor]
presentador (m) de noticias	locutor (m)	[loku'tor]
comentarista (m)	comentarista (m)	[komẽta'rista]

periodista (m)	jornalista (m)	[ʒorna'lista]
corresponsal (m)	correspondente (m)	[kohespõ'dẽtʃi]
corresponsal (m) fotográfico	repórter (m) fotográfico	[he'porter foto'grafiku]
reportero (m)	repórter (m)	[he'porter]

| redactor (m) | redator (m) | [heda'tor] |
| redactor jefe (m) | redator-chefe (m) | [heda'tor 'ʃɛfi] |

suscribirse (vr)	assinar a ...	[asi'nar a]
suscripción (f)	assinatura (f)	[asina'tura]
suscriptor (m)	assinante (m)	[asi'nãtʃi]
leer (vi, vt)	ler (vt)	[ler]
lector (m)	leitor (m)	[lej'tor]

tirada (f)	tiragem (f)	[tʃi'raʒẽ]
mensual (adj)	mensal	[mẽ'saw]
semanal (adj)	semanal	[sema'naw]
número (m)	número (m)	['numeru]
nuevo (~ número)	recente, novo	[he'sẽtʃi], ['novu]

titular (m)	manchete (f)	[mã'ʃɛtʃi]
noticia (f)	pequeno artigo (m)	[pe'kenu ar'tʃigu]
columna (f)	coluna (f)	[ko'luna]
artículo (m)	artigo (m)	[ar'tʃigu]
página (f)	página (f)	['paʒina]

reportaje (m)	reportagem (f)	[hepor'taʒẽ]
evento (m)	evento (m)	[e'vẽtu]
sensación (f)	sensação (f)	[sẽsa'sãw]
escándalo (m)	escândalo (m)	[is'kãdalu]
escandaloso (adj)	escandaloso	[iskãda'lozu]
gran (~ escándalo)	grande	['grãdʒi]
emisión (f)	programa (m)	[pro'grama]
entrevista (f)	entrevista (f)	[ẽtre'vista]

| transmisión (f) en vivo | transmissão (f) ao vivo | [trãzmi'sãw aw 'vivu] |
| canal (m) | canal (m) | [ka'naw] |

120. La agricultura

agricultura (f)	agricultura (f)	[agrikuw'tura]
campesino (m)	camponês (m)	[kãpo'nes]
campesina (f)	camponesa (f)	[kãpo'neza]
granjero (m)	agricultor, fazendeiro (m)	[agrikuw'tor], [fazë'dejru]

| tractor (m) | trator (m) | [tra'tor] |
| cosechadora (f) | colheitadeira (f) | [koʎejta'dejra] |

arado (m)	arado (m)	[a'radu]
arar (vi, vt)	arar (vt)	[a'rar]
labrado (m)	campo (m) lavrado	['kãpu la'vradu]
surco (m)	sulco (m)	[suw'ku]

sembrar (vi, vt)	semear (vt)	[se'mjar]
sembradora (f)	plantadeira (f)	[plãta'dejra]
siembra (f)	semeadura (f)	[semja'dura]

| guadaña (f) | foice (m) | ['fɔjsi] |
| segar (vi, vt) | cortar com foice | [kor'tar kõ 'fɔjsi] |

| pala (f) | pá (f) | [pa] |
| layar (vt) | cavar (vt) | [ka'var] |

azada (f)	enxada (f)	[ë'ʃada]
sachar, escardar	capinar (vt)	[kapi'nar]
mala hierba (f)	erva (f) daninha	['ɛrva da'niɲa]

regadera (f)	regador (m)	[hega'dor]
regar (plantas)	regar (vt)	[he'gar]
riego (m)	rega (f)	['hɛga]

| horquilla (f) | forquilha (f) | [for'kiʎa] |
| rastrillo (m) | ancinho (m) | [ã'siɲu] |

fertilizante (m)	fertilizante (m)	[ferʧili'zãtʃi]
abonar (vt)	fertilizar (vt)	[ferʧili'zar]
estiércol (m)	estrume, esterco (m)	[is'trumi], [is'terku]

campo (m)	campo (m)	['kãpu]
prado (m)	prado (m)	['pradu]
huerta (f)	horta (f)	['ɔrta]
jardín (m)	pomar (m)	[po'mar]

pacer (vt)	pastar (vt)	[pas'tar]
pastor (m)	pastor (m)	[pas'tor]
pastadero (m)	pastagem (f)	[pas'taʒë]

| ganadería (f) | pecuária (f) | [pe'kwarja] |
| cría (f) de ovejas | criação (f) de ovelhas | [krja'sãw de o'veʎas] |

plantación (f)	plantação (f)	[plãta'sãw]
hilera (f) (~ de cebollas)	canteiro (m)	[kã'tejru]
invernadero (m)	estufa (f)	[is'tufa]

| sequía (f) | seca (f) | ['seka] |
| seco, árido (adj) | seco | ['seku] |

grano (m)	grão (m)	['grãw]
cereales (m pl)	cereais (m pl)	[se'rjajs]
recolectar (vt)	colher (vt)	[ko'ʎer]

molinero (m)	moleiro (m)	[mu'lejru]
molino (m)	moinho (m)	['mwiɲu]
moler (vt)	moer (vt)	[mwer]
harina (f)	farinha (f)	[fa'riɲa]
paja (f)	palha (f)	['paʎa]

121. La construcción. El proceso de construcción

obra (f)	canteiro (m) de obras	[kã'tejru de 'ɔbras]
construir (vt)	construir (vt)	[kõs'trwir]
albañil (m)	construtor (m)	[kõstru'tor]

proyecto (m)	projeto (m)	[pro'ʒɛtu]
arquitecto (m)	arquiteto (m)	[arki'tɛtu]
obrero (m)	operário (m)	[ope'rarju]

cimientos (m pl)	fundação (f)	[fũda'sãw]
techo (m)	telhado (m)	[te'ʎadu]
pila (f) de cimentación	estaca (f)	[is'taka]
muro (m)	parede (f)	[pa'redʒi]

| armadura (f) | barras (f pl) de reforço | ['bahas de he'forsu] |
| andamio (m) | andaime (m) | [ã'dajmi] |

hormigón (m)	concreto (m)	[kõ'krɛtu]
granito (m)	granito (m)	[gra'nitu]
piedra (f)	pedra (f)	['pɛdra]
ladrillo (m)	tijolo (m)	[tʃi'ʒolu]

arena (f)	areia (f)	[a'reja]
cemento (m)	cimento (m)	[si'mẽtu]
estuco (m)	emboço, reboco (m)	[ẽ'bosu], [he'boku]
estucar (vt)	emboçar, rebocar (vt)	[ẽbo'sar], [hebo'kar]

pintura (f)	tinta (f)	[tʃĩta]
pintar (las paredes)	pintar (vt)	[pĩ'tar]
barril (m)	barril (m)	[ba'hiw]

grúa (f)	grua (f), guindaste (m)	['grua], [gĩ'dastʃi]
levantar (vt)	erguer (vt)	[er'ger]
bajar (vt)	baixar (vt)	[baɪ'ʃar]
bulldózer (m)	buldózer (m)	[buw'dozer]
excavadora (f)	escavadora (f)	[iskava'dora]

cuchara (f)	caçamba (f)	[ka'sãba]
cavar (vt)	escavar (vt)	[iska'var]
casco (m)	capacete (m) de proteção	[kapa'setʃi de prote'sãw]

122. La ciencia. La investigación. Los científicos

ciencia (f)	ciência (f)	['sjẽsja]
científico (adj)	científico	[sjẽ'tʃifiku]
científico (m)	cientista (m)	[sjẽ'tʃista]
teoría (f)	teoria (f)	[teo'ria]

axioma (m)	axioma (m)	[a'sjɔma]
análisis (m)	análise (f)	[a'nalizi]
analizar (vt)	analisar (vt)	[anali'zar]
argumento (m)	argumento (m)	[argu'mẽtu]
sustancia (f) (materia)	substância (f)	[sub'stãsja]

hipótesis (f)	hipótese (f)	[i'pɔtezi]
dilema (m)	dilema (m)	[dʒi'lɛma]
tesis (f) de grado	tese (f)	['tɛzi]
dogma (m)	dogma (m)	['dɔgma]

doctrina (f)	doutrina (f)	[do'trina]
investigación (f)	pesquisa (f)	[pes'kiza]
investigar (vt)	pesquisar (vt)	[peski'zar]
prueba (f)	testes (m pl)	['tɛstʃis]
laboratorio (m)	laboratório (m)	[labora'tɔrju]

método (m)	método (m)	['mɛtodu]
molécula (f)	molécula (f)	[mo'lɛkula]
seguimiento (m)	monitoramento (m)	[monitora'mẽtu]
descubrimiento (m)	descoberta (f)	[dʒisko'bɛrta]

postulado (m)	postulado (m)	[postu'ladu]
principio (m)	princípio (m)	[prĩ'sipju]
pronóstico (m)	prognóstico (m)	[prog'nɔstʃiku]
pronosticar (vt)	prognosticar (vt)	[prognostʃi'kar]

síntesis (f)	síntese (f)	['sĩtezi]
tendencia (f)	tendência (f)	[tẽ'dẽsja]
teorema (m)	teorema (m)	[teo'rɛma]

| enseñanzas (f pl) | ensinamentos (m pl) | [ẽsina'mẽtus] |
| hecho (m) | fato (m) | ['fatu] |

| expedición (f) | expedição (f) | [ispedʒi'sãw] |
| experimento (m) | experiência (f) | [ispe'rjẽsja] |

académico (m)	acadêmico (m)	[aka'demiku]
bachiller (m)	bacharel (m)	[baʃa'rɛw]
doctorado (m)	doutor (m)	[do'tor]
docente (m)	professor (m) associado	[profe'sor aso'sjadu]
Master (m) (~ en Letras)	mestrado (m)	[mes'trado]
profesor (m)	professor (m)	[profe'sor]

Las profesiones y los oficios

123. La búsqueda de trabajo. El despido

trabajo (m)	trabalho (m)	[tra'baʎu]
empleados (pl)	equipe (f)	[e'kipi]
personal (m)	pessoal (m)	[pe'swaw]
carrera (f)	carreira (f)	[ka'hejra]
perspectiva (f)	perspectivas (f pl)	[perspek'tʃivas]
maestría (f)	habilidades (f pl)	[abili'dadʒis]
selección (f)	seleção (f)	[sele'sãw]
agencia (f) de empleo	agência (f) de emprego	[a'ʒẽsja de ẽ'pregu]
curriculum vitae (m)	currículo (m)	[ku'hikulu]
entrevista (f)	entrevista (f) de emprego	[ẽtre'vista de ẽ'pregu]
vacancia (f)	vaga (f)	['vaga]
salario (m)	salário (m)	[sa'larju]
salario (m) fijo	salário (m) fixo	[sa'larju 'fiksu]
remuneración (f)	pagamento (m)	[paga'mẽtu]
puesto (m) (trabajo)	cargo (m)	['kargu]
deber (m)	dever (m)	[de'ver]
gama (f) de deberes	gama (f) de deveres	['gama de de'veris]
ocupado (adj)	ocupado	[oku'padu]
despedir (vt)	despedir, demitir (vt)	[dʒispe'dʒir], [demi'tʃir]
despido (m)	demissão (f)	[demi'sãw]
desempleo (m)	desemprego (m)	[dʒizẽ'pregu]
desempleado (m)	desempregado (m)	[dʒizẽpre'gadu]
jubilación (f)	aposentadoria (f)	[apozẽtado'ria]
jubilarse	aposentar-se (vr)	[apozẽ'tarsi]

124. Los negociantes

director (m)	diretor (m)	[dʒire'tor]
gerente (m)	gerente (m)	[ʒe'rẽtʃi]
jefe (m)	patrão, chefe (m)	[pa'trãw], ['ʃɛfi]
superior (m)	superior (m)	[supe'rjor]
superiores (m pl)	superiores (m pl)	[supe'rjores]
presidente (m)	presidente (m)	[prezi'dẽtʃi]
presidente (m) (de compañía)	chairman, presidente (m)	['tʃɛamen], [prezi'dẽtʃi]
adjunto (m)	substituto (m)	[substi'tutu]
asistente (m)	assistente (m)	[asis'tẽtʃi]

| secretario, -a (m, f) | secretário (m) | [sekre'tarju] |
| secretario (m) particular | secretário (m) pessoal | [sekre'tarju pe'swaw] |

hombre (m) de negocios	homem (m) de negócios	['ɔmẽ de ne'gɔsjus]
emprendedor (m)	empreendedor (m)	[ẽprjẽde'dor]
fundador (m)	fundador (m)	[fũda'dor]
fundar (vt)	fundar (vt)	[fũ'dar]

institutor (m)	principiador (m)	[prĩsipja'dor]
socio (m)	parceiro, sócio (m)	[par'sejru], ['sɔsju]
accionista (m)	acionista (m)	[asjo'nista]

millonario (m)	milionário (m)	[miljo'narju]
multimillonario (m)	bilionário (m)	[biljo'narju]
propietario (m)	proprietário (m)	[proprje'tarju]
terrateniente (m)	proprietário (m) de terras	[proprje'tarju de 'tɛhas]

cliente (m)	cliente (m)	['kljẽtʃi]
cliente (m) habitual	cliente (m) habitual	['kljẽtʃi abi'twaw]
comprador (m)	comprador (m)	[kõpra'dor]
visitante (m)	visitante (m)	[vizi'tãtʃi]

profesional (m)	profissional (m)	[profisjo'naw]
experto (m)	perito (m)	[pe'ritu]
especialista (m)	especialista (m)	[ispesja'lista]

| banquero (m) | banqueiro (m) | [bã'kejru] |
| broker (m) | corretor (m) | [kohe'tor] |

cajero (m)	caixa (m, f)	['kaɪʃa]
contable (m)	contador (m)	[kõta'dor]
guardia (m) de seguridad	guarda (m)	['gwarda]

inversionista (m)	investidor (m)	[ĩvestʃi'dor]
deudor (m)	devedor (m)	[deve'dor]
acreedor (m)	credor (m)	[kre'dor]
prestatario (m)	mutuário (m)	[mu'twarju]

| importador (m) | importador (m) | [ĩporta'dor] |
| exportador (m) | exportador (m) | [isporta'dor] |

productor (m)	produtor (m)	[produ'tor]
distribuidor (m)	distribuidor (m)	[dʒistribwi'dor]
intermediario (m)	intermediário (m)	[ĩterme'dʒjarju]

asesor (m) (~ fiscal)	consultor (m)	[kõsuw'tor]
representante (m)	representante (m) comercial	[heprezẽ'tãtʃi komer'sjaw]
agente (m)	agente (m)	[a'ʒẽtʃi]
agente (m) de seguros	agente (m) de seguros	[a'ʒẽtʃi de se'gurus]

125. Los trabajos de servicio

| cocinero (m) | cozinheiro (m) | [kozi'ɲejru] |
| jefe (m) de cocina | chefe (m) de cozinha | ['ʃɛfi de ko'ziɲa] |

panadero (m)	padeiro (m)	[pa'dejru]
barman (m)	barman (m)	[bar'mã]
camarero (m)	garçom (m)	[gar'sõ]
camarera (f)	garçonete (f)	[garso'netʃi]

abogado (m)	advogado (m)	[adʒivo'gadu]
jurista (m)	jurista (m)	[ʒu'rista]
notario (m)	notário (m)	[no'tarju]

electricista (m)	eletricista (m)	[eletri'sista]
fontanero (m)	encanador (m)	[ẽkana'dor]
carpintero (m)	carpinteiro (m)	[karpĩ'tejru]

masajista (m)	massagista (m)	[masa'ʒista]
masajista (f)	massagista (f)	[masa'ʒista]
médico (m)	médico (m)	['mɛdʒiku]

taxista (m)	taxista (m)	[tak'sista]
chofer (m)	condutor, motorista (m)	[kõdu'tor], [moto'rista]
repartidor (m)	entregador (m)	[ẽtrega'dor]

camarera (f)	camareira (f)	[kama'rejra]
guardia (m) de seguridad	guarda (m)	['gwarda]
azafata (f)	aeromoça (f)	[aero'mosa]

profesor (m) (~ de baile, etc.)	professor (m)	[profe'sor]
bibliotecario (m)	bibliotecário (m)	[bibljote'karju]
traductor (m)	tradutor (m)	[tradu'tor]
intérprete (m)	intérprete (m)	[ĩ'tɛrpretʃi]
guía (m)	guia (m)	['gia]

peluquero (m)	cabeleireiro (m)	[kabelej'rejru]
cartero (m)	carteiro (m)	[kar'tejru]
vendedor (m)	vendedor (m)	[vẽde'dor]

jardinero (m)	jardineiro (m)	[ʒardʒi'nejru]
servidor (m)	criado (m)	['krjadu]
criada (f)	criada (f)	['krjada]
mujer (f) de la limpieza	empregada (f) de limpeza	[ẽpre'gada de lĩ'peza]

126. La profesión militar y los rangos

soldado (m) raso	soldado (m) raso	[sow'dadu 'hazu]
sargento (m)	sargento (m)	[sar'ʒẽtu]
teniente (m)	tenente (m)	[te'nẽtʃi]
capitán (m)	capitão (m)	[kapi'tãw]

mayor (m)	major (m)	[ma'ʒɔr]
coronel (m)	coronel (m)	[koro'nɛw]
general (m)	general (m)	[ʒene'raw]
mariscal (m)	marechal (m)	[mare'ʃaw]
almirante (m)	almirante (m)	[awmi'rãtʃi]
militar (m)	militar (m)	[mili'tar]
soldado (m)	soldado (m)	[sow'dadu]

oficial (m)	oficial (m)	[ofi'sjaw]
comandante (m)	comandante (m)	[komã'dãtʃi]

guardafronteras (m)	guarda (m) de fronteira	['gwarda de frõ'tejra]
radio-operador (m)	operador (m) de rádio	[opera'dor de 'hadʒju]
explorador (m)	explorador (m)	[isplora'dor]
zapador (m)	sapador-mineiro (m)	[sapa'dor-mi'nejru]
tirador (m)	atirador (m)	[atʃira'dor]
navegador (m)	navegador (m)	[navega'dor]

127. Los oficiales. Los sacerdotes

rey (m)	rei (m)	[hej]
reina (f)	rainha (f)	[ha'iɲa]

príncipe (m)	príncipe (m)	['prĩsipi]
princesa (f)	princesa (f)	[prĩ'seza]

zar (m)	czar (m)	['kzar]
zarina (f)	czarina (f)	[kza'rina]

presidente (m)	presidente (m)	[prezi'dẽtʃi]
ministro (m)	ministro (m)	[mi'nistru]
primer ministro (m)	primeiro-ministro (m)	[pri'mejru mi'nistru]
senador (m)	senador (m)	[sena'dor]

diplomático (m)	diplomata (m)	[dʒiplo'mata]
cónsul (m)	cônsul (m)	['kõsuw]
embajador (m)	embaixador (m)	[ẽbajʃa'dor]
consejero (m)	conselheiro (m)	[kõse'ʎejru]

funcionario (m)	funcionário (m)	[fũsjo'narju]
prefecto (m)	prefeito (m)	[pre'fejtu]
alcalde (m)	Presidente (m) da Câmara	[prezi'dẽtʃi da 'kamara]

juez (m)	juiz (m)	[ʒwiz]
fiscal (m)	procurador (m)	[prokura'dor]

misionero (m)	missionário (m)	[misjo'narju]
monje (m)	monge (m)	['mõʒi]
abad (m)	abade (m)	[a'badʒi]
rabino (m)	rabino (m)	[ha'binu]

visir (m)	vizir (m)	[vi'zir]
sha (m)	xá (m)	[ʃa]
jeque (m)	xeique (m)	['ʃɛjki]

128. Las profesiones agrícolas

apicultor (m)	abelheiro (m)	[abi'ʎejru]
pastor (m)	pastor (m)	[pas'tor]
agrónomo (m)	agrônomo (m)	[a'gronomu]

| ganadero (m) | criador (m) de gado | [krja'dor de 'gadu] |
| veterinario (m) | veterinário (m) | [veteri'narju] |

granjero (m)	agricultor, fazendeiro (m)	[agrikuw'tor], [fazē'dejru]
vinicultor (m)	vinicultor (m)	[vinikuw'tor]
zoólogo (m)	zoólogo (m)	[zo'ɔlogu]
vaquero (m)	vaqueiro (m)	[va'kejru]

129. Las profesiones artísticas

| actor (m) | ator (m) | [a'tor] |
| actriz (f) | atriz (f) | [a'triz] |

| cantante (m) | cantor (m) | [kã'tor] |
| cantante (f) | cantora (f) | [kã'tora] |

| bailarín (m) | bailarino (m) | [bajla'rinu] |
| bailarina (f) | bailarina (f) | [bajla'rina] |

| artista (m) | artista (m) | [ar'tʃista] |
| artista (f) | artista (f) | [ar'tʃista] |

músico (m)	músico (m)	['muziku]
pianista (m)	pianista (m)	[pja'nista]
guitarrista (m)	guitarrista (m)	[gita'hista]

director (m) de orquesta	maestro (m)	[ma'ɛstru]
compositor (m)	compositor (m)	[kõpozi'tor]
empresario (m)	empresário (m)	[ēpre'zarju]

director (m) de cine	diretor (m) de cinema	[dʒire'tor de si'nɛma]
productor (m)	produtor (m)	[produ'tor]
guionista (m)	roteirista (m)	[hotej'rista]
crítico (m)	crítico (m)	['kritʃiku]

escritor (m)	escritor (m)	[iskri'tor]
poeta (m)	poeta (m)	['pwɛta]
escultor (m)	escultor (m)	[iskuw'tor]
pintor (m)	pintor (m)	[pĩ'tor]

malabarista (m)	malabarista (m)	[malaba'rista]
payaso (m)	palhaço (m)	[pa'ʎasu]
acróbata (m)	acrobata (m)	[akro'bata]
ilusionista (m)	ilusionista (m)	[iluzjo'nista]

130. Profesiones diversas

médico (m)	médico (m)	['mɛdʒiku]
enfermera (f)	enfermeira (f)	[ēfer'mejra]
psiquiatra (m)	psiquiatra (m)	[psi'kjatra]
dentista (m)	dentista (m)	[dē'tʃista]
cirujano (m)	cirurgião (m)	[sirur'ʒjãw]

astronauta (m)	**astronauta** (m)	[astro'nawta]
astrónomo (m)	**astrônomo** (m)	[as'tronomu]
piloto (m)	**piloto** (m)	[pi'lotu]
conductor (m) (chófer)	**motorista** (m)	[moto'rista]
maquinista (m)	**maquinista** (m)	[maki'nista]
mecánico (m)	**mecânico** (m)	[me'kaniku]
minero (m)	**mineiro** (m)	[mi'nejru]
obrero (m)	**operário** (m)	[ope'rarju]
cerrajero (m)	**serralheiro** (m)	[seha'ʎejru]
carpintero (m)	**marceneiro** (m)	[marse'nejru]
tornero (m)	**torneiro** (m)	[tor'nejru]
albañil (m)	**construtor** (m)	[kõstru'tor]
soldador (m)	**soldador** (m)	[sɔwda'dor]
profesor (m) (título)	**professor** (m)	[profe'sor]
arquitecto (m)	**arquiteto** (m)	[arki'tɛtu]
historiador (m)	**historiador** (m)	[istorja'dor]
científico (m)	**cientista** (m)	[sjẽ'tʃista]
físico (m)	**físico** (m)	['fiziku]
químico (m)	**químico** (m)	['kimiku]
arqueólogo (m)	**arqueólogo** (m)	[ar'kjɔlogu]
geólogo (m)	**geólogo** (m)	[ʒe'ɔlogu]
investigador (m)	**pesquisador** (m)	[peskiza'dor]
niñera (f)	**babysitter, babá** (f)	[bebi'sitter], [ba'ba]
pedagogo (m)	**professor** (m)	[profe'sor]
redactor (m)	**redator** (m)	[heda'tor]
redactor jefe (m)	**redator-chefe** (m)	[heda'tor 'ʃɛfi]
corresponsal (m)	**correspondente** (m)	[kohespõ'dẽtʃi]
mecanógrafa (f)	**datilógrafa** (f)	[datʃi'lɔgrafa]
diseñador (m)	**designer** (m)	[dʒi'zajner]
especialista (m) en ordenadores	**perito** (m) **em informática**	[pe'ritu ẽ ĩfur'matika]
programador (m)	**programador** (m)	[programa'dor]
ingeniero (m)	**engenheiro** (m)	[ẽʒe'ɲejru]
marino (m)	**marujo** (m)	[ma'ruʒu]
marinero (m)	**marinheiro** (m)	[mari'ɲejru]
socorrista (m)	**socorrista** (m)	[soko'hista]
bombero (m)	**bombeiro** (m)	[bõ'bejru]
policía (m)	**polícia** (m)	[po'lisja]
vigilante (m) nocturno	**guarda-noturno** (m)	['gwarda no'turnu]
detective (m)	**detetive** (m)	[dete'tʃivi]
aduanero (m)	**funcionário** (m) **da alfândega**	[fũsjo'narju da aw'fãdʒiga]
guardaespaldas (m)	**guarda-costas** (m)	['gwarda 'kɔstas]
guardia (m) de prisiones	**guarda** (m) **prisional**	['gwarda prizjo'naw]
inspector (m)	**inspetor** (m)	[ĩspe'tor]
deportista (m)	**esportista** (m)	[ispor'tʃista]
entrenador (m)	**treinador** (m)	[trejna'dor]

carnicero (m)	açougueiro (m)	[aso'gejru]
zapatero (m)	sapateiro (m)	[sapa'tejru]
comerciante (m)	comerciante (m)	[komer'sjãtʃi]
cargador (m)	carregador (m)	[kahega'dor]

diseñador (m) de modas	estilista (m)	[istʃi'lista]
modelo (f)	modelo (f)	[mo'delu]

131. Los trabajos. El estatus social

escolar (m)	estudante (m)	[istu'dãtʃi]
estudiante (m)	estudante (m)	[istu'dãtʃi]

filósofo (m)	filósofo (m)	[fi'lɔzofu]
economista (m)	economista (m)	[ekono'mista]
inventor (m)	inventor (m)	[ĩvẽ'tor]

desempleado (m)	desempregado (m)	[dʒizẽpre'gadu]
jubilado (m)	aposentado (m)	[apozẽ'tadu]
espía (m)	espião (m)	[is'pjãw]

prisionero (m)	preso, prisioneiro (m)	['prezu], [prizjo'nejru]
huelguista (m)	grevista (m)	[gre'vista]
burócrata (m)	burocrata (m)	[buro'krata]
viajero (m)	viajante (m)	[vja'ʒãtʃi]

homosexual (m)	homossexual (m)	[omosek'swaw]
hacker (m)	hacker (m)	['haker]
hippie (m)	hippie (m, f)	['hɪpɪ]

bandido (m)	bandido (m)	[bã'dʒidu]
sicario (m)	assassino (m)	[asa'sinu]
drogadicto (m)	drogado (m)	[dro'gadu]
narcotraficante (m)	traficante (m)	[trafi'kãtʃi]
prostituta (f)	prostituta (f)	[prostʃi'tuta]
chulo (m), proxeneta (m)	cafetão (m)	[kafe'tãw]

brujo (m)	bruxo (m)	['bruʃu]
bruja (f)	bruxa (f)	['bruʃa]
pirata (m)	pirata (m)	[pi'rata]
esclavo (m)	escravo (m)	[is'kravu]
samurai (m)	samurai (m)	[samu'raj]
salvaje (m)	selvagem (m)	[sew'vaʒẽ]

Los deportes

deportista (m)	esportista (m)	[ispor'tʃista]
tipo (m) de deporte	tipo (m) de esporte	['tʃipu de is'portʃi]
baloncesto (m)	basquete (m)	[bas'kɛtʃi]
baloncestista (m)	jogador (m) de basquete	[ʒoga'dor de bas'kɛtʃi]
béisbol (m)	beisebol (m)	[bejsi'bɔw]
beisbolista (m)	jogador (m) de beisebol	[ʒoga'dor de bejsi'bɔw]
fútbol (m)	futebol (m)	[futʃi'bɔw]
futbolista (m)	jogador (m) de futebol	[ʒoga'dor de futʃi'bɔw]
portero (m)	goleiro (m)	[go'lejru]
hockey (m)	hóquei (m)	['hɔkej]
jugador (m) de hockey	jogador (m) de hóquei	[ʒoga'dor de 'hɔkej]
voleibol (m)	vôlei (m)	['volej]
voleibolista (m)	jogador (m) de vôlei	[ʒoga'dor de 'volej]
boxeo (m)	boxe (m)	['bɔksi]
boxeador (m)	boxeador (m)	[boksja'dor]
lucha (f)	luta (f)	['luta]
luchador (m)	lutador (m)	[luta'dor]
kárate (m)	caratê (m)	[kara'te]
karateka (m)	carateca (m)	[kara'teka]
judo (m)	judô (m)	[ʒu'do]
judoka (m)	judoca (m)	[ʒu'dɔka]
tenis (m)	tênis (m)	['tenis]
tenista (m)	tenista (m)	[te'nista]
natación (f)	natação (f)	[nata'sãw]
nadador (m)	nadador (m)	[nada'dor]
esgrima (f)	esgrima (f)	[iz'grima]
esgrimidor (m)	esgrimista (m)	[izgri'mista]
ajedrez (m)	xadrez (m)	[ʃa'drez]
ajedrecista (m)	jogador (m) de xadrez	[ʒoga'dor de ʃa'drez]
alpinismo (m)	alpinismo (m)	[awpi'nizmu]
alpinista (m)	alpinista (m)	[awpi'nista]
carrera (f)	corrida (f)	[ko'hida]

corredor (m)	corredor (m)	[kohe'dor]
atletismo (m)	atletismo (m)	[atle'tʃizmu]
atleta (m)	atleta (m)	[at'lɛta]

| deporte (m) hípico | hipismo (m) | [i'pizmu] |
| jinete (m) | cavaleiro (m) | [kava'lejru] |

patinaje (m) artístico	patinação (f) artística	[patʃina'sãw ar'tʃistʃika]
patinador (m)	patinador (m)	[patʃina'dor]
patinadora (f)	patinadora (f)	[patʃina'dora]

| levantamiento (m) de pesas | halterofilismo (m) | [awterofi'lizmu] |
| levantador (m) de pesas | halterofilista (m) | [awterofi'lista] |

| carreras (f pl) de coches | corrida (f) de carros | [ko'hida de 'kahos] |
| piloto (m) de carreras | piloto (m) | [pi'lotu] |

| ciclismo (m) | ciclismo (m) | [si'klizmu] |
| ciclista (m) | ciclista (m) | [si'klista] |

salto (m) de longitud	salto (m) em distância	['sawtu ẽ dʒis'tãsja]
salto (m) con pértiga	salto (m) com vara	['sawtu kõ 'vara]
saltador (m)	atleta (m) de saltos	[at'lɛta de 'sawtus]

133. Tipos de deportes. Miscelánea

fútbol (m) americano	futebol (m) americano	[futʃi'bɔw ameri'kanu]
bádminton (m)	badminton (m)	[bad'mĩtɔn]
biatlón (m)	biatlo (m)	[bi'atlu]
billar (m)	bilhar (m)	[bi'ʎar]

bobsleigh (m)	bobsled (m)	['bɔbsled]
culturismo (m)	musculação (f)	[muskula'sãw]
waterpolo (m)	polo (m) aquático	['pɔlu a'kwatʃiku]
balonmano (m)	handebol (m)	[ãde'bɔl]
golf (m)	golfe (m)	['gowfi]

remo (m)	remo (m)	['hɛmu]
buceo (m)	mergulho (m)	[mer'guʎu]
esquí (m) de fondo	corrida (f) de esqui	[ko'hida de is'ki]
tenis (m) de mesa	tênis (m) de mesa	['tenis de 'meza]

vela (f)	vela (f)	['vɛla]
rally (m)	rali (m)	[ha'li]
rugby (m)	rúgbi (m)	['hugbi]
snowboarding (m)	snowboard (m)	[snowbɔrd]
tiro (m) con arco	arco-e-flecha (m)	['arku I 'flɛʃa]

134. El gimnasio

| barra (f) de pesas | barra (f) | ['baha] |
| pesas (f pl) | halteres (m pl) | [aw'tɛris] |

aparato (m) de ejercicios	aparelho (m) de musculação	[apa'reʌu de muskula'sãw]
bicicleta (f) estática	bicicleta (f) ergométrica	[bisi'klɛta ergo'mɛtrika]
cinta (f) de correr	esteira (f) de corrida	[is'tejra de ko'hida]

barra (f) fija	barra (f) fixa	['baha 'fiksa]
barras (f pl) paralelas	barras (f pl) paralelas	['bahas para'lɛlas]
potro (m)	cavalo (m)	[ka'valu]
colchoneta (f)	tapete (m) de ginástica	[ta'petʃi de ʒi'nastʃika]

comba (f)	corda (f) de saltar	['kɔrda de saw'tar]
aeróbica (f)	aeróbica (f)	[ae'rɔbika]
yoga (m)	ioga, yoga (f)	['jɔga]

135. El hóckey

hockey (m)	hóquei (m)	['hɔkej]
jugador (m) de hockey	jogador (m) de hóquei	[ʒoga'dor de 'hɔkej]
jugar al hockey	jogar hóquei	[ʒo'gar 'hɔkej]
hielo (m)	gelo (m)	['ʒelu]

disco (m)	disco (m)	['dʒisku]
palo (m) de hockey	taco (m) de hóquei	['taku de 'hɔkej]
patines (m pl)	patins (m pl) de gelo	[pa'tʃĩs de 'ʒelu]

| muro (m) | muro (m) | ['muru] |
| tiro (m) | tiro (m) | ['tʃiru] |

portero (m)	goleiro (m)	[go'lejru]
gol (m)	gol (m)	[gow]
marcar un gol	marcar um gol	[mar'kar ũ gow]

periodo (m)	tempo (m)	['tẽpu]
segundo periodo (m)	segundo tempo (m)	[se'gũdu 'tẽpu]
banquillo (m) de reserva	banco (m) de reservas	['bãku de he'zɛrvas]

136. El fútbol

fútbol (m)	futebol (m)	[futʃi'bɔw]
futbolista (m)	jogador (m) de futebol	[ʒoga'dor de futʃi'bɔw]
jugar al fútbol	jogar futebol	[ʒo'gar futʃi'bɔw]

liga (f) superior	Time (m) Principal	['tʃimi prĩsi'paw]
club (m) de fútbol	time (m) de futebol	['tʃimi de futʃi'bɔw]
entrenador (m)	treinador (m)	[trejna'dor]
propietario (m)	proprietário (m)	[proprje'tarju]

equipo (m)	equipe (f)	[e'kipi]
capitán (m) del equipo	capitão (m)	[kapi'tãw]
jugador (m)	jogador (m)	[ʒoga'dor]
reserva (m)	jogador (m) reserva	[ʒoga'dor he'zɛrva]
delantero (m)	atacante (m)	[ata'kãtʃi]
delantero (m) centro	centroavante (m)	[sẽtroa'vãtʃi]

goleador (m)	marcador (m)	[marka'dor]
defensa (m)	defesa (m)	[de'feza]
medio (m)	meio-campo (m)	['meju-'kãpu]

match (m)	jogo (m), partida (f)	['ʒogu], [par'tʃida]
encontrarse (vr)	encontrar-se (vr)	[ẽkõ'trarsi]
final (f)	final (m)	[fi'naw]
semifinal (f)	semifinal (f)	[semi'finaw]
campeonato (m)	campeonato (m)	[kãpjo'natu]

tiempo (m)	tempo (m)	['tẽpu]
primer tiempo (m)	primeiro tempo (m)	[pri'mejru 'tẽpu]
descanso (m)	intervalo (m)	[ĩter'valu]

puerta (f)	goleira (f)	[go'lejra]
portero (m)	goleiro (m)	[go'lejru]
poste (m)	trave (f)	['travi]
larguero (m)	travessão (m)	[trave'sãw]
red (f)	rede (f)	['hedʒi]
recibir un gol	tomar um gol	[to'mar ũ gow]

| balón (m) | bola (f) | ['bola] |
| pase (m) | passe (m) | ['pasi] |

tiro (m)	chute (m)	['ʃutʃi]
lanzar un tiro	chutar (vt)	[ʃu'tar]
tiro (m) de castigo	pontapé (m)	[põta'pɛ]
saque (m) de esquina	escanteio (m)	[iskã'teju]

ataque (m)	ataque (m)	[a'taki]
contraataque (m)	contra-ataque (m)	['kõtra a'taki]
combinación (f)	combinação (f)	[kõbina'sãw]

árbitro (m)	árbitro (m)	['arbitru]
silbar (vi)	apitar (vi)	[api'tar]
silbato (m)	apito (m)	[a'pitu]

infracción (f)	falta (f)	['fawta]
cometer una infracción	cometer a falta	[kome'ter a 'fawta]
expulsar del campo	expulsar (vt)	[ispuw'sar]

tarjeta (f) amarilla	cartão (m) amarelo	[kar'tãw ama'rɛlu]
tarjeta (f) roja	cartão (m) vermelho	[kar'tãw ver'meʎu]
descalificación (f)	desqualificação (f)	[deskwalifika'sãw]
descalificar (vt)	desqualificar (vt)	[dʒiskwalifi'kar]

penalti (m)	pênalti (m)	['penawtʃi]
barrera (f)	barreira (f)	[ba'hejra]
meter un gol	marcar (vt)	[mar'kar]
gol (m)	gol (m)	[gow]
marcar un gol	marcar um gol	[mar'kar ũ gow]

reemplazo (m)	substituição (f)	[substʃitwi'sãw]
reemplazar (vt)	substituir (vt)	[substʃi'twir]
reglas (f pl)	regras (f pl)	['hɛgras]
táctica (f)	tática (f)	['tatʃika]

estadio (m)	estádio (m)	[is'tadʒu]
gradería (f)	arquibancadas (f pl)	[arkibã'kadas]
hincha (m)	fã, torcedor (m)	[fã], [torse'dor]
gritar (vi)	gritar (vi)	[gri'tar]

| tablero (m) | placar (m) | [pla'kar] |
| tanteo (m) | resultado (m) | [hezuw'tadu] |

derrota (f)	derrota (f)	[de'hɔta]
perder (vi)	perder (vt)	[per'der]
empate (m)	empate (m)	[ẽ'patʃi]
empatar (vi)	empatar (vi)	[ẽpa'tar]

victoria (f)	vitória (f)	[vi'tɔrja]
ganar (vi)	vencer (vi, vt)	[vẽ'ser]
campeón (m)	campeão (m)	[kã'pjãw]
mejor (adj)	melhor	[me'ʎɔr]
felicitar (vt)	felicitar (vt)	[felisi'tar]

comentarista (m)	comentarista (m)	[komẽta'rista]
comentar (vt)	comentar (vt)	[komẽ'tar]
transmisión (f)	transmissão (f)	[trãzmi'sãw]

137. El esquí

esquís (m pl)	esqui (m)	[is'ki]
esquiar (vi)	esquiar (vi)	[is'kjar]
estación (f) de esquí	estação (f) de esqui	[ista'sãw de is'ki]
telesquí (m)	teleférico (m)	[tele'fɛriku]

bastones (m pl)	bastões (m pl) de esqui	[bas'tõjs de is'ki]
cuesta (f)	declive (m)	[de'klivi]
eslalon (m)	slalom (m)	['slalom]

138. El tenis. El golf

golf (m)	golfe (m)	['gowfi]
club (m) de golf	clube (m) de golfe	['klubi de 'gowfi]
jugador (m) de golf	jogador (m) de golfe	[ʒoga'dor de 'gowfi]

hoyo (m)	buraco (m)	[bu'raku]
palo (m)	taco (m)	['taku]
carro (m) de golf	trolley (m)	['trɔlɪ]

| tenis (m) | tênis (m) | ['tenis] |
| cancha (f) de tenis | quadra (f) de tênis | ['kwadra de 'tenis] |

saque (m)	saque (m)	['saki]
sacar (servir)	sacar (vi)	[sa'kar]
raqueta (f)	raquete (f)	[ha'ketʃi]
red (f)	rede (f)	['hedʒi]
pelota (f)	bola (f)	['bɔla]

139. El ajedrez

ajedrez (m)	xadrez (m)	[ʃa'drez]
piezas (f pl)	peças (f pl) de xadrez	['pɛsas de ʃa'drez]
ajedrecista (m)	jogador (m) de xadrez	[ʒoga'dor de ʃa'drez]
tablero (m) de ajedrez	tabuleiro (m) de xadrez	[tabu'lejru de ʃa'drez]
pieza (f)	peça (f)	['pɛsa]
blancas (f pl)	brancas (f pl)	['brãkas]
negras (f pl)	pretas (f pl)	['pretas]
peón (m)	peão (m)	[pjãw]
alfil (m)	bispo (m)	['bispu]
caballo (m)	cavalo (m)	[ka'valu]
torre (f)	torre (f)	['tohi]
reina (f)	dama (f)	['dama]
rey (m)	rei (m)	[hej]
jugada (f)	vez (f)	[vez]
jugar (mover una pieza)	mover (vt)	[mo'ver]
sacrificar (vt)	sacrificar (vt)	[sakrifi'kar]
enroque (m)	roque (m)	['hɔki]
jaque (m)	xeque (m)	['ʃɛki]
mate (m)	xeque-mate (m)	['ʃɛki-'matʃi]
torneo (m) de ajedrez	torneio (m) de xadrez	[tor'neju de ʃa'drez]
gran maestro (m)	grão-mestre (m)	['grãw 'mɛstri]
combinación (f)	combinação (f)	[kõbina'sãw]
partida (f)	partida (f)	[par'tʃida]
damas (f pl)	jogo (m) de damas	['ʒogu de 'damas]

140. El boxeo

boxeo (m)	boxe (m)	['bɔksi]
combate (m) (~ de boxeo)	combate (m)	[kõ'batʃi]
pelea (f) de boxeo	luta (f) de boxe	['luta de 'bɔksi]
asalto (m)	round (m)	['hãwdʒi]
cuadrilátero (m)	ringue (m)	['hĩgi]
campana (f)	gongo (m)	['gõgu]
golpe (m)	murro, soco (m)	['muhu], ['soku]
knockdown (m)	derrubada (f)	[dehu'bada]
nocaut (m)	nocaute (m)	[no'kawtʃi]
noquear (vt)	nocautear (vt)	[nokaw'tʃjar]
guante (m) de boxeo	luva (f) de boxe	['luva de 'bɔksi]
árbitro (m)	juiz (m)	[ʒwiz]
peso (m) ligero	peso-pena (m)	['pezu 'pena]
peso (m) medio	peso-médio (m)	['pezu 'mɛdiu]
peso (m) pesado	peso-pesado (m)	['pezu pe'zadu]

141. Los deportes. Miscelánea

Juegos (m pl) Olímpicos	Jogos (m pl) Olímpicos	['ʒɔgus o'lĩpikus]
vencedor (m)	vencedor (m)	[vẽse'dor]
vencer (vi)	vencer (vi)	[vẽ'ser]
ganar (vi)	vencer (vi, vt)	[vẽ'ser]
líder (m)	líder (m)	['lider]
liderar (vt)	liderar (vt)	[lide'rar]
primer puesto (m)	primeiro lugar (m)	[pri'mejru lu'gar]
segundo puesto (m)	segundo lugar (m)	[se'gũdu lu'gar]
tercer puesto (m)	terceiro lugar (m)	[ter'sejru lu'gar]
medalla (f)	medalha (f)	[me'daʎa]
trofeo (m)	troféu (m)	[tro'fɛw]
copa (f) (trofeo)	taça (f)	['tasa]
premio (m)	prêmio (m)	['premju]
premio (m) principal	prêmio (m) principal	['premju prĩsi'paw]
record (m)	recorde (m)	[he'kɔrdʒi]
establecer un record	estabelecer um recorde	[istabele'ser ũ he'kɔrdʒi]
final (m)	final (m)	[fi'naw]
de final (adj)	final	[fi'naw]
campeón (m)	campeão (m)	[kã'pjãw]
campeonato (m)	campeonato (m)	[kãpjo'natu]
estadio (m)	estádio (m)	[is'tadʒu]
gradería (f)	arquibancadas (f pl)	[arkibã'kadas]
hincha (m)	fã, torcedor (m)	[fã], [torse'dor]
adversario (m)	adversário (m)	[adʒiver'sarju]
arrancadero (m)	partida (f)	[par'tʃida]
línea (f) de meta	linha (f) de chegada	['liɲa de ʃe'gada]
derrota (f)	derrota (f)	[de'hota]
perder (vi)	perder (vt)	[per'der]
árbitro (m)	árbitro, juiz (m)	[ar'bitru], [ʒwiz]
jurado (m)	júri (m)	['ʒuri]
cuenta (f)	resultado (m)	[hezuw'tadu]
empate (m)	empate (m)	[ẽ'patʃi]
empatar (vi)	empatar (vi)	[ẽpa'tar]
punto (m)	ponto (m)	['põtu]
resultado (m)	resultado (m) final	[hezuw'tadu fi'naw]
tiempo (m)	tempo (m)	['tẽpu]
descanso (m)	intervalo (m)	[ĩter'valu]
droga (f), doping (m)	doping (m)	['dɔpĩg]
penalizar (vt)	penalizar (vt)	[penali'zar]
descalificar (vt)	desqualificar (vt)	[dʒiskwalifi'kar]
aparato (m)	aparelho, aparato (m)	[apa'reʎu], [apa'ratu]
jabalina (f)	dardo (m)	['dardu]

peso (m) (lanzamiento de ~)	**peso** (m)	['pezu]
bola (f) (billar, etc.)	**bola** (f)	['bɔla]

objetivo (m)	**alvo** (m)	['awvu]
blanco (m)	**alvo** (m)	['awvu]
tirar (vi)	**disparar, atirar** (vi)	[dʒispa'rar], [atʃi'rar]
preciso (~ disparo)	**preciso**	[pre'sizu]

entrenador (m)	**treinador** (m)	[trejna'dor]
entrenar (vt)	**treinar** (vt)	[trej'nar]
entrenarse (vr)	**treinar-se** (vr)	[trej'narsi]
entrenamiento (m)	**treino** (m)	['trejnu]

gimnasio (m)	**academia** (f) **de ginástica**	[akade'mia de ʒi'nastʃika]
ejercicio (m)	**exercício** (m)	[ezer'sisju]
calentamiento (m)	**aquecimento** (m)	[akesi'mẽtu]

La educación

| escuela (f) | escola (f) | [is'kɔla] |
| director (m) de escuela | diretor (m) de escola | [dʒire'tor de is'kɔla] |

alumno (m)	aluno (m)	[a'lunu]
alumna (f)	aluna (f)	[a'luna]
escolar (m)	estudante (m)	[istu'dãtʃi]
escolar (f)	estudante (f)	[istu'dãtʃi]

enseñar (vt)	ensinar (vt)	[ẽsi'nar]
aprender (ingles, etc.)	aprender (vt)	[aprë'der]
aprender de memoria	decorar (vt)	[deko'rar]

aprender (a leer, etc.)	estudar (vi)	[istu'dar]
estar en la escuela	estar na escola	[is'tar na is'kɔla]
ir a la escuela	ir à escola	[ir a is'kɔla]

| alfabeto (m) | alfabeto (m) | [awfa'bɛtu] |
| materia (f) | disciplina (f) | [dʒisi'plina] |

aula (f)	sala (f) de aula	['sala de 'awla]
lección (f)	lição, aula (f)	[li'sãw], ['awla]
recreo (m)	recreio (m)	[he'kreju]
campana (f)	toque (m)	['tɔki]
pupitre (m)	classe (f)	['klasi]
pizarra (f)	quadro (m) negro	['kwadru 'negru]

nota (f)	nota (f)	['nɔta]
buena nota (f)	boa nota (f)	['boa 'nɔta]
mala nota (f)	nota (f) baixa	['nɔta 'baɪʃa]
poner una nota	dar uma nota	[dar 'uma 'nɔta]

falta (f)	erro (m)	['ehu]
hacer faltas	errar (vi)	[e'har]
corregir (un error)	corrigir (vt)	[kohi'ʒir]
chuleta (f)	cola (f)	['kɔla]

| deberes (m pl) de casa | dever (m) de casa | [de'ver de 'kaza] |
| ejercicio (m) | exercício (m) | [ezer'sisju] |

estar presente	estar presente	[is'tar pre'zẽtʃi]
estar ausente	estar ausente	[is'tar aw'zẽtʃi]
faltar a las clases	faltar às aulas	[faw'tar as 'awlas]

castigar (vt)	punir (vt)	[pu'nir]
castigo (m)	punição (f)	[puni'sãw]
conducta (f)	comportamento (m)	[kõporta'mẽtu]

libreta (f) de notas	boletim (m) escolar	[bole'tʃi isko'lar]
lápiz (m)	lápis (m)	['lapis]
goma (f) de borrar	borracha (f)	[bo'haʃa]
tiza (f)	giz (m)	[ʒiz]
cartuchera (f)	porta-lápis (m)	['pɔrta-'lapis]
mochila (f)	mala, pasta, mochila (f)	['mala], ['pasta], [mo'ʃila]
bolígrafo (m)	caneta (f)	[ka'neta]
cuaderno (m)	caderno (m)	[ka'dɛrnu]
manual (m)	livro (m) didático	['livru dʒi'datʃiku]
compás (m)	compasso (m)	[kõ'pasu]
trazar (vi, vt)	traçar (vt)	[tra'sar]
dibujo (m) técnico	desenho (m) técnico	[de'zɛɲu 'tɛkniku]
poema (m), poesía (f)	poesia (f)	[poe'zia]
de memoria (adv)	de cor	[de kɔr]
aprender de memoria	decorar (vt)	[deko'rar]
vacaciones (f pl)	férias (f pl)	['fɛrjas]
estar de vacaciones	estar de férias	[is'tar de 'fɛrjas]
pasar las vacaciones	passar as férias	[pa'sar as 'fɛrjas]
prueba (f) escrita	teste (m), prova (f)	['tɛstʃi], ['prɔva]
composición (f)	redação (f)	[heda'sãw]
dictado (m)	ditado (m)	[dʒi'tadu]
examen (m)	exame (m), prova (f)	[e'zami], ['prɔva]
hacer un examen	fazer prova	[fa'zer 'prɔva]
experimento (m)	experiência (f)	[ispe'rjẽsja]

143. Los institutos. La Universidad

academia (f)	academia (f)	[akade'mia]
universidad (f)	universidade (f)	[universi'dadʒi]
facultad (f)	faculdade (f)	[fakuw'dadʒi]
estudiante (m)	estudante (m)	[istu'dãtʃi]
estudiante (f)	estudante (f)	[istu'dãtʃi]
profesor (m)	professor (m)	[profe'sor]
aula (f)	auditório (m)	[awdʒi'tɔrju]
graduado (m)	graduado (m)	[gra'dwadu]
diploma (m)	diploma (m)	[dʒip'lɔma]
tesis (f) de grado	tese (f)	['tɛzi]
estudio (m)	estudo (m)	[is'tudu]
laboratorio (m)	laboratório (m)	[labora'tɔrju]
clase (f)	palestra (f)	[pa'lɛstra]
compañero (m) de curso	colega (m) de curso	[ko'lɛga de 'kursu]
beca (f)	bolsa (f) de estudos	['bowsa de is'tudus]
grado (m) académico	grau (m) acadêmico	['graw aka'demiku]

144. Las ciencias. Las disciplinas

matemáticas (f pl)	matemática (f)	[mate'matʃika]
álgebra (f)	álgebra (f)	['awʒebra]
geometría (f)	geometria (f)	[ʒeome'tria]

astronomía (f)	astronomia (f)	[astrono'mia]
biología (f)	biologia (f)	[bjolo'ʒia]
geografía (f)	geografia (f)	[ʒeogra'fia]
geología (f)	geologia (f)	[ʒeolo'ʒia]
historia (f)	história (f)	[is'tɔrja]

medicina (f)	medicina (f)	[medʒi'sina]
pedagogía (f)	pedagogia (f)	[pedago'ʒia]
derecho (m)	direito (m)	[dʒi'rejtu]

física (f)	física (f)	['fizika]
química (f)	química (f)	['kimika]
filosofía (f)	filosofia (f)	[filozo'fia]
psicología (f)	psicologia (f)	[psikolo'ʒia]

145. Los sistemas de escritura. La ortografía

gramática (f)	gramática (f)	[gra'matʃika]
vocabulario (m)	vocabulário (m)	[vokabu'larju]
fonética (f)	fonética (f)	[fo'nɛtʃika]

sustantivo (m)	substantivo (m)	[substã'tʃivu]
adjetivo (m)	adjetivo (m)	[adʒe'tʃivu]
verbo (m)	verbo (m)	['vɛrbu]
adverbio (m)	advérbio (m)	[adʒi'vɛrbju]

pronombre (m)	pronome (m)	[pro'nɔmi]
interjección (f)	interjeição (f)	[ĩterʒej'sãw]
preposición (f)	preposição (f)	[prepozi'sãw]

raíz (f), radical (m)	raiz (f)	[ha'iz]
desinencia (f)	terminação (f)	[termina'sãw]
prefijo (m)	prefixo (m)	[pre'fiksu]
sílaba (f)	sílaba (f)	['silaba]
sufijo (m)	sufixo (m)	[su'fiksu]

acento (m)	acento (m)	[a'sẽtu]
apóstrofo (m)	apóstrofo (m)	[a'pɔstrofu]

punto (m)	ponto (m)	['põtu]
coma (m)	vírgula (f)	['virgula]
punto y coma	ponto e vírgula (m)	['põtu e 'virgula]
dos puntos (m pl)	dois pontos (m pl)	['dojs 'põtus]
puntos (m pl) suspensivos	reticências (f pl)	[hetʃi'sẽsjas]

signo (m) de interrogación	ponto (m) de interrogाção	['põtu de ĩtehoga'sãw]
signo (m) de admiración	ponto (m) de exclamação	['põtu de isklama'sãw]

comillas (f pl)	aspas (f pl)	['aspas]
entre comillas	entre aspas	[ẽtri 'aspas]
paréntesis (m)	parênteses (m pl)	[pa'rẽtezis]
entre paréntesis	entre parênteses	[ẽtri pa'rẽtezis]

guión (m)	hífen (m)	['ifẽ]
raya (f)	travessão (m)	[trave'sãw]
blanco (m)	espaço (m)	[is'pasu]

| letra (f) | letra (f) | ['letra] |
| letra (f) mayúscula | letra (f) maiúscula | ['letra ma'juskula] |

| vocal (f) | vogal (f) | [vo'gaw] |
| consonante (m) | consoante (f) | [kõso'ãtʃi] |

oración (f)	frase (f)	['frazi]
sujeto (m)	sujeito (m)	[su'ʒejtu]
predicado (m)	predicado (m)	[predʒi'kadu]

línea (f)	linha (f)	['liɲa]
en una nueva línea	em uma nova linha	[ẽ 'uma 'nɔva 'liɲa]
párrafo (m)	parágrafo (m)	[pa'ragrafu]

palabra (f)	palavra (f)	[pa'lavra]
combinación (f) de palabras	grupo (m) de palavras	['grupu de pa'lavras]
expresión (f)	expressão (f)	[ispre'sãw]
sinónimo (m)	sinônimo (m)	[si'nonimu]
antónimo (m)	antônimo (m)	[ã'tonimu]

regla (f)	regra (f)	['hɛgra]
excepción (f)	exceção (f)	[ese'sãw]
correcto (adj)	correto	[ko'hɛtu]

conjugación (f)	conjugação (f)	[kõʒuga'sãw]
declinación (f)	declinação (f)	[deklina'sãw]
caso (m)	caso (m)	['kazu]
pregunta (f)	pergunta (f)	[per'gũta]
subrayar (vt)	sublinhar (vt)	[subli'ɲar]
línea (f) de puntos	linha (f) pontilhada	['liɲa põtʃi'ʎada]

146. Los idiomas extranjeros

lengua (f)	língua (f)	['lĩgwa]
extranjero (adj)	estrangeiro	[istrã'ʒejru]
lengua (f) extranjera	língua (f) estrangeira	['lĩgwa istrã'ʒejra]
estudiar (vt)	estudar (vt)	[istu'dar]
aprender (ingles, etc.)	aprender (vt)	[aprẽ'der]

leer (vi, vt)	ler (vt)	[ler]
hablar (vi, vt)	falar (vi)	[fa'lar]
comprender (vt)	entender (vt)	[ẽtẽ'der]
escribir (vt)	escrever (vt)	[iskre'ver]
rápidamente (adv)	rapidamente	[hapida'mẽtʃi]
lentamente (adv)	lentamente	[lẽta'mẽtʃi]

con fluidez (adv)	fluentemente	[fluẽte'mẽtʃi]
reglas (f pl)	regras (f pl)	['hɛgras]
gramática (f)	gramática (f)	[gra'matʃika]
vocabulario (m)	vocabulário (m)	[vokabu'larju]
fonética (f)	fonética (f)	[fo'nɛtʃika]

manual (m)	livro (m) didático	['livru dʒi'datʃiku]
diccionario (m)	dicionário (m)	[dʒisjo'narju]
manual (m) autodidáctico	manual (m) autodidático	[ma'nwaw awtɔdʒi'datʃiku]
guía (f) de conversación	guia (m) de conversação	['gia de kõversa'sãw]

casete (m)	fita (f) cassete	['fita ka'sɛtʃi]
videocasete (f)	videoteipe (m)	[vidʒju'tejpi]
disco compacto, CD (m)	CD, disco (m) compacto	['sede], ['dʒisku kõ'paktu]
DVD (m)	DVD (m)	[deve'de]

alfabeto (m)	alfabeto (m)	[awfa'bɛtu]
deletrear (vt)	soletrar (vt)	[sole'trar]
pronunciación (f)	pronúncia (f)	[pro'nũsja]

acento (m)	sotaque (m)	[so'taki]
con acento	com sotaque	[kõ so'taki]
sin acento	sem sotaque	[sẽ so'taki]

palabra (f)	palavra (f)	[pa'lavra]
significado (m)	sentido (m)	[sẽ'tʃidu]

cursos (m pl)	curso (m)	['kursu]
inscribirse (vr)	inscrever-se (vr)	[ĩskre'verse]
profesor (m) (~ de inglés)	professor (m)	[profe'sor]

traducción (f) (proceso)	tradução (f)	[tradu'sãw]
traducción (f) (texto)	tradução (f)	[tradu'sãw]
traductor (m)	tradutor (m)	[tradu'tor]
intérprete (m)	intérprete (m)	[ĩ'tɛrpretʃi]

políglota (m)	poliglota (m)	[pɔli'glɔta]
memoria (f)	memória (f)	[me'mɔrja]

147. Los personajes de los cuentos de hadas

Papá Noel (m)	Papai Noel (m)	[pa'paj nɔ'ɛl]
Cenicienta (f)	Cinderela (f)	[sĩde'rɛla]
sirena (f)	sereia (f)	[se'reja]
Neptuno (m)	Netuno (m)	[ne'tunu]

mago (m)	bruxo, feiticeiro (m)	['bruʃu], [fejtʃi'sejru]
maga (f)	fada (f)	['fada]
mágico (adj)	mágico	['maʒiku]
varita (f) mágica	varinha (f) mágica	[va'riɲa 'maʒika]

cuento (m) de hadas	conto (m) de fadas	['kõtu de 'fadas]
milagro (m)	milagre (m)	[mi'lagri]
enano (m)	anão (m)	[a'nãw]

transformarse en ...	transformar-se em ...	[trãsfor'marsi ẽ]
espíritu (m) (fantasma)	fantasma (m)	[fã'tazma]
fantasma (m)	fantasma (m)	[fã'tazma]
monstruo (m)	monstro (m)	['mõstru]
dragón (m)	dragão (m)	[dra'gãw]
gigante (m)	gigante (m)	[ʒi'gãtʃi]

148. Los signos de zodiaco

Aries (m)	Áries (f)	['aris]
Tauro (m)	Touro (m)	['toru]
Géminis (m pl)	Gêmeos (m pl)	['ʒemjus]
Cáncer (m)	Câncer (m)	['kãser]
Leo (m)	Leão (m)	[le'ãw]
Virgo (m)	Virgem (f)	['virʒẽ]
Libra (f)	Libra (f)	['libra]
Escorpio (m)	Escorpião (m)	[iskorpi'ãw]
Sagitario (m)	Sagitário (m)	[saʒi'tarju]
Capricornio (m)	Capricórnio (m)	[kapri'kɔrnju]
Acuario (m)	Aquário (m)	[a'kwarju]
Piscis (m pl)	Peixes (pl)	['pejʃis]
carácter (m)	caráter (m)	[ka'rater]
rasgos (m pl) de carácter	traços (m pl) do caráter	['trasus du ka'rater]
conducta (f)	comportamento (m)	[kõporta'mẽtu]
decir la buenaventura	prever a sorte	[pre'ver a 'sɔrtʃi]
adivinadora (f)	adivinha (f)	[adʒi'viɲa]
horóscopo (m)	horóscopo (m)	[o'rɔskopu]

El arte

teatro (m)	teatro (m)	['tʃatru]
ópera (f)	ópera (f)	['ɔpera]
opereta (f)	opereta (f)	[ope'reta]
ballet (m)	balé (m)	[ba'lɛ]
cartelera (f)	cartaz (m)	[kar'taz]
compañía (f) de teatro	companhia (f) de teatro	[kõpa'ɲia de 'tʃatru]
gira (f) artística	turnê (f)	[tur'ne]
hacer una gira artística	estar em turnê	[is'tar ẽ tur'ne]
ensayar (vi, vt)	ensaiar (vt)	[ẽsa'jar]
ensayo (m)	ensaio (m)	[ẽ'saju]
repertorio (m)	repertório (m)	[heper'tɔrju]
representación (f)	apresentação (f)	[aprezẽta'sãw]
espectáculo (m)	espetáculo (m)	[ispe'takulu]
pieza (f) de teatro	peça (f)	['pɛsa]
billet (m)	entrada (m)	[ẽ'trada]
taquilla (f)	bilheteira (f)	[biʎe'tejra]
vestíbulo (m)	hall (m)	[hɔw]
guardarropa (f)	vestiário (m)	[ves'tʃarju]
ficha (f) de guardarropa	senha (f) numerada	['seɲa nume'rada]
gemelos (m pl)	binóculo (m)	[bi'nɔkulu]
acomodador (m)	lanterninha (m, f)	[lãter'niɲa]
patio (m) de butacas	plateia (f)	[pla'tɛja]
balconcillo (m)	balcão (m)	[baw'kãw]
entresuelo (m)	primeiro balcão (m)	[pri'mejru baw'kãw]
palco (m)	camarote (m)	[kama'rɔtʃi]
fila (f)	fila (f)	['fila]
asiento (m)	assento (m)	[a'sẽtu]
público (m)	público (m)	['publiku]
espectador (m)	espectador (m)	[ispekta'dor]
aplaudir (vi, vt)	aplaudir (vt)	[aplaw'dʒir]
aplausos (m pl)	aplauso (m)	[a'plawzu]
ovación (f)	ovação (f)	[ova'sãw]
escenario (m)	palco (m)	['pawku]
telón (m)	cortina (f)	[kor'tʃina]
decoración (f)	cenário (m)	[se'narju]
bastidores (m pl)	bastidores (m pl)	[bastʃi'doris]
escena (f)	cena (f)	['sɛna]
acto (m)	ato (m)	['atu]
entreacto (m)	intervalo (m)	[ĩter'valu]

150. El cine

actor (m)	ator (m)	[a'tor]
actriz (f)	atriz (f)	[a'triz]

cine (m) (industria)	cinema (m)	[si'nɛma]
película (f)	filme (m)	['fiwmi]
episodio (m)	episódio (m)	[epi'zɔdʒu]

película (f) policíaca	filme (m) policial	['fiwmi poli'sjaw]
película (f) de acción	filme (m) de ação	['fiwmi de a'sãw]
película (f) de aventura	filme (m) de aventuras	['fiwmi de avẽ'turas]
película (f) de ciencia ficción	filme (m) de ficção científica	['fiwmi de fik'sãw sjẽ'tʃifika]
película (f) de horror	filme (m) de horror	['fiwmi de o'hor]

película (f) cómica	comédia (f)	[ko'mɛdʒja]
melodrama (m)	melodrama (m)	[melo'drama]
drama (m)	drama (m)	['drama]

película (f) de ficción	filme (m) de ficção	['fiwmi de fik'sãw]
documental (m)	documentário (m)	[dokumẽ'tarju]
dibujos (m pl) animados	desenho (m) animado	[de'zɛɲu ani'madu]
cine (m) mudo	cinema (m) mudo	[si'nɛma 'mudu]

papel (m)	papel (m)	[pa'pɛw]
papel (m) principal	papel (m) principal	[pa'pɛw prĩsi'paw]
interpretar (vt)	representar (vt)	[heprezẽ'tar]

estrella (f) de cine	estrela (f) de cinema	[is'trela de si'nɛma]
conocido (adj)	conhecido	[koɲe'sidu]
famoso (adj)	famoso	[fa'mozu]
popular (adj)	popular	[popu'lar]

guión (m) de cine	roteiro (m)	[ho'tejru]
guionista (m)	roteirista (m)	[hotej'rista]
director (m) de cine	diretor (m) de cinema	[dʒire'tor de si'nɛma]
productor (m)	produtor (m)	[produ'tor]
asistente (m)	assistente (m)	[asis'tẽtʃi]
operador (m) de cámara	diretor (m) de fotografia	[dʒire'tor de fotogra'fia]
doble (m) de riesgo	dublê (m)	[du'ble]
doble (m)	dublê (m) de corpo	[du'ble de korpu]

filmar una película	filmar (vt)	[fiw'mar]
audición (f)	audição (f)	[awdʒi'sãw]
rodaje (m)	filmagem (f)	[fiw'maʒẽ]
equipo (m) de rodaje	equipe (f) de filmagem	[e'kipi de fiw'maʒẽ]
plató (m) de rodaje	set (m) de filmagem	['sɛtʃi de fiw'maʒẽ]
cámara (f)	câmera (f)	['kamera]

cine (m) (iremos al ~)	cinema (m)	[si'nɛma]
pantalla (f)	tela (f)	['tɛla]
mostrar la película	exibir um filme	[ezi'bir ũ 'fiwmi]

pista (f) sonora	trilha (f) sonora	['triʎa so'nɔra]
efectos (m pl) especiales	efeitos (m pl) especiais	[e'fejtus ispe'sjajs]

subtítulos (m pl)	legendas (f pl)	[le'ʒẽdas]
créditos (m pl)	crédito (m)	['krɛdʒitu]
traducción (f)	tradução (f)	[tradu'sãw]

151. La pintura

arte (m)	arte (f)	['artʃi]
bellas artes (f pl)	belas-artes (f pl)	[bɛlaz 'artʃis]
galería (f) de arte	galeria (f) de arte	[gale'ria de 'artʃi]
exposición (f) de arte	exibição (f) de arte	[ezibi'sãw de 'artʃi]

pintura (f) (tipo de arte)	pintura (f)	[pĩ'tura]
gráfica (f)	arte (f) gráfica	['artʃis 'grafikas]
abstraccionismo (m)	arte (f) abstrata	['artʃi abs'trata]
impresionismo (m)	impressionismo (m)	[ĩpresjo'nizmu]

pintura (f) (cuadro)	pintura (f), quadro (m)	[pĩ'tura], ['kwadru]
dibujo (m)	desenho (m)	[de'zɛɲu]
pancarta (f)	pôster (m)	['poster]

ilustración (f)	ilustração (f)	[ilustra'sãw]
miniatura (f)	miniatura (f)	[minja'tura]
copia (f)	cópia (f)	['kɔpja]
reproducción (f)	reprodução (f)	[heprodu'sãw]

mosaico (m)	mosaico (m)	[mo'zajku]
vitral (m)	vitral (m)	[vi'traw]
fresco (m)	afresco (m)	[a'fresku]
grabado (m)	gravura (f)	[gra'vura]

busto (m)	busto (m)	['bustu]
escultura (f)	escultura (f)	[iskuw'tura]
estatua (f)	estátua (f)	[is'tatwa]
yeso (m)	gesso (m)	['ʒesu]
en yeso (adj)	em gesso	[ẽ 'ʒesu]

retrato (m)	retrato (m)	[he'tratu]
autorretrato (m)	autorretrato (m)	[awtohe'tratu]
paisaje (m)	paisagem (f)	[paj'zaʒẽ]
naturaleza (f) muerta	natureza (f) morta	[natu'reza 'mɔrta]
caricatura (f)	caricatura (f)	[karika'tura]
boceto (m)	esboço (m)	[iz'bosu]

pintura (f) (material)	tinta (f)	[tʃĩta]
acuarela (f)	aquarela (f)	[akwa'rɛla]
óleo (m)	tinta (f) a óleo	[tʃĩta a 'ɔlju]
lápiz (m)	lápis (m)	['lapis]
tinta (f) china	tinta (f) nanquim	[tʃĩta nã'kĩ]
carboncillo (m)	carvão (m)	[kar'vãw]

dibujar (vi, vt)	desenhar (vt)	[deze'ɲar]
pintar (vi, vt)	pintar (vt)	[pĩ'tar]
posar (vi)	posar (vi)	[po'zar]
modelo (m)	modelo (m)	[mo'delu]

modelo (f)	modelo (f)	[mo'delu]
pintor (m)	pintor (m)	[pĩ'tor]
obra (f) de arte	obra (f)	['ɔbra]
obra (f) maestra	obra-prima (f)	['ɔbra 'prima]
estudio (m) (de un artista)	estúdio (m)	[is'tudʒu]
lienzo (m)	tela (f)	['tɛla]
caballete (m)	cavalete (m)	[kava'letʃi]
paleta (f)	paleta (f)	[pa'leta]
marco (m)	moldura (f)	[mow'dura]
restauración (f)	restauração (f)	[hestawra'sãw]
restaurar (vt)	restaurar (vt)	[hestaw'rar]

152. La literatura y la poesía

literatura (f)	literatura (f)	[litera'tura]
autor (m) (escritor)	autor (m)	[aw'tor]
seudónimo (m)	pseudônimo (m)	[psew'donimu]
libro (m)	livro (m)	['livru]
tomo (m)	volume (m)	[vo'lumi]
tabla (f) de contenidos	índice (m)	['indʒisi]
página (f)	página (f)	['paʒina]
héroe (m) principal	protagonista (m)	[protago'nista]
autógrafo (m)	autógrafo (m)	[aw'tɔgrafu]
relato (m) corto	conto (m)	['kõtu]
cuento (m)	novela (f)	[no'vɛla]
novela (f)	romance (m)	[ho'mãsi]
obra (f) literaria	obra (f)	['ɔbra]
fábula (f)	fábula (m)	['fabula]
novela (f) policíaca	romance (m) policial	[ho'mãsi poli'sjaw]
verso (m)	verso (m)	['vɛrsu]
poesía (f)	poesia (f)	[poe'zia]
poema (m)	poema (m)	['pwema]
poeta (m)	poeta (m)	['pwɛta]
bellas letras (f pl)	ficção (f)	[fik'sãw]
ciencia ficción (f)	ficção (f) científica	[fik'sãw sjë'tʃifika]
aventuras (f pl)	aventuras (f pl)	[avë'turas]
literatura (f) didáctica	literatura (f) didática	[litera'tura dʒi'datʃika]
literatura (f) infantil	literatura (f) infantil	[litera'tura ĩfã'tʃiw]

153. El circo

circo (m)	circo (m)	['sirku]
circo (m) ambulante	circo (m) ambulante	['sirku ãbu'lãtʃi]
programa (m)	programa (m)	[pro'grama]
representación (f)	apresentação (f)	[aprezëta'sãw]
número (m)	número (m)	['numeru]

arena (f)	picadeiro (f)	[pika'dejru]
pantomima (f)	pantomima (f)	[pãto'mima]
payaso (m)	palhaço (m)	[pa'ʎasu]

acróbata (m)	acrobata (m)	[akro'bata]
acrobacia (f)	acrobacia (f)	[akroba'sia]
gimnasta (m)	ginasta (m)	[ʒi'nasta]
gimnasia (f) acrobática	ginástica (f)	[ʒi'nastʃika]
salto (m)	salto (m) mortal	['sawtu mor'taw]

forzudo (m)	homem (m) forte	['omẽ 'fortʃi]
domador (m)	domador (m)	[doma'dor]
caballista (m)	cavaleiro (m) equilibrista	[kava'lejru ekili'brista]
asistente (m)	assistente (m)	[asis'tẽtʃi]

truco (m)	truque (m)	['truki]
truco (m) de magia	truque (m) de mágica	['truki de 'maʒika]
ilusionista (m)	ilusionista (m)	[iluzjo'nista]

malabarista (m)	malabarista (m)	[malaba'rista]
malabarear (vt)	fazer malabarismos	[fa'zer malaba'rizmus]
amaestrador (m)	adestrador (m)	[adestra'dor]
amaestramiento (m)	adestramento (m)	[adestra'mẽtu]
amaestrar (vt)	adestrar (vt)	[ades'trar]

154. La música. La música popular

música (f)	música (f)	['muzika]
músico (m)	músico (m)	['muziku]
instrumento (m) musical	instrumento (m) musical	[ĩstru'mẽtu muzi'kaw]
tocar ...	tocar ...	[to'kar]

guitarra (f)	guitarra (f)	[gi'taha]
violín (m)	violino (m)	[vjo'linu]
violonchelo (m)	violoncelo (m)	[vjolõ'sɛlu]
contrabajo (m)	contrabaixo (m)	[kõtra'baɪʃu]
arpa (f)	harpa (f)	['arpa]

piano (m)	piano (m)	['pjanu]
piano (m) de cola	piano (m) de cauda	['pjanu de 'kawda]
órgano (m)	órgão (m)	['ɔrgãw]

instrumentos (m pl) de viento	instrumentos (m pl) de sopro	[ĩstru'mẽtus de 'sopru]
oboe (m)	oboé (m)	[o'bwɛ]
saxofón (m)	saxofone (m)	[sakso'fɔni]
clarinete (m)	clarinete (m)	[klari'netʃi]
flauta (f)	flauta (f)	['flawta]
trompeta (f)	trompete (m)	[trõ'pɛte]

| acordeón (m) | acordeão (m) | [akor'dʒjãw] |
| tambor (m) | tambor (m) | [tã'bor] |

| dúo (m) | dueto (m) | ['dwetu] |
| trío (m) | trio (m) | ['triu] |

cuarteto (m)	quarteto (m)	[kwar'tetu]
coro (m)	coro (m)	['koru]
orquesta (f)	orquestra (f)	[or'kɛstra]
música (f) pop	música (f) pop	['muzika 'pɔpi]
música (f) rock	música (f) rock	['muzika 'hɔki]
grupo (m) de rock	grupo (m) de rock	['grupu de 'hɔki]
jazz (m)	jazz (m)	[dʒɛz]
ídolo (m)	ídolo (m)	['idolu]
admirador (m)	fã, admirador (m)	[fã], [adʒimira'dor]
concierto (m)	concerto (m)	[kõ'sertu]
sinfonía (f)	sinfonia (f)	[sĩfo'nia]
composición (f)	composição (f)	[kõpozi'sãw]
escribir (vt)	compor (vt)	[kõ'por]
canto (m)	canto (m)	['kãtu]
canción (f)	canção (f)	[kã'sãw]
melodía (f)	melodia (f)	[melo'dʒia]
ritmo (m)	ritmo (m)	['hitʃmu]
blues (m)	blues (m)	[bluz]
notas (f pl)	notas (f pl)	['nɔtas]
batuta (f)	batuta (f)	[ba'tuta]
arco (m)	arco (m)	['arku]
cuerda (f)	corda (f)	['kɔrda]
estuche (m)	estojo (m)	[is'toʒu]

El descanso. El entretenimiento. El viaje

turismo (m)	**turismo** (m)	[tu'rizmu]
turista (m)	**turista** (m)	[tu'rista]
viaje (m)	**viagem** (f)	['vjaʒẽ]
aventura (f)	**aventura** (f)	[avẽ'tura]
viaje (m) (p.ej. ~ en coche)	**viagem** (f)	['vjaʒẽ]
vacaciones (f pl)	**férias** (f pl)	['fɛrjas]
estar de vacaciones	**estar de férias**	[is'tar de 'fɛrjas]
descanso (m)	**descanso** (m)	[dʒis'kãsu]
tren (m)	**trem** (m)	[trẽj]
en tren	**de trem**	[de trẽj]
avión (m)	**avião** (m)	[a'vjãw]
en avión	**de avião**	[de a'vjãw]
en coche	**de carro**	[de 'kaho]
en barco	**de navio**	[de na'viu]
equipaje (m)	**bagagem** (f)	[ba'gaʒẽ]
maleta (f)	**mala** (f)	['mala]
carrito (m) de equipaje	**carrinho** (m)	[ka'hiɲu]
pasaporte (m)	**passaporte** (m)	[pasa'pɔrtʃi]
visado (m)	**visto** (m)	['vistu]
billete (m)	**passagem** (f)	[pa'saʒẽ]
billete (m) de avión	**passagem** (f) **aérea**	[pa'saʒẽ a'erja]
guía (f) (libro)	**guia** (m) **de viagem**	['gia de vi'aʒẽ]
mapa (m)	**mapa** (m)	['mapa]
área (f) (~ rural)	**área** (f)	['arja]
lugar (m)	**lugar** (m)	[lu'gar]
exotismo (m)	**exotismo** (m)	[ezo'tʃizmu]
exótico (adj)	**exótico**	[e'zɔtʃiku]
asombroso (adj)	**surpreendente**	[surprjẽ'dẽtʃi]
grupo (m)	**grupo** (m)	['grupu]
excursión (f)	**excursão** (f)	[iskur'sãw]
guía (m) (persona)	**guia** (m)	['gia]

hotel (m)	**hotel** (m)	[o'tɛw]
motel (m)	**motel** (m)	[mo'tɛw]
de tres estrellas	**três estrelas**	['tres is'trelas]

de cinco estrellas	cinco estrelas	['sĩku is'trelas]
hospedarse (vr)	ficar (vi, vt)	[fi'kar]

habitación (f)	quarto (m)	['kwartu]
habitación (f) individual	quarto (m) individual	['kwartu ĩdʒivi'dwaw]
habitación (f) doble	quarto (m) duplo	['kwartu 'duplu]
reservar una habitación	reservar um quarto	[hezer'var ũ 'kwartu]

media pensión (f)	meia pensão (f)	['meja pẽ'sãw]
pensión (f) completa	pensão (f) completa	[pẽ'sãw kõ'plɛta]

con baño	com banheira	[kõ ba'ɲejra]
con ducha	com chuveiro	[kõ ʃu'vejru]
televisión (f) satélite	televisão (m) por satélite	[televi'zãw por sa'tɛlitʃi]
climatizador (m)	ar (m) condicionado	[ar kõdʒisjo'nadu]
toalla (f)	toalha (f)	[to'aʎa]
llave (f)	chave (f)	['ʃavi]

administrador (m)	administrador (m)	[adʒiministra'dor]
camarera (f)	camareira (f)	[kama'rejra]
maletero (m)	bagageiro (m)	[baga'ʒejru]
portero (m)	porteiro (m)	[por'tejru]

restaurante (m)	restaurante (m)	[hestaw'rãtʃi]
bar (m)	bar (m)	[bar]
desayuno (m)	café (m) da manhã	[ka'fɛ da ma'ɲã]
cena (f)	jantar (m)	[ʒã'tar]
buffet (m) libre	bufê (m)	[bu'fe]

vestíbulo (m)	saguão (m)	[sa'gwãw]
ascensor (m)	elevador (m)	[eleva'dor]

NO MOLESTAR	NÃO PERTURBE	['nãw per'turbi]
PROHIBIDO FUMAR	PROIBIDO FUMAR!	[proi'bidu fu'mar]

157. Los libros. La lectura

libro (m)	livro (m)	['livru]
autor (m)	autor (m)	[aw'tor]
escritor (m)	escritor (m)	[iskri'tor]
escribir (~ un libro)	escrever (vt)	[iskre'ver]

lector (m)	leitor (m)	[lej'tor]
leer (vi, vt)	ler (vt)	[ler]
lectura (f)	leitura (f)	[lej'tura]

en silencio	para si	['para si]
en voz alta	em voz alta	[ẽ vɔz 'awta]

editar (vt)	publicar (vt)	[publi'kar]
edición (f) (~ de libros)	publicação (f)	[publika'sãw]
editor (m)	editor (m)	[edʒi'tor]
editorial (f)	editora (f)	[edʒi'tora]
salir (libro)	sair (vi)	[sa'ir]

| salida (f) (de un libro) | lançamento (m) | [lãsa'mẽtu] |
| tirada (f) | tiragem (f) | [tʃi'raʒẽ] |

| librería (f) | livraria (f) | [livra'ria] |
| biblioteca (f) | biblioteca (f) | [bibljo'tɛka] |

cuento (m)	novela (f)	[no'vɛla]
relato (m) corto	conto (m)	['kõtu]
novela (f)	romance (m)	[ho'mãsi]
novela (f) policíaca	romance (m) policial	[ho'mãsi poli'sjaw]

memorias (f pl)	memórias (f pl)	[me'mɔrias]
leyenda (f)	lenda (f)	['lẽda]
mito (m)	mito (m)	['mitu]

versos (m pl)	poesia (f)	[poe'zia]
autobiografía (f)	autobiografia (f)	[awtobjogra'fia]
obras (f pl) escogidas	obras (f pl) escolhidas	['ɔbraʃ isko'ʎidas]
ciencia ficción (f)	ficção (f) científica	[fik'sãw sjẽ'tʃifika]

título (m)	título (m)	['tʃitulu]
introducción (f)	introdução (f)	[ĩtrodu'sãw]
portada (f)	folha (f) de rosto	['foʎa de 'hostu]

capítulo (m)	capítulo (m)	[ka'pitulu]
extracto (m)	excerto (m)	[e'sɛrtu]
episodio (m)	episódio (m)	[epi'zɔdʒu]

sujeto (m)	enredo (m)	[ẽ'hedu]
contenido (m)	conteúdo (m)	[kõte'udu]
tabla (f) de contenidos	índice (m)	['ĩdʒisi]
héroe (m) principal	protagonista (m)	[protago'nista]

tomo (m)	volume (m)	[vo'lumi]
cubierta (f)	capa (f)	['kapa]
encuadernado (m)	encadernação (f)	[ẽkaderna'sãw]
marcador (m) de libro	marcador (m) de página	[marka'dor de 'paʒina]

página (f)	página (f)	['paʒina]
hojear (vt)	folhear (vt)	[fo'ʎjar]
márgenes (m pl)	margem (f)	['marʒẽ]
anotación (f)	anotação (f)	[anota'sãw]
nota (f) a pie de página	nota (f) de rodapé	['nɔta de hoda'pɛ]

texto (m)	texto (m)	['testu]
fuente (f)	fonte (f)	['fõtʃi]
errata (f)	falha (f) de impressão	['faʎa de impre'sãw]

traducción (f)	tradução (f)	[tradu'sãw]
traducir (vt)	traduzir (vt)	[tradu'zir]
original (m)	original (m)	[oriʒi'naw]

famoso (adj)	famoso	[fa'mozu]
desconocido (adj)	desconhecido	[dʒiskoɲe'sidu]
interesante (adj)	interessante	[ĩtere'sãtʃi]
best-seller (m)	best-seller (m)	[bɛst'sɛler]

diccionario (m)	dicionário (m)	[dʒisjo'narju]
manual (m)	livro (m) didático	['livru dʒi'datʃiku]
enciclopedia (f)	enciclopédia (f)	[ẽsiklo'pɛdʒa]

158. La caza. La pesca

caza (f)	caça (f)	['kasa]
cazar (vi, vt)	caçar (vi)	[ka'sar]
cazador (m)	caçador (m)	[kasa'dor]

tirar (vi)	disparar, atirar (vi)	[dʒispa'rar], [atʃi'rar]
fusil (m)	rifle (m)	['hifli]
cartucho (m)	cartucho (m)	[kar'tuʃu]
perdigón (m)	chumbo (m) de caça	['ʃũbu de 'kasa]

cepo (m)	armadilha (f)	arma'dʒiʎa]
trampa (f)	armadilha (f)	arma'dʒiʎa]
caer en el cepo	cair na armadilha	[ka'ir na arma'dʒiʎa]
poner un cepo	pôr a armadilha	['por a arma'dʒiʎa]

cazador (m) furtivo	caçador (m) furtivo	[kasa'dor fur'tʃivu]
caza (f) menor	caça (f)	['kasa]
perro (m) de caza	cão (m) de caça	['kãw de 'kasa]
safari (m)	safári (m)	[sa'fari]
animal (m) disecado	animal (m) empalhado	[ani'maw ẽpa'ʎadu]

pescador (m)	pescador (m)	[peska'dor]
pesca (f)	pesca (f)	['pɛska]
pescar (vi)	pescar (vt)	[pes'kar]

caña (f) de pescar	vara (f) de pesca	['vara de 'pɛska]
sedal (m)	linha (f) de pesca	['liɲa de 'pɛska]
anzuelo (m)	anzol (m)	[ã'zɔw]

| flotador (m) | boia (f), flutuador (m) | ['bɔja], [flutwa'dor] |
| cebo (m) | isca (f) | ['iska] |

| lanzar el anzuelo | lançar a linha | [lã'sar a 'liɲa] |
| picar (vt) | morder (vt) | [mor'der] |

| pesca (f) (lo pescado) | pesca (f) | ['pɛska] |
| agujero (m) en el hielo | buraco (m) no gelo | [bu'raku nu 'ʒelu] |

red (f)	rede (f)	['hedʒi]
barca (f)	barco (m)	['barku]
pescar con la red	pescar com rede	[pes'kar kõ 'hedʒi]
tirar la red	lançar a rede	[lã'sar a 'hedʒi]

| sacar la red | puxar a rede | [pu'ʃar a 'hedʒi] |
| caer en la red | cair na rede | [ka'ir na 'hedʒi] |

ballenero (m) (persona)	baleeiro (m)	[bale'ejro]
ballenero (m) (barco)	baleeira (f)	[bale'ejra]
arpón (m)	arpão (m)	[ar'pãw]

159. Los juegos. El billar

billar (m)	bilhar (m)	[bi'ʎar]
sala (f) de billar	sala (f) de bilhar	['sala de bi'ʎar]
bola (f) de billar	bola (f) de bilhar	['bɔla de bi'ʎar]

entronerar la bola	embolsar uma bola	[ēbow'sar 'uma 'bɔla]
taco (m)	taco (m)	['taku]
tronera (f)	caçapa (f)	[ka'sapa]

160. Los juegos. Las cartas

carta (f)	carta (f) de jogar	['karta de ʒo'gar]
cartas (f pl)	cartas (f pl)	['kartas]
baraja (f)	baralho (m)	[ba'raʎu]
triunfo (m)	trunfo (m)	['trũfu]

cuadrados (m pl)	ouros (m pl)	['orus]
picas (f pl)	espadas (f pl)	[is'padas]
corazones (m pl)	copas (f pl)	['kɔpas]
tréboles (m pl)	paus (m pl)	['paws]

as (m)	ás (m)	[ajs]
rey (m)	rei (m)	[hej]
dama (f)	dama (f), rainha (f)	['dama], [ha'iɲa]
sota (f)	valete (m)	[va'lɛtʃi]

dar, distribuir (repartidor)	dar, distribuir (vt)	[dar], [dʒistri'bwir]
barajar (vt) (mezclar las cartas)	embaralhar (vt)	[ēbara'ʎar]
jugada (f) (turno)	vez, jogada (f)	[vez], [ʒo'gada]
punto (m)	ponto (m)	['põtu]
fullero (m)	trapaceiro (m)	[trapa'sejru]

161. El casino. La ruleta

casino (m)	cassino (m)	[ka'sinu]
ruleta (f)	roleta (f)	[ho'leta]
puesta (f)	aposta (f)	[a'pɔsta]
apostar (vt)	apostar (vt)	[apos'tar]

rojo (m)	vermelho (m)	[ver'meʎu]
negro (m)	preto (m)	['pretu]
apostar al rojo	apostar no vermelho	[apos'tar nu ver'meʎu]
apostar al negro	apostar no preto	[apos'tar nu 'pretu]

crupier (m, f)	croupier (m, f)	[kru'pje]
reglas (f pl) de juego	regras (f pl) do jogo	['hɛgras du 'ʒogu]
ficha (f)	ficha (f)	['fiʃa]
ganar (vi, vt)	ganhar (vi, vt)	[ga'ɲar]
ganancia (f)	ganho (m)	['gaɲu]

| perder (vi) | perder (vt) | [per'der] |
| pérdida (f) | perda (f) | ['perda] |

jugador (m)	jogador (m)	[ʒoga'dor]
black jack (m)	blackjack, vinte-e-um (m)	[blɛk'ʒɛk], ['vĩtʃi-ɛ-ũ]
juego (m) de dados	jogo (m) de dados	['ʒogu de 'dadus]
dados (m pl)	dados (m pl)	['dadus]
tragaperras (f)	caça-níqueis (m)	['kasa 'nikews]

162. El descanso. Los juegos. Miscelánea

pasear (vi)	passear (vi)	[pa'sjar]
paseo (m) (caminata)	passeio (m)	[pa'seju]
paseo (m) (en coche)	viagem (f) de carro	['vjaʒẽ de 'kaho]
aventura (f)	aventura (f)	[avẽ'tura]
picnic (m)	piquenique (m)	[piki'niki]

juego (m)	jogo (m)	['ʒogu]
jugador (m)	jogador (m)	[ʒoga'dor]
partido (m)	partida (f)	[par'tʃida]

coleccionista (m)	colecionador (m)	[kolesjona'dor]
coleccionar (vt)	colecionar (vt)	[kolesjo'nar]
colección (f)	coleção (f)	[kole'sãw]

crucigrama (m)	palavras (f pl) cruzadas	[pa'lavras kru'zadas]
hipódromo (m)	hipódromo (m)	[i'pɔdromu]
discoteca (f)	discoteca (f)	[dʒisko'tɛka]

| sauna (f) | sauna (f) | ['sawna] |
| lotería (f) | loteria (f) | [lote'ria] |

marcha (f)	campismo (m)	[kã'pizmu]
campo (m)	acampamento (m)	[akãpa'mẽtu]
campista (m)	campista (m)	[kã'pista]
tienda (f) de campaña	barraca (f)	[ba'haka]
brújula (f)	bússola (f)	['busola]

ver (la televisión)	ver (vt), assistir à ...	[ver], [asis'tʃir a]
telespectador (m)	telespectador (m)	[telespekta'dor]
programa (m) de televisión	programa (m) de TV	[pro'grama de te've]

163. La fotografía

| cámara (f) fotográfica | máquina (f) fotográfica | ['makina foto'grafika] |
| fotografía (f) (una foto) | foto, fotografia (f) | ['fɔtu], [fotogra'fia] |

fotógrafo (m)	fotógrafo (m)	[fo'tɔgrafu]
estudio (m) fotográfico	estúdio (m) fotográfico	[is'tudʒu foto'grafiku]
álbum (m) de fotos	álbum (m) de fotografias	['awbũ de fotogra'fias]
objetivo (m)	lente (f) fotográfica	['lẽtʃi foto'grafika]
teleobjetivo (m)	lente (f) teleobjetiva	['lẽtʃi teleobʒe'tʃiva]

filtro (m)	**filtro** (m)	['fiwtru]
lente (m)	**lente** (f)	['lẽtʃi]
óptica (f)	**ótica** (f)	['ɔtʃika]
diafragma (m)	**abertura** (f)	[aber'tura]
tiempo (m) de exposición	**exposição** (f)	[ispozi'sãw]
visor (m)	**visor** (m)	[vi'zor]
cámara (f) digital	**câmera** (f) **digital**	['kamera ʤiʒi'taw]
trípode (m)	**tripé** (m)	[tri'pɛ]
flash (m)	**flash** (m)	[flaʃ]
fotografiar (vt)	**fotografar** (vt)	[fotogra'far]
hacer fotos	**tirar fotos**	[tʃi'rar 'fɔtus]
fotografiarse (vr)	**fotografar-se** (vr)	[fotogra'farse]
foco (m)	**foco** (m)	['fɔku]
enfocar (vt)	**focar** (vt)	[fo'kar]
nítido (adj)	**nítido**	['nitʃidu]
nitidez (f)	**nitidez** (f)	[nitʃi'dez]
contraste (m)	**contraste** (m)	[kõ'trastʃi]
de alto contraste (adj)	**contrastante**	[kõtras'tãtʃi]
foto (f)	**retrato** (m)	[he'tratu]
negativo (m)	**negativo** (m)	[nega'tʃivu]
película (f) fotográfica	**filme** (m)	['fiwmi]
fotograma (m)	**fotograma** (m)	[foto'grama]
imprimir (vt)	**imprimir** (vt)	[ĩpri'mir]

164. La playa. La natación

playa (f)	**praia** (f)	['praja]
arena (f)	**areia** (f)	[a'reja]
desierto (playa ~a)	**deserto**	[de'zɛrtu]
bronceado (m)	**bronzeado** (m)	[brõ'zjadu]
broncearse (vr)	**bronzear-se** (vr)	[brõ'zjarsi]
bronceado (adj)	**bronzeado**	[brõ'zjadu]
protector (m) solar	**protetor** (m) **solar**	[prute'tor so'lar]
bikini (m)	**biquíni** (m)	[bi'kini]
traje (m) de baño	**maiô** (m)	[ma'jo]
bañador (m)	**calção** (m) **de banho**	[kaw'sãw de 'baɲu]
piscina (f)	**piscina** (f)	[pi'sina]
nadar (vi)	**nadar** (vi)	[na'dar]
ducha (f)	**chuveiro** (m), **ducha** (f)	[ʃu'vejru], ['duʃa]
cambiarse (vr)	**mudar, trocar** (vt)	[mu'dar], [tro'kar]
toalla (f)	**toalha** (f)	[to'aʎa]
barca (f)	**barco** (m)	['barku]
lancha (f) motora	**lancha** (f)	['lãʃa]
esquís (m pl) acuáticos	**esqui** (m) **aquático**	[is'ki a'kwatʃiku]

bicicleta (f) acuática	barco (m) de pedais	['barku de pe'dajs]
surf (m)	surfe (m)	['surfi]
surfista (m)	surfista (m)	[sur'fista]

equipo (m) de buceo	equipamento (m) de mergulho	[ekipa'mẽtu de mer'guʎu]
aletas (f pl)	pé (m pl) de pato	[pɛ de 'patu]
máscara (f) de buceo	máscara (f)	['maskara]
buceador (m)	mergulhador (m)	[merguʎa'dor]
bucear (vi)	mergulhar (vi)	[mergu'ʎar]
bajo el agua (adv)	debaixo d'água	[de'baɪʃu 'dagwa]

sombrilla (f)	guarda-sol (m)	['gwarda 'sɔw]
tumbona (f)	espreguiçadeira (f)	[ispregisa'dejra]
gafas (f pl) de sol	óculos (m pl) de sol	['ɔkulus de 'sɔw]
colchoneta (f) inflable	colchão (m) de ar	[kow'ʃãw de 'ar]

jugar (divertirse)	brincar (vi)	[brĩ'kar]
bañarse (vr)	ir nadar	[ir na'dar]

pelota (f) de playa	bola (f) de praia	['bola de 'praja]
inflar (vt)	encher (vt)	[ẽ'ʃer]
inflable (colchoneta ~)	inflável	[ĩ'flavew]

ola (f)	onda (f)	['õda]
boya (f)	boia (f)	['bɔja]
ahogarse (vr)	afogar-se (vr)	[afo'garse]

salvar (vt)	salvar (vt)	[saw'var]
chaleco (m) salvavidas	colete (m) salva-vidas	[ko'letʃi 'sawva 'vidas]
observar (vt)	observar (vt)	[obser'var]
socorrista (m)	salva-vidas (m)	[sawva-'vidas]

EL EQUIPO TÉCNICO. EL TRANSPORTE

El equipo técnico

165. El computador

ordenador (m)	computador (m)	[kõputa'dor]
ordenador (m) portátil	computador (m) portátil	[kõputa'dɔr por'tatʃiw]
encender (vt)	ligar (vt)	[li'gar]
apagar (vt)	desligar (vt)	[dʒizli'gar]
teclado (m)	teclado (m)	[tɛk'ladu]
tecla (f)	tecla (f)	['tɛkla]
ratón (m)	mouse (m)	['mawz]
alfombrilla (f) para ratón	tapete (m) para mouse	[ta'petʃi 'para 'mawz]
botón (m)	botão (m)	[bo'tãw]
cursor (m)	cursor (m)	[kur'sor]
monitor (m)	monitor (m)	[moni'tor]
pantalla (f)	tela (f)	['tɛla]
disco (m) duro	disco (m) rígido	['dʒisku 'hiʒidu]
volumen (m) de disco duro	capacidade (f)	[kapasi'dadʒi
	do disco rígido	du 'dʒisku 'hiʒidu]
memoria (f)	memória (f)	[me'mɔrja]
memoria (f) operativa	memória RAM (f)	[me'mɔrja ram]
archivo, fichero (m)	arquivo (m)	[ar'kivu]
carpeta (f)	pasta (f)	['pasta]
abrir (vt)	abrir (vt)	[a'brir]
cerrar (vt)	fechar (vt)	[fe'ʃar]
guardar (un archivo)	salvar (vt)	[saw'var]
borrar (vt)	deletar (vt)	[dele'tar]
copiar (vt)	copiar (vt)	[ko'pjar]
ordenar (vt) (~ de A a Z, etc.)	ordenar (vt)	[orde'nar]
transferir (vt)	copiar (vt)	[ko'pjar]
programa (m)	programa (m)	[pro'grama]
software (m)	software (m)	[sof'twer]
programador (m)	programador (m)	[programa'dor]
programar (vt)	programar (vt)	[progra'mar]
hacker (m)	hacker (m)	['haker]
contraseña (f)	senha (f)	['sɛɲa]
virus (m)	vírus (m)	['virus]
detectar (vt)	detectar (vt)	[detek'tar]

146

| octeto, byte (m) | byte (m) | ['bajtʃi] |
| megaocteto (m) | megabyte (m) | [mega'bajtʃi] |

| datos (m pl) | dados (m pl) | ['dadus] |
| base (f) de datos | base (f) de dados | ['bazi de 'dadus] |

cable (m)	cabo (m)	['kabu]
desconectar (vt)	desconectar (vt)	[dezkonek'tar]
conectar (vt)	conectar (vt)	[konek'tar]

166. El internet. El correo electrónico

internet (m), red (f)	internet (f)	[ĩter'nɛtʃi]
navegador (m)	browser (m)	['brawzer]
buscador (m)	motor (m) de busca	[mo'tor de 'buska]
proveedor (m)	provedor (m)	[prove'dor]

webmaster (m)	webmaster (m)	[web'master]
sitio (m) web	website (m)	[websajt]
página (f) web	página web (f)	['paʒina webi]

| dirección (f) | endereço (m) | [ẽde'resu] |
| libro (m) de direcciones | livro (m) de endereços | ['livru de ẽde'resus] |

buzón (m)	caixa (f) de correio	['kaɪʃa de ko'heju]
correo (m)	correio (m)	[ko'heju]
lleno (adj)	cheia	['ʃeja]

mensaje (m)	mensagem (f)	[mẽ'saʒẽ]
correo (m) entrante	mensagens (f pl) recebidas	[mẽ'saʒẽs hese'bidas]
correo (m) saliente	mensagens (f pl) enviadas	[mẽ'saʒẽs ẽ'vjadas]
expedidor (m)	remetente (m)	[heme'tẽtʃi]
enviar (vt)	enviar (vt)	[ẽ'vjar]
envío (m)	envio (m)	[ẽ'viu]

| destinatario (m) | destinatário (m) | [destʃina'tarju] |
| recibir (vt) | receber (vt) | [hese'ber] |

| correspondencia (f) | correspondência (f) | [kohespõ'dẽsja] |
| escribirse con … | corresponder-se (vr) | [kohespõ'dersi] |

archivo, fichero (m)	arquivo (m)	[ar'kivu]
descargar (vt)	fazer o download, baixar (vt)	[fa'zer u dawn'load], [baj'ʃar]
crear (vt)	criar (vt)	[krjar]
borrar (vt)	deletar (vt)	[dele'tar]
borrado (adj)	deletado	[dele'tadu]

conexión (f) (ADSL, etc.)	conexão (f)	[konek'sãw]
velocidad (f)	velocidade (f)	[velosi'dadʒi]
módem (m)	modem (m)	['modẽ]
acceso (m)	acesso (m)	[a'sɛsu]
puerto (m)	porta (f)	['pɔrta]
conexión (f) (establecer la ~)	conexão (f)	[konek'sãw]
conectarse a …	conectar (vi)	[konek'tar]

| seleccionar (vt) | escolher (vt) | [isko'ʎer] |
| buscar (vt) | buscar (vt) | [bus'kar] |

167. La electricidad

electricidad (f)	eletricidade (f)	[eletrisi'dadʒi]
eléctrico (adj)	elétrico	[e'lɛtriku]
central (f) eléctrica	planta (f) elétrica	['plãta e'lɛtrika]
energía (f)	energia (f)	[ener'ʒia]
energía (f) eléctrica	energia (f) elétrica	[ener'ʒia e'lɛtrika]

bombilla (f)	lâmpada (f)	['lãpada]
linterna (f)	lanterna (f)	[lã'tɛrna]
farola (f)	poste (m) de iluminação	['pɔstʃi de ilumina'sãw]

luz (f)	luz (f)	[luz]
encender (vt)	ligar (vt)	[li'gar]
apagar (vt)	desligar (vt)	[dʒizli'gar]
apagar la luz	apagar a luz	[apa'gar a luz]

quemarse (vr)	queimar (vi)	[kej'mar]
circuito (m) corto	curto-circuito (m)	['kurtu sir'kwitu]
ruptura (f)	ruptura (f)	[hup'tura]
contacto (m)	contato (m)	[kõ'tatu]

interruptor (m)	interruptor (m)	[ĩtehup'tor]
enchufe (m)	tomada (f)	[to'mada]
clavija (f)	plugue (m)	['plugi]
alargador (m)	extensão (f)	[istẽ'sãw]

fusible (m)	fusível (m)	[fu'zivew]
cable, hilo (m)	fio, cabo (m)	['fiu], ['kabu]
instalación (f) eléctrica	instalação (f) elétrica	[ĩstala'sãw e'lɛtrika]

amperio (m)	ampère (m)	[ã'pɛri]
amperaje (m)	amperagem (f)	[ãpe'raʒẽ]
voltio (m)	volt (m)	['vɔwtʃi]
voltaje (m)	voltagem (f)	[vow'taʒẽ]

| aparato (m) eléctrico | aparelho (m) elétrico | [apa'reʎu e'lɛtriku] |
| indicador (m) | indicador (m) | [ĩdʒika'dor] |

electricista (m)	eletricista (m)	[eletri'sista]
soldar (vt)	soldar (vt)	[sow'dar]
soldador (m)	soldador (m)	[sɔwda'dor]
corriente (f)	corrente (f) elétrica	[ko'hẽtʃi e'lɛtrika]

168. Las herramientas

instrumento (m)	ferramenta (f)	[feha'mẽta]
instrumentos (m pl)	ferramentas (f pl)	[feha'mẽtas]
maquinaria (f)	equipamento (m)	[ekipa'mẽtu]

martillo (m)	martelo (m)	[mar'tɛlu]
destornillador (m)	chave (f) de fenda	['ʃavi de 'fẽda]
hacha (f)	machado (m)	[ma'ʃadu]

sierra (f)	serra (f)	['sɛha]
serrar (vt)	serrar (vt)	[se'har]
cepillo (m)	plaina (f)	['plajna]
cepillar (vt)	aplainar (vt)	[aplaj'nar]
soldador (m)	soldador (m)	[sɔwda'dor]
soldar (vt)	soldar (vt)	[sow'dar]

lima (f)	lima (f)	['lima]
tenazas (f pl)	tenaz (f)	[te'najz]
alicates (m pl)	alicate (m)	[ali'katʃi]
escoplo (m)	formão (m)	[for'mãw]

broca (f)	broca (f)	['brɔka]
taladro (m)	furadeira (f) elétrica	[fura'dejra e'lɛtrika]
taladrar (vi, vt)	furar (vt)	[fu'rar]

cuchillo (m)	faca (f)	['faka]
filo (m)	lâmina (f)	['lamina]

agudo (adj)	afiado	[a'fjadu]
embotado (adj)	cego	['sɛgu]
embotarse (vr)	embotar-se (vr)	[ẽbo'tarsi]
afilar (vt)	afiar, amolar (vt)	[a'fjar], [amo'lar]

perno (m)	parafuso (m)	[para'fuzu]
tuerca (f)	porca (f)	['pɔrka]
filete (m)	rosca (f)	['hoska]
tornillo (m)	parafuso (m)	[para'fuzu]

clavo (m)	prego (m)	['prɛgu]
cabeza (f) del clavo	cabeça (f) do prego	[ka'besa du 'prɛgu]

regla (f)	régua (f)	['hɛgwa]
cinta (f) métrica	fita (f) métrica	['fita 'mɛtrika]
nivel (m) de burbuja	nível (m)	['nivew]
lupa (f)	lupa (f)	['lupa]

aparato (m) de medida	medidor (m)	[medʒi'dor]
medir (vt)	medir (vt)	[me'dʒir]
escala (f) (~ métrica)	escala (f)	[is'kala]
lectura (f)	indicação (f), registro (m)	[indʒika'sãw], [he'ʒistru]

compresor (m)	compressor (m)	[kõpre'sor]
microscopio (m)	microscópio (m)	[mikro'skɔpju]

bomba (f) (~ de agua)	bomba (f)	['bõba]
robot (m)	robô (m)	[ho'bo]
láser (m)	laser (m)	['lɛjzer]

llave (f) de tuerca	chave (f) de boca	['ʃavi de 'boka]
cinta (f) adhesiva	fita (f) adesiva	['fita ade'ziva]
cola (f), pegamento (m)	cola (f)	['kɔla]

papel (m) de lija	lixa (f)	['liʃa]
resorte (m)	mola (f)	['mɔla]
imán (m)	ímã (m)	['imã]
guantes (m pl)	luva (f)	['luva]

cuerda (f)	corda (f)	['kɔrda]
cordón (m)	corda (f)	['kɔrda]
hilo (m) (~ eléctrico)	fio (m)	['fiu]
cable (m)	cabo (m)	['kabu]

almádana (f)	marreta (ʲ)	[ma'hɛta]
barra (f)	pé de cabra (m)	[pɛ de 'kabra]
escalera (f) portátil	escada (f) de mão	[is'kada de 'mãw]
escalera (f) de tijera	escada (m)	[is'kada]

atornillar (vt)	enroscar (vt)	[ẽhos'kar]
destornillar (vt)	desenroscar (vt)	[dezẽhos'kar]
apretar (vt)	apertar (vt)	[aper'tar]
pegar (vt)	colar (vt)	[ko'lar]
cortar (vt)	cortar (vt)	[kor'tar]

fallo (m)	falha (f)	['faʎa]
reparación (f)	conserto (m)	[kõ'sɛrtu]
reparar (vt)	consertar, reparar (vt)	[kõser'tar], [hepa'rar]
regular, ajustar (vt)	regular, ajustar (vt)	[hegu'lar], [aʒus'tar]

verificar (vt)	verificar (vt)	[verifi'kar]
control (m)	verificação (f)	[verifika'sãw]
lectura (f) (~ del contador)	indicação (f), registro (m)	[indʒika'sãw], [he'ʒistru]

| fiable (máquina) | seguro | [se'guru] |
| complicado (adj) | complicado | [kõpli'kadu] |

oxidarse (vr)	enferrujar (vi)	[ẽfehu'ʒar]
oxidado (adj)	enferrujado	[ẽfehu'ʒadu]
óxido (m)	ferrugem (f)	[fe'huʒẽ]

El transporte

avión (m)	avião (m)	[a'vjãw]
billete (m) de avión	passagem (f) aérea	[pa'saʒẽ a'erja]
compañía (f) aérea	companhia (f) aérea	[kõpa'ɲia a'erja]
aeropuerto (m)	aeroporto (m)	[aero'pɔrtu]
supersónico (adj)	supersônico	[super'soniku]
comandante (m)	comandante (m) do avião	[komã'dãtʃi du a'vjãw]
tripulación (f)	tripulação (f)	[tripula'sãw]
piloto (m)	piloto (m)	[pi'lotu]
azafata (f)	aeromoça (f)	[aero'mosa]
navegador (m)	copiloto (m)	[kopi'lotu]
alas (f pl)	asas (f pl)	['azas]
cola (f)	cauda (f)	['kawda]
cabina (f)	cabine (f)	[ka'bini]
motor (m)	motor (m)	[mo'tor]
tren (m) de aterrizaje	trem (m) de pouso	[trẽj de 'pozu]
turbina (f)	turbina (f)	[tur'bina]
hélice (f)	hélice (f)	['ɛlisi]
caja (f) negra	caixa-preta (f)	['kaɪʃa 'preta]
timón (m)	coluna (f) de controle	[ko'luna de kõ'troli]
combustible (m)	combustível (m)	[kõbus'tʃivew]
instructivo (m) de seguridad	instruções (f pl) de segurança	[ĩstru'sõjs de segu'rãsa]
respirador (m) de oxígeno	máscara (f) de oxigênio	['maskara de oksi'ʒenju]
uniforme (m)	uniforme (m)	[uni'fɔrmi]
chaleco (m) salvavidas	colete (m) salva-vidas	[ko'letʃi 'sawva 'vidas]
paracaídas (m)	paraquedas (m)	[para'kɛdas]
despegue (m)	decolagem (f)	[deko'laʒẽ]
despegar (vi)	descolar (vi)	[dʒisko'lar]
pista (f) de despegue	pista (f) de decolagem	['pista de deko'laʒẽ]
visibilidad (f)	visibilidade (f)	[vizibili'dadʒi]
vuelo (m)	voo (m)	['vou]
altura (f)	altura (f)	[aw'tura]
pozo (m) de aire	poço (m) de ar	['posu de 'ar]
asiento (m)	assento (m)	[a'sẽtu]
auriculares (m pl)	fone (m) de ouvido	['foni de o'vidu]
mesita (f) plegable	mesa (f) retrátil	['meza he'tratʃiw]
ventana (f)	janela (f)	[ʒa'nɛla]
pasillo (m)	corredor (m)	[kohe'dor]

170. El tren

tren (m)	trem (m)	[trẽj]
tren (m) de cercanías	trem (m) elétrico	[trẽj e'lɛtriku]
tren (m) rápido	trem (m)	[trẽj]
locomotora (f) diésel	locomotiva (f) diesel	[lokomo'tʃiva 'dʒizew]
tren (m) de vapor	locomotiva (f) a vapor	[lokomo'tʃiva a va'por]
coche (m)	vagão (f) de passageiros	[va'gãw de pasa'ʒejrus]
coche (m) restaurante	vagão-restaurante (m)	[va'gãw-hestaw'rãtʃi]
rieles (m pl)	carris (m pl)	[ka'his]
ferrocarril (m)	estrada (f) de ferro	[is'trada de 'fɛhu]
traviesa (f)	travessa (f)	[tra'vɛsa]
plataforma (f)	plataforma (f)	[plata'forma]
vía (f)	linha (f)	['liɲa]
semáforo (m)	semáforo (m)	[se'maforu]
estación (f)	estação (f)	[ista'sãw]
maquinista (m)	maquinista (m)	[maki'nista]
maletero (m)	bagageiro (m)	[baga'ʒejru]
mozo (m) del vagón	hospedeiro, -a (m, f)	[ospe'dejru, -a]
pasajero (m)	passageiro (m)	[pasa'ʒejru]
revisor (m)	revisor (m)	[hevi'zor]
corredor (m)	corredor (m)	[kohe'dor]
freno (m) de urgencia	freio (m) de emergência	['freju de imer'ʒẽsja]
compartimiento (m)	compartimento (m)	[kõpartʃi'mẽtu]
litera (f)	cama (f)	['kama]
litera (f) de arriba	cama (f) de cima	['kama de 'sima]
litera (f) de abajo	cama (f) de baixo	['kama de 'baɪʃu]
ropa (f) de cama	roupa (f) de cama	['hopa de 'kama]
billete (m)	passagem (f)	[pa'saʒẽ]
horario (m)	horário (m)	[o'rarju]
pantalla (f) de información	painel (m) de informação	[paj'nɛw de ĩforma'sãw]
partir (vi)	partir (vt)	[par'tʃir]
partida (f) (del tren)	partida (f)	[par'tʃida]
llegar (tren)	chegar (vi)	[ʃe'gar]
llegada (f)	chegada (f)	[ʃe'gada]
llegar en tren	chegar de trem	[ʃe'gar de trẽj]
tomar el tren	pegar o trem	[pe'gar u trẽj]
bajar del tren	descer de trem	[de'ser de trẽj]
descarrilamiento (m)	acidente (m) ferroviário	[asi'dẽtʃi feho'vjarju]
descarrilarse (vr)	descarrilar (vi)	[dʒiskahi'ʎar]
tren (m) de vapor	locomotiva (f) a vapor	[lokomo'tʃiva a va'por]
fogonero (m)	foguista (m)	[fo'gista]
hogar (m)	fornalha (f)	[for'naʎa]
carbón (m)	carvão (m)	[kar'vãw]

171. El barco

| barco, buque (m) | navio (m) | [na'viu] |
| navío (m) | embarcação (f) | [ẽbarka'sãw] |

buque (m) de vapor	barco (m) a vapor	['barku a va'por]
motonave (f)	barco (m) fluvial	['barku flu'vjaw]
trasatlántico (m)	transatlântico (m)	[trãzat'lãtʃiku]
crucero (m)	cruzeiro (m)	[kru'zejru]

yate (m)	iate (m)	['jatʃi]
remolcador (m)	rebocador (m)	[heboka'dor]
barcaza (f)	barcaça (f)	[bar'kasa]
ferry (m)	ferry (m), balsa (f)	['fɛʀi], ['balsa]

| velero (m) | veleiro (m) | [ve'lejru] |
| bergantín (m) | bergantim (m) | [behgã'tʃĩ] |

| rompehielos (m) | quebra-gelo (m) | ['kɛbra 'ʒelu] |
| submarino (m) | submarino (m) | [subma'rinu] |

bote (m) de remo	bote, barco (m)	['botʃi], ['barku]
bote (m)	baleeira (f)	[bale'ejra]
bote (m) salvavidas	bote (m) salva-vidas	['botʃi 'sawva 'vidas]
lancha (f) motora	lancha (f)	['lãʃa]

capitán (m)	capitão (m)	[kapi'tãw]
marinero (m)	marinheiro (m)	[mari'ɲejru]
marino (m)	marujo (m)	[ma'ruʒu]
tripulación (f)	tripulação (f)	[tripula'sãw]

contramaestre (m)	contramestre (m)	[kõtra'mɛstri]
grumete (m)	grumete (m)	[gru'mɛtʃi]
cocinero (m) de abordo	cozinheiro (m) de bordo	[kozi'ɲejru de 'bordu]
médico (m) del buque	médico (m) de bordo	['mɛdʒiku de 'bordu]

cubierta (f)	convés (m)	[kõ'vɛs]
mástil (m)	mastro (m)	['mastru]
vela (f)	vela (f)	['vɛla]

bodega (f)	porão (m)	[po'rãw]
proa (f)	proa (f)	['proa]
popa (f)	popa (f)	['popa]
remo (m)	remo (m)	['hɛmu]
hélice (f)	hélice (f)	['ɛlisi]

camarote (m)	cabine (m)	[ka'bini]
sala (f) de oficiales	sala (f) dos oficiais	['sala dus ofi'sjajs]
sala (f) de máquinas	sala (f) das máquinas	['sala das 'makinas]
puente (m) de mando	ponte (m) de comando	['põtʃi de ko'mãdu]
sala (f) de radio	sala (f) de comunicações	['sala de komunika'sõjs]
onda (f)	onda (f)	['õda]
cuaderno (m) de bitácora	diário (m) de bordo	['dʒjarju de 'bordu]
anteojo (m)	luneta (f)	[lu'neta]
campana (f)	sino (m)	['sinu]

bandera (f)	bandeira (f)	[bã'dejra]
cabo (m) (maroma)	cabo (m)	['kabu]
nudo (m)	nó (m)	[nɔ]

pasamano (m)	corrimão (m)	[kohi'mãw]
pasarela (f)	prancha (f) de embarque	['prãʃa de ẽ'barki]

ancla (f)	âncora (f)	['ãkora]
levar ancla	recolher a âncora	[heko'ʎer a 'ãkora]
echar ancla	jogar a âncora	[ʒo'gar a 'ãkora]
cadena (f) del ancla	amarra (f)	[a'maha]

puerto (m)	porto (m)	['portu]
embarcadero (m)	cais, amarradouro (m)	[kajs], [amaha'doru]
amarrar (vt)	atracar (vi)	[atra'kar]
desamarrar (vt)	desatracar (vi)	[dʒizatra'kar]

viaje (m)	viagem (f)	['vjaʒẽ]
crucero (m) (viaje)	cruzeiro (m)	[kru'zejru]
derrota (f) (rumbo)	rumo (m)	['humu]
itinerario (m)	itinerário (m)	[itʃine'rarju]

canal (m) navegable	canal (m) de navegação	[ka'naw de navega'sãw]
bajío (m)	banco (m) de areia	['bãku de a'reja]
encallar (vi)	encalhar (vt)	[ẽka'ʎar]

tempestad (f)	tempestade (f)	[tẽpes'tadʒi]
señal (f)	sinal (m)	[si'naw]
hundirse (vr)	afundar-se (vr)	[afũ'darse]
¡Hombre al agua!	Homem ao mar!	['ɔmẽ aw mah]
SOS	SOS	[ɛseo'ɛsi]
aro (m) salvavidas	boia (f) salva-vidas	['bɔja 'sawva 'vidas]

172. El aeropuerto

aeropuerto (m)	aeroporto (m)	[aero'portu]
avión (m)	avião (m)	[a'vjãw]
compañía (f) aérea	companhia (f) aérea	[kõpa'ɲia a'erja]
controlador (m) aéreo	controlador (m) de tráfego aéreo	[kõtrola'dor de 'trafegu a'erju]

despegue (m)	partida (f)	[par'tʃida]
llegada (f)	chegada (f)	[ʃe'gada]
llegar (en avión)	chegar (vi)	[ʃe'gar]

hora (f) de salida	hora (f) de partida	['ɔra de par'tʃida]
hora (f) de llegada	hora (f) de chegada	['ɔra de ʃe'gada]

retrasarse (vr)	estar atrasado	[is'tar atra'zadu]
retraso (m) de vuelo	atraso (m) de voo	[a'trazu de 'vou]

pantalla (f) de información	painel (m) de informação	[paj'nɛw de ĩforma'sãw]
información (f)	informação (f)	[ĩforma'sãw]
anunciar (vt)	anunciar (vt)	[anũ'sjar]

vuelo (m)	voo (m)	['vou]
aduana (f)	alfândega (f)	[aw'fãdʒiga]
aduanero (m)	funcionário (m) da alfândega	[fũsjo'narju da aw'fãdʒiga]

declaración (f) de aduana	declaração (f) alfandegária	[deklara'sãw awfãde'garja]
rellenar (vt)	preencher (vt)	[preẽ'ʃer]
rellenar la declaración	preencher a declaração	[preẽ'ʃer a deklara'sãw]
control (m) de pasaportes	controle (m) de passaporte	[kõ'troli de pasa'portʃi]

equipaje (m)	bagagem (f)	[ba'gaʒẽ]
equipaje (m) de mano	bagagem (f) de mão	[ba'gaʒẽ de 'mãw]
carrito (m) de equipaje	carrinho (m)	[ka'hiɲu]

aterrizaje (m)	pouso (m)	['pozu]
pista (f) de aterrizaje	pista (f) de pouso	['pista de 'pozu]
aterrizar (vi)	aterrissar (vi)	[atehi'sar]
escaleras (f pl) (de avión)	escada (f) de avião	[is'kada de a'vjãw]

facturación (f) (check-in)	check-in (m)	[ʃɛ'kin]
mostrador (m) de facturación	balcão (m) do check-in	[baw'kãw du ʃɛ'kin]
hacer el check-in	fazer o check-in	[fa'zer u ʃɛ'kin]
tarjeta (f) de embarque	cartão (m) de embarque	[kar'tãw de ẽ'barki]
puerta (f) de embarque	portão (m) de embarque	[por'tãw de ẽ'barki]

tránsito (m)	trânsito (m)	['trãzitu]
esperar (aguardar)	esperar (vt)	[ispe'rar]
zona (f) de preembarque	sala (f) de espera	['sala de is'pɛra]
despedir (vt)	despedir-se de ...	[dʒispe'dʒirsi de]
despedirse (vr)	despedir-se (vr)	[dʒispe'dʒirsi]

173. La bicicleta. La motocicleta

bicicleta (f)	bicicleta (f)	[bisi'klɛta]
scooter (m)	lambreta (f)	[lã'breta]
motocicleta (f)	moto (f)	['mɔtu]

ir en bicicleta	ir de bicicleta	[ir de bisi'klɛta]
manillar (m)	guidão (m)	[gi'dãw]
pedal (m)	pedal (m)	[pe'daw]
frenos (m pl)	freios (m pl)	['frejus]
sillín (m)	banco, selim (m)	['bãku], [se'lĩ]

bomba (f)	bomba (f)	['bõba]
portaequipajes (m)	bagageiro (m) de teto	[baga'ʒejru de tɛtu]
faro (m)	lanterna (f)	[lã'tɛrna]
casco (m)	capacete (m)	[kapa'setʃi]

rueda (f)	roda (f)	['hɔda]
guardabarros (m)	para-choque (m)	[para'ʃɔki]
llanta (f)	aro (m)	['aru]
rayo (m)	raio (m)	['haju]

Los coches

coche (m)	carro, automóvel (m)	['kaho], [awto'mɔvew]
coche (m) deportivo	carro (m) esportivo	['kaho ispor'tʃivu]
limusina (f)	limusine (f)	[limu'zini]
todoterreno (m)	todo o terreno (m)	['todu u te'hɛnu]
cabriolé (m)	conversível (m)	[kõver'sivew]
microbús (m)	minibus (m)	['minibus]
ambulancia (f)	ambulância (f)	[ãbu'lãsja]
quitanieves (m)	limpa-neve (m)	['lĩpa 'nɛvi]
camión (m)	caminhão (m)	[kami'ɲãw]
camión (m) cisterna	caminhão-tanque (m)	[kami'ɲãw-'tãki]
camioneta (f)	perua, van (f)	[pe'rua], [van]
cabeza (f) tractora	caminhão-trator (m)	[kami'ɲãw-tra'tor]
remolque (m)	reboque (m)	[he'bɔki]
confortable (adj)	confortável	[kõfor'tavew]
de ocasión (adj)	usado	[u'zadu]

capó (m)	capô (m)	[ka'po]
guardabarros (m)	para-choque (m)	[para'ʃɔki]
techo (m)	teto (m)	['tɛtu]
parabrisas (m)	para-brisa (m)	[para'briza]
espejo (m) retrovisor	retrovisor (m)	[hetrovi'zor]
limpiador (m)	esguicho (m)	[iʃ'giʃu]
limpiaparabrisas (m)	limpadores (m) de para-brisas	[lĩpa'dores de para'brizas]
ventana (f) lateral	vidro (m) lateral	['vidru late'raw]
elevalunas (m)	elevador (m) do vidro	[eleva'dor du 'vidru]
antena (f)	antena (f)	[ã'tɛna]
techo (m) solar	teto (m) solar	['tɛtu so'lar]
parachoques (m)	para-choque (m)	[para'ʃɔki]
maletero (m)	porta-malas (f)	[pɔrta-'malas]
baca (f) (portaequipajes)	bagageira (f)	[baga'ʒejra]
puerta (f)	porta (f)	['pɔrta]
tirador (m) de puerta	maçaneta (f)	[masa'neta]
cerradura (f)	fechadura (f)	[feʃa'dura]
matrícula (f)	placa (f)	['plaka]

silenciador (m)	silenciador (m)	[silẽsja'dor]
tanque (m) de gasolina	tanque (m) de gasolina	['tãki de gazo'lina]
tubo (m) de escape	tubo (m) de exaustão	['tubu de ezaw'stãw]

acelerador (m)	acelerador (m)	[aselera'dor]
pedal (m)	pedal (m)	[pe'daw]
pedal (m) de acelerador	pedal (m) do acelerador	[pe'daw du aselera'dor]

freno (m)	freio (m)	['freju]
pedal (m) de freno	pedal (m) do freio	[pe'daw du 'freju]
frenar (vi)	frear (vt)	[fre'ar]
freno (m) de mano	freio (m) de mão	['freju de mãw]

embrague (m)	embreagem (f)	[ẽb'rjaʒẽ]
pedal (m) de embrague	pedal (m) da embreagem	[pe'daw da ẽb'rjaʒẽ]
disco (m) de embrague	disco (m) de embreagem	['dʒisku de ẽb'rjaʒẽ]
amortiguador (m)	amortecedor (m)	[amortese'dor]

rueda (f)	roda (f)	['hɔda]
rueda (f) de repuesto	pneu (m) estepe	['pnew is'tɛpi]
neumático (m)	pneu (m)	['pnew]
tapacubo (m)	calota (f)	[ka'lɔta]

ruedas (f pl) motrices	rodas (f pl) motrizes	['hɔdas muo'trizis]
de tracción delantera	de tração dianteira	[de tra'sãw dʒjã'tejra]
de tracción trasera	de tração traseira	[de tra'sãw tra'zejra]
de tracción integral	de tração às 4 rodas	[de tra'sãw as 'kwatru 'hɔdas]

caja (f) de cambios	caixa (f) de mudanças	['kaɪʃa de mu'dãsas]
automático (adj)	automático	[awto'matʃiku]
mecánico (adj)	mecânico	[me'kaniku]
palanca (f) de cambios	alavanca (f) de câmbio	[ala'vãka de 'kãbju]

| faro (m) delantero | farol (m) | [fa'rɔw] |
| faros (m pl) | faróis (m pl) | [fa'rɔis] |

luz (f) de cruce	farol (m) baixo	[fa'rɔw 'baɪʃu]
luz (f) de carretera	farol (m) alto	[fa'rɔw 'altu]
luz (f) de freno	luzes (f pl) de parada	['luzes de pa'rada]

luz (f) de posición	luzes (f pl) de posição	['luzes de pozi'sãw]
luces (f pl) de emergencia	luzes (f pl) de emergência	['luzes de emer'ʒẽsia]
luces (f pl) antiniebla	faróis (m pl) de neblina	[fa'rɔis de ne'blina]
intermitente (m)	pisca-pisca (m)	[piska-'piska]
luz (f) de marcha atrás	luz (f) de marcha ré	[luz de 'marʃa hɛ]

176. El coche. El compartimiento de pasajeros

habitáculo (m)	interior (m) do carro	[ĩte'rjor du 'kaho]
de cuero (adj)	de couro	[de 'koru]
de felpa (adj)	de veludo	[de ve'ludu]
tapizado (m)	estofamento (m)	[istofa'mẽtu]
instrumento (m)	indicador (m)	[ĩdʒika'dor]
salpicadero (m)	painel (m)	[paj'nɛw]

| velocímetro (m) | velocímetro (m) | [velo'simetru] |
| aguja (f) | ponteiro (m) | [põ'tejru] |

cuentakilómetros (m)	hodômetro, odômetro (m)	[o'dometru]
indicador (m)	indicador (m)	[ĩdʒika'dor]
nivel (m)	nível (m)	['nivew]
testigo (m) (~ luminoso)	luz (f) de aviso	[luz de a'vizu]

volante (m)	volante (m)	[vo'lãtʃi]
bocina (f)	buzina (f)	[bu'zina]
botón (m)	botão (m)	[bo'tãw]
interruptor (m)	interruptor (m)	[ĩtehup'tor]

asiento (m)	assento (m)	[a'sẽtu]
respaldo (m)	costas (f pl) do assento	['kɔstas du a'sẽtu]
reposacabezas (m)	cabeceira (f)	[kabe'sejra]
cinturón (m) de seguridad	cinto (m) de segurança	['sĩtu de segu'rãsa]
abrocharse el cinturón	apertar o cinto	[aper'tar u 'sĩtu]
reglaje (m)	ajuste (m)	[a'ʒustʃi]

| bolsa (f) de aire (airbag) | airbag (m) | [ɛr'bɛgi] |
| climatizador (m) | ar (m) condicionado | [ar kõdʒisjo'nadu] |

radio (m)	rádio (m)	['hadʒju]
reproductor (m) de CD	leitor (m) de CD	[lej'tor de 'sede]
encender (vt)	ligar (vt)	[li'gar]
antena (f)	antena (f)	[ã'tɛna]
guantera (f)	porta-luvas (m)	['pɔrta-'luvas]
cenicero (m)	cinzeiro (m)	[sĩ'zejru]

177. El coche. El motor

motor (m)	motor (m)	[mo'tor]
diésel (adj)	a diesel	[a 'dʒizew]
a gasolina (adj)	a gasolina	[a gazo'lina]

volumen (m) del motor	cilindrada (f)	[silĩ'drada]
potencia (f)	potência (f)	[po'tẽsja]
caballo (m) de fuerza	cavalo (m) de potência	[ka'valu de po'tẽsja]
pistón (m)	pistão (m)	[pis'tãw]
cilindro (m)	cilindro (m)	[si'lĩdru]
válvula (f)	válvula (f)	['vawvula]

inyector (m)	injetor (m)	[ĩʒɛ'tor]
generador (m)	gerador (m)	[ʒera'dor]
carburador (m)	carburador (m)	[karbura'dor]
aceite (m) de motor	óleo (m) de motor	['ɔlju de mo'tor]

radiador (m)	radiador (m)	[hadʒja'dor]
liquido (m) refrigerante	líquido (m) de arrefecimento	['likidu de ahefesi'mẽtu]
ventilador (m)	ventilador (m)	[vẽtʃila'dor]

| estárter (m) | dispositivo (m) de arranque | [dʒispozi'tʃivu de a'hãki] |
| encendido (m) | ignição (f) | [igni'sãw] |

bujía (f)	vela (f) de ignição	['vɛla de igni'sãw]
fusible (m)	fusível (m)	[fu'zivew]

batería (f)	bateria (f)	[bate'ria]
terminal (m)	terminal (m)	[termi'naw]
terminal (m) positivo	terminal (m) positivo	[termi'naw pozi'tʃivu]
terminal (m) negativo	terminal (m) negativo	[termi'naw nega'tʃivu]

filtro (m) de aire	filtro (m) de ar	['fiwtru de ar]
filtro (m) de aceite	filtro (m) de óleo	['fiwtru de 'ɔlju]
filtro (m) de combustible	filtro (m) de combustível	['fiwtru de kõbus'tʃivew]

178. El coche. Accidente de tráfico. La reparación

accidente (m)	acidente (m) de carro	[asi'dẽtʃi de 'kaho]
accidente (m) de tráfico	acidente (m) rodoviário	[asi'dẽtʃi hodo'vjarju]
chocar contra ...	bater ...	[ba'ter]
tener un accidente	sofrer um acidente	[so'frer ũ asi'dẽtʃi]
daño (m)	dano (m)	['danu]
intacto (adj)	intato	[ĩ'tatu]

pana (f)	pane (f)	['pani]
averiarse (vr)	avariar (vi)	[ava'rjar]
remolque (m) (cuerda)	cabo (m) de reboque	['kabu de he'bɔki]

pinchazo (m)	furo (m)	['furu]
desinflarse (vr)	estar furado	[is'tar fu'radu]
inflar (vt)	encher (vt)	[ẽ'ʃer]
presión (f)	pressão (f)	[pre'sãw]
verificar (vt)	verificar (vt)	[verifi'kar]

reparación (f)	reparo (m)	[he'paru]
taller (m)	oficina (f) automotiva	[ɔfi'sina awtɔmo'tʃiva]
parte (f) de repuesto	peça (f) de reposição	['pɛsa de hepozi'sãw]
parte (f)	peça (f)	['pɛsa]

perno (m)	parafuso (m)	[para'fuzu]
tornillo (m)	parafuso (m)	[para'fuzu]
tuerca (f)	porca (f)	['pɔrka]
arandela (f)	arruela (f)	[a'hwɛla]
rodamiento (m)	rolamento (m)	[hola'mẽtu]

tubo (m)	tubo (m)	['tubu]
junta (f)	junta, gaxeta (f)	['ʒũta], [ga'ʃeta]
cable, hilo (m)	fio, cabo (m)	['fiu], ['kabu]

gato (m)	macaco (m)	[ma'kaku]
llave (f) de tuerca	chave (f) de boca	['ʃavi de 'boka]
martillo (m)	martelo (m)	[mar'tɛlu]
bomba (f)	bomba (f)	['bõba]
destornillador (m)	chave (f) de fenda	['ʃavi de 'fẽda]

extintor (m)	extintor (m)	[istĩ'tor]
triángulo (m) de avería	triângulo (m) de emergência	['trjãgulu de imer'ʒẽsja]

pararse, calarse (vr)	morrer (vi)	[mo'her]
parada (f) (del motor)	paragem (f)	[pa'raʒẽ]
estar averiado	estar quebrado	[is'tar ke'bradu]

recalentarse (vr)	superaquecer-se (vr)	[superake'sersi]
estar atascado	entupir-se (vr)	[ẽtu'pirsi]
congelarse (vr)	congelar-se (vr)	[kõʒe'larsi]
reventar (vi)	rebentar (vi)	[hebẽ'tar]

presión (f)	pressão (f)	[pre'sãw]
nivel (m)	nível (m)	['nivew]
flojo (correa ~a)	frouxo	['froʃu]

abolladura (f)	batida (f)	[ba'tʃida]
ruido (m) (en el motor)	ruído (m)	['hwidu]
grieta (f)	fissura (f)	[fi'sura]
rozadura (f)	arranhão (m)	[aha'ɲãw]

179. El coche. El camino

camino (m)	estrada (f)	[is'trada]
autovía (f)	autoestrada (f)	[awtois'trada]
carretera (f)	rodovia (f)	[hodo'via]
dirección (f)	direção (f)	[dʒire'sãw]
distancia (f)	distância (f)	[dʒis'tãsja]

| puente (m) | ponte (f) | ['põtʃi] |
| aparcamiento (m) | parque (m) de estacionamento | ['parki de istasjona'mẽtu] |

plaza (f)	praça (f)	['prasa]
intercambiador (m)	nó (m) rodoviário	[nɔ hodo'vjarju]
túnel (m)	túnel (m)	['tunew]

| gasolinera (f) | posto (m) de gasolina | ['postu de gazo'lina] |
| aparcamiento (m) | parque (m) de estacionamento | ['parki de istasjona'mẽtu] |

surtidor (m)	bomba (f) de gasolina	['bõba de gazo'lina]
taller (m)	oficina (f) automotiva	[ofi'sina awtomo'tʃiva]
cargar gasolina	abastecer (vt)	[abaste'ser]
combustible (m)	combustível (m)	[kõbus'tʃivew]
bidón (m) de gasolina	galão (m) de gasolina	[ga'lãw de gazo'lina]

asfalto (m)	asfalto (m)	[as'fawtu]
señalización (f) vial	marcação (f) de estradas	[marka'sãw de is'tradas]
bordillo (m)	meio-fio (m)	['meju-'fiu]
barrera (f) de seguridad	guard-rail (m)	[gward-'hejl]
cuneta (f)	valeta (f)	[va'leta]
borde (m) de la carretera	acostamento (m)	[akosta'mẽtu]
farola (f)	poste (m) de luz	['postʃi de luz]

conducir (vi, vt)	dirigir (vt)	[dʒiri'ʒir]
girar (~ a la izquierda)	virar (vi)	[vi'rar]
girar en U	dar retorno	[dar he'tornu]
marcha (f) atrás	ré (f)	[hɛ]

tocar la bocina	buzinar (vi)	[buzi'nar]
bocinazo (m)	buzina (f)	[bu'zina]
atascarse (vr)	atolar-se (vr)	[ato'larsi]
patinar (vi)	patinar (vi)	[patʃi'nar]
parar (el motor)	desligar (vt)	[dʒizli'gar]

velocidad (f)	velocidade (f)	[velosi'dadʒi]
exceder la velocidad	exceder a velocidade	[ese'der a velosi'dadʒi]
multar (vt)	multar (vt)	[muw'tar]
semáforo (m)	semáforo (m)	[se'maforu]
permiso (m) de conducir	carteira (f) de motorista	[kar'tejra de moto'rista]

paso (m) a nivel	passagem (f) de nível	[pa'saʒẽ de 'nivew]
cruce (m)	cruzamento (m)	[kruza'mẽtu]
paso (m) de peatones	faixa (f)	['fajʃa]
zona (f) de peatones	zona (f) de pedestres	['zɔna de pe'dɛstris]

180. Las señales de tráfico

reglas (f pl) de tránsito	código (m) de trânsito	['kɔdʒigu de 'trãzitu]
señal (m) de tráfico	sinal (m) de trânsito	[si'naw de 'trãzitu]
adelantamiento (m)	ultrapassagem (f)	[uwtrapa'saʒẽ]
curva (f)	curva (f)	['kurva]
vuelta (f) en U	retorno (m)	[he'tornu]
rotonda (f)	rotatória (f)	['hota'tɔrja]

Prohibido el paso	sentido proibido	[sẽ'tʃidu proi'bidu]
Circulación prohibida	trânsito proibido	['trãzitu proi'bidu]
Prohibido adelantar	proibido de ultrapassar	[proi'bidu de uwtrapa'sar]
Prohibido aparcar	estacionamento proibido	[istasjona'mẽtu proi'bidu]
Prohibido parar	paragem proibida	[pa'raʒẽ proi'bida]

curva (f) peligrosa	curva (f) perigosa	['kurva peri'gɔza]
bajada con fuerte pendiente	descida (f) perigosa	[de'sida peri'gɔza]
sentido (m) único	trânsito de sentido único	['trãzitu de sẽ'tʃidu 'uniku]
paso (m) de peatones	faixa (f)	['fajʃa]
pavimento (m) deslizante	pavimento (m) escorregadio	[pavi'mẽtu iskohega'dʒiu]
ceda el paso	conceder passagem	[kõse'der pa'saʒẽ]

LA GENTE. ACONTECIMIENTOS DE LA VIDA

181. Los días festivos. Los eventos

fiesta (f)	festa (f)	['fɛsta]
fiesta (f) nacional	feriado (m) nacional	[fe'rjadu nasjo'naw]
día (m) de fiesta	feriado (m)	[fe'rjadu]
celebrar (vt)	festejar (vt)	[feste'ʒar]
evento (m)	evento (m)	[e'vẽtu]
medida (f)	evento (m)	[e'vẽtu]
banquete (m)	banquete (m)	[bã'ketʃi]
recepción (f)	recepção (f)	[hesep'sãw]
festín (m)	festim (m)	[fes'tʃĩ]
aniversario (m)	aniversário (m)	[aniver'sarju]
jubileo (m)	jubileu (m)	[ʒubi'lew]
Año (m) Nuevo	Ano (m) Novo	['anu 'novu]
¡Feliz Año Nuevo!	Feliz Ano Novo!	[fe'liz 'anu 'novu]
Papá Noel (m)	Papai Noel (m)	[pa'paj nɔ'ɛl]
Navidad (f)	Natal (m)	[na'taw]
¡Feliz Navidad!	Feliz Natal!	[fe'liz na'taw]
árbol (m) de Navidad	árvore (f) de Natal	['arvori de na'taw]
fuegos (m pl) artificiales	fogos (m pl) de artifício	['fogus de artʃi'fisju]
boda (f)	casamento (m)	[kaza'mẽtu]
novio (m)	noivo (m)	['nojvu]
novia (f)	noiva (f)	['nojva]
invitar (vt)	convidar (vt)	[kõvi'dar]
tarjeta (f) de invitación	convite (m)	[kõ'vitʃi]
invitado (m)	convidado (m)	[kõvi'dadu]
visitar (vt) (a los amigos)	visitar (vt)	[vizi'tar]
recibir a los invitados	receber os convidados	[hese'ber us kõvi'dadus]
regalo (m)	presente (m)	[pre'zẽtʃi]
regalar (vt)	oferecer, dar (vt)	[ofere'ser], [dar]
recibir regalos	receber presentes	[hese'ber pre'zẽtʃis]
ramo (m) de flores	buquê (m) de flores	[bu'ke de 'floris]
felicitación (f)	felicitações (f pl)	[felisita'sõjs]
felicitar (vt)	felicitar (vt)	[felisi'tar]
tarjeta (f) de felicitación	cartão (m) de parabéns	[kar'tãw de para'bẽjs]
enviar una tarjeta	enviar um cartão postal	[ẽ'vjar ũ kart'ãw pos'taw]
recibir una tarjeta	receber um cartão postal	[hese'ber ũ kart'ãw pos'taw]
brindis (m)	brinde (m)	['brĩdʒi]

ofrecer (~ una copa)	oferecer (vt)	[ofere'ser]
champaña (f)	champanhe (m)	[ʃã'paɲi]

divertirse (vr)	divertir-se (vr)	[dʒiver'tʃirsi]
diversión (f)	diversão (f)	[dʒiver'sãw]
alegría (f) (emoción)	alegria (f)	[ale'gria]

baile (m)	dança (f)	['dãsa]
bailar (vi, vt)	dançar (vi)	[dã'sar]

vals (m)	valsa (f)	['vawsa]
tango (m)	tango (m)	['tãgu]

182. Los funerales. El entierro

cementerio (m)	cemitério (m)	[semi'tɛrju]
tumba (f)	sepultura (f), túmulo (m)	[sepuw'tura], ['tumulu]
cruz (f)	cruz (f)	[kruz]
lápida (f)	lápide (f)	['lapidʒi]
verja (f)	cerca (f)	['serka]
capilla (f)	capela (f)	[ka'pɛla]

muerte (f)	morte (f)	['mɔrtʃi]
morir (vi)	morrer (vi)	[mo'her]
difunto (m)	defunto (m)	[de'fũtu]
luto (m)	luto (m)	['lutu]

enterrar (vt)	enterrar, sepultar (vt)	[ẽte'har], [sepuw'tar]
funeraria (f)	casa (f) funerária	['kaza fune'raria]
entierro (m)	funeral (m)	[fune'raw]

corona (f) funeraria	coroa (f) de flores	[ko'roa de 'flɔris]
ataúd (m)	caixão (m)	[kaɪ'ʃãw]
coche (m) fúnebre	carro (m) funerário	['kaho fune'rarju]
mortaja (f)	mortalha (f)	[mor'taʎa]

cortejo (m) fúnebre	procissão (f) funerária	[prosi'sãw fune'rarja]
urna (f) funeraria	urna (f) funerária	['urna fune'rarja]
crematorio (m)	crematório (m)	[krema'tɔrju]

necrología (f)	obituário (m), necrologia (f)	[obi'twarju], [nekrolo'ʒia]
llorar (vi)	chorar (vi)	[ʃo'rar]
sollozar (vi)	soluçar (vi)	[solu'sar]

183. La guerra. Los soldados

sección (f)	pelotão (m)	[pelo'tãw]
compañía (f)	companhia (f)	[kõpa'ɲia]
regimiento (m)	regimento (m)	[heʒi'mẽtu]
ejército (m)	exército (m)	[e'zɛrsitu]
división (f)	divisão (f)	[dʒivi'zãw]
destacamento (m)	esquadrão (m)	[iskwa'drãw]

hueste (f)	hoste (f)	['ɔste]
soldado (m)	soldado (m)	[sow'dadu]
oficial (m)	oficial (m)	[ofi'sjaw]

soldado (m) raso	soldado (m) raso	[sow'dadu 'hazu]
sargento (m)	sargento (m)	[sar'ʒẽtu]
teniente (m)	tenente (m)	[te'nẽtʃi]
capitán (m)	capitão (m)	[kapi'tãw]
mayor (m)	major (m)	[ma'ʒɔr]
coronel (m)	coronel (m)	[koro'nɛw]
general (m)	general (m)	[ʒene'raw]

marino (m)	marujo (m)	[ma'ruʒu]
capitán (m)	capitão (m)	[kapi'tãw]
contramaestre (m)	contramestre (m)	[kõtra'mɛstri]

artillero (m)	artilheiro (m)	[artʃi'ʎejru]
paracaidista (m)	soldado (m) paraquedista	[sow'dadu parake'dʒista]
piloto (m)	piloto (m)	[pi'lotu]
navegador (m)	navegador (m)	[navega'dor]
mecánico (m)	mecânico (m)	[me'kaniku]

zapador (m)	sapador-mineiro (m)	[sapa'dor-mi'nejru]
paracaidista (m)	paraquedista (m)	[parake'dʒista]
explorador (m)	explorador (m)	[isplora'dor]
francotirador (m)	atirador (m) de tocaia	[atʃira'dor de to'kaja]

patrulla (f)	patrulha (f)	[pa'truʎa]
patrullar (vi, vt)	patrulhar (vt)	[patru'ʎar]
centinela (m)	sentinela (f)	[sẽtʃi'nɛla]

guerrero (m)	guerreiro (m)	[ge'hejru]
patriota (m)	patriota (m)	[pa'trjɔta]
héroe (m)	herói (m)	[e'rɔj]
heroína (f)	heroína (f)	[ero'ina]

| traidor (m) | traidor (m) | [traj'dor] |
| traicionar (vt) | trair (vt) | [tra'ir] |

| desertor (m) | desertor (m) | [dezer'tor] |
| desertar (vi) | desertar (vt) | [deser'tar] |

mercenario (m)	mercenário (m)	[merse'narju]
recluta (m)	recruta (m)	[he'kruta]
voluntario (m)	voluntário (m)	[volũ'tarju]

muerto (m)	morto (m)	['mortu]
herido (m)	ferido (m)	[fe'ridu]
prisionero (m)	prisioneiro (m) de guerra	[prizjo'nejru de 'gɛha]

184. La guerra. El ámbito militar. Unidad 1

| guerra (f) | guerra (f) | ['gɛha] |
| estar en guerra | guerrear (vt) | [ge'hjar] |

guerra (f) civil	guerra (f) civil	['gɛha si'viw]
pérfidamente (adv)	perfidamente	[perfida'mẽtʃi]
declaración (f) de guerra	declaração (f) de guerra	[deklara'sãw de 'gɛha]
declarar (~ la guerra)	declarar guerra	[dekla'rar 'gɛha]
agresión (f)	agressão (f)	[agre'sãw]
atacar (~ a un país)	atacar (vt)	[ata'kar]
invadir (vt)	invadir (vt)	[ĩva'dʒir]
invasor (m)	invasor (m)	[ĩva'zor]
conquistador (m)	conquistador (m)	[kõkista'dor]
defensa (f)	defesa (f)	[de'feza]
defender (vt)	defender (vt)	[defẽ'der]
defenderse (vr)	defender-se (vr)	[defẽ'dersi]
enemigo (m)	inimigo (m)	[ini'migu]
adversario (m)	adversário (m)	[adʒiver'sarju]
enemigo (adj)	inimigo	[ini'migu]
estrategia (f)	estratégia (f)	[istra'tɛʒa]
táctica (f)	tática (f)	['tatʃika]
orden (f)	ordem (f)	['ordẽ]
comando (m)	comando (m)	[ko'mãdu]
ordenar (vt)	ordenar (vt)	[orde'nar]
misión (f)	missão (f)	[mi'sãw]
secreto (adj)	secreto	[se'krɛtu]
batalla (f)	batalha (f)	[ba'taʎa]
combate (m)	combate (m)	[kõ'batʃi]
ataque (m)	ataque (m)	[a'taki]
asalto (m)	assalto (m)	[a'sawtu]
tomar por asalto	assaltar (vt)	[asaw'tar]
asedio (m), sitio (m)	assédio, sítio (m)	[a'sɛdʒu], ['sitʃju]
ofensiva (f)	ofensiva (f)	[ɔfẽ'siva]
tomar la ofensiva	tomar à ofensiva	[to'mar a ofẽ'siva]
retirada (f)	retirada (f)	[hetʃi'rada]
retirarse (vr)	retirar-se (vr)	[hetʃi'rarse]
envolvimiento (m)	cerco (m)	['serku]
cercar (vt)	cercar (vt)	[ser'kar]
bombardeo (m)	bombardeio (m)	[bõbar'deju]
lanzar una bomba	lançar uma bomba	[lã'sar 'uma 'bõba]
bombear (vt)	bombardear (vt)	[bõbar'dʒjar]
explosión (f)	explosão (f)	[isplo'zãw]
tiro (m), disparo (m)	tiro (m)	['tʃiru]
disparar (vi)	dar um tiro	[dar ũ 'tʃiru]
tiro (m) (de artillería)	tiroteio (m)	[tʃiro'teju]
apuntar a ...	apontar para ...	[apõ'tar 'para]
encarar (apuntar)	apontar (vt)	[apõ'tar]

alcanzar (el objetivo)	acertar (vt)	[aser'tar]
hundir (vt)	afundar (vt)	[afũ'dar]
brecha (f) (~ en el casco)	brecha (f)	['brɛʃa]
hundirse (vr)	afundar-se (vr)	[afũ'darse]
frente (m)	frente (m)	['frẽtʃi]
evacuación (f)	evacuação (f)	[evakwa'sãw]
evacuar (vt)	evacuar (vt)	[eva'kwar]
trinchera (f)	trincheira (f)	[trĩ'ʃejra]
alambre (m) de púas	arame (m) enfarpado	[a'rami ẽfar'padu]
barrera (f) (~ antitanque)	barreira (f) anti-tanque	[ba'hejra ãtʃi-'tãki]
torre (f) de vigilancia	torre (f) de vigia	['tohi de vi'ʒia]
hospital (m)	hospital (m) militar	[ospi'taw mili'tar]
herir (vt)	ferir (vt)	[fe'rir]
herida (f)	ferida (f)	[fe'rida]
herido (m)	ferido (m)	[fe'ridu]
recibir una herida	ficar ferido	[fi'kar fe'ridu]
grave (herida)	grave	['gravi]

185. La guerra. El ámbito militar. Unidad 2

cautiverio (m)	cativeiro (m)	[katʃi'vejru]
capturar (vt)	capturar (vt)	[kaptu'rar]
estar en cautiverio	estar em cativeiro	[is'tar ẽ katʃi'vejru]
caer prisionero	ser aprisionado	[ser aprizjo'nadu]
campo (m) de concentración	campo (m) de concentração	['kãpu de kõsẽtra'sãw]
prisionero (m)	prisioneiro (m) de guerra	[prizjo'nejru de 'gɛha]
escapar (de cautiverio)	escapar (vi)	[iska'par]
traicionar (vt)	trair (vt)	[tra'ir]
traidor (m)	traidor (m)	[traj'dor]
traición (f)	traição (f)	[traj'sãw]
fusilar (vt)	fuzilar, executar (vt)	[fuzi'lar], [ezeku'tar]
fusilamiento (m)	fuzilamento (m)	[fuzila'mẽtu]
equipo (m) (uniforme, etc.)	equipamento (m)	[ekipa'mẽtu]
hombrera (f)	insígnia (f) de ombro	[ĩ'signia de 'õbru]
máscara (f) antigás	máscara (f) de gás	['maskara de gajs]
radio transmisor (m)	rádio (m)	['hadʒju]
cifra (f) (código)	cifra (f), código (m)	['sifra], ['kɔdʒigu]
conspiración (f)	conspiração (f)	[kõspira'sãw]
contraseña (f)	senha (f)	['sɛɲa]
mina (f) terrestre	mina (f)	['mina]
minar (poner minas)	minar (vt)	[mi'nar]
campo (m) minado	campo (m) minado	['kãpu mi'nadu]
alarma (f) aérea	alarme (m) aéreo	[a'larmi a'erju]
alarma (f)	alarme (m)	[a'larmi]

| señal (f) | sinal (m) | [si'naw] |
| cohete (m) de señales | sinalizador (m) | [sinaliza'dor] |

estado (m) mayor	quartel-general (m)	[kwar'tɛw ʒene'raw]
reconocimiento (m)	reconhecimento (m)	[hekoɲesi'mẽtu]
situación (f)	situação (f)	[sitwa'sãw]
informe (m)	relatório (m)	[hela'tɔrju]
emboscada (f)	emboscada (f)	[ẽbos'kada]
refuerzo (m)	reforço (m)	[he'forsu]

blanco (m)	alvo (m)	['awvu]
terreno (m) de prueba	campo (m) de tiro	['kãpu de 'tʃiru]
maniobras (f pl)	manobras (f pl)	[ma'nɔbras]

pánico (m)	pânico (m)	['paniku]
devastación (f)	devastação (f)	[devasta'sãw]
destrucciones (f pl)	ruínas (f pl)	['hwinas]
destruir (vt)	destruir (vt)	[dʒis'trwir]

sobrevivir (vi, vt)	sobreviver (vi)	[sobrivi'ver]
desarmar (vt)	desarmar (vt)	[dʒizar'mar]
manejar (un arma)	manusear (vt)	[manu'zjar]

| ¡Firmes! | Sentido! | [sẽ'tʃidu] |
| ¡Descanso! | Descansar! | [dʒiskã'sar] |

hazaña (f)	façanha (f)	[fa'saɲa]
juramento (m)	juramento (m)	[ʒura'mẽtu]
jurar (vt)	jurar (vi)	[ʒu'rar]

condecoración (f)	condecoração (f)	[kõdekora'sãw]
condecorar (vt)	condecorar (vt)	[kõdeko'rar]
medalla (f)	medalha (f)	[me'daʎa]
orden (m) (~ de Merito)	ordem (f)	['ordẽ]

victoria (f)	vitória (f)	[vi'tɔrja]
derrota (f)	derrota (f)	[de'hɔta]
armisticio (m)	armistício (m)	[armis'tʃisju]

bandera (f)	bandeira (f)	[bã'dejra]
gloria (f)	glória (f)	['glɔrja]
desfile (m) militar	parada (f)	[pa'rada]
marchar (desfilar)	marchar (vi)	[mar'ʃar]

186. Las armas

arma (f)	arma (f)	['arma]
arma (f) de fuego	arma (f) de fogo	['arma de 'fogu]
arma (f) blanca	arma (f) branca	['arma 'brãka]

arma (f) química	arma (f) química	['arma 'kimika]
nuclear (adj)	nuclear	[nu'kljar]
arma (f) nuclear	arma (f) nuclear	['arma nu'kljar]
bomba (f)	bomba (f)	['bõba]

bomba (f) atómica	bomba (f) atômica	['bõba a'tomika]
pistola (f)	pistola (f)	[pis'tɔla]
fusil (m)	rifle (m)	['hifli]
metralleta (f)	semi-automática (f)	[semi-awto'matʃika]
ametralladora (f)	metralhadora (f)	[metraʎa'dora]
boca (f)	boca (f)	['boka]
cañón (m) (del arma)	cano (m)	['kanu]
calibre (m)	calibre (m)	[ka'libri]
gatillo (m)	gatilho (m)	[ga'tʃiʎu]
alza (f)	mira (f)	['mira]
cargador (m)	carregador (m)	[kahega'dor]
culata (f)	coronha (f)	[ko'rɔɲa]
granada (f) de mano	granada (f) de mão	[gra'nada de mãw]
explosivo (m)	explosivo (m)	[isplo'zivu]
bala (f)	bala (f)	['bala]
cartucho (m)	cartucho (m)	[kar'tuʃu]
carga (f)	carga (f)	['karga]
pertrechos (m pl)	munições (f pl)	[muni'sõjs]
bombardero (m)	bombardeiro (m)	[bõbar'dejru]
avión (m) de caza	avião (m) de caça	[a'vjãw de 'kasa]
helicóptero (m)	helicóptero (m)	[eli'kɔpteru]
antiaéreo (m)	canhão (m) antiaéreo	[ka'ɲãw ãtʃja'ɛrju]
tanque (m)	tanque (m)	['tãki]
cañón (m) (de un tanque)	canhão (m)	[ka'ɲãw]
artillería (f)	artilharia (f)	[artʃiʎa'ria]
cañón (m) (arma)	canhão (m)	[ka'ɲãw]
dirigir (un misil, etc.)	fazer a pontaria	[fa'zer a põta'ria]
mortero (m)	morteiro (m)	[mor'tejru]
bomba (f) de mortero	granada (f) de morteiro	[gra'nada de mor'tejru]
obús (m)	projétil (m)	[pro'ʒɛtʃiw]
trozo (m) de obús	estilhaço (m)	[istʃi'ʎasu]
submarino (m)	submarino (m)	[subma'rinu]
torpedo (m)	torpedo (m)	[tor'pedu]
misil (m)	míssil (m)	['misiw]
cargar (pistola)	carregar (vt)	[kahe'gar]
tirar (vi)	disparar, atirar (vi)	[dʒispa'rar], [atʃi'rar]
apuntar a ...	apontar para ...	[apõ'tar 'para]
bayoneta (f)	baioneta (f)	[bajo'neta]
espada (f) (duelo a ~)	espada (f)	[is'pada]
sable (m)	sabre (m)	['sabri]
lanza (f)	lança (f)	['lãsa]
arco (m)	arco (m)	['arku]
flecha (f)	flecha (f)	['flɛʃa]
mosquete (m)	mosquete (m)	[mos'ketʃi]
ballesta (f)	besta (f)	['besta]

187. Los pueblos antiguos

primitivo (adj)	primitivo	[primi'tʃivu]
prehistórico (adj)	pré-histórico	[prɛ-is'tɔriku]
antiguo (adj)	antigo	[ã'tʃigu]

Edad (f) de Piedra	Idade (f) da Pedra	[i'dadʒi da 'pɛdra]
Edad (f) de Bronce	Idade (f) do Bronze	[i'dadʒi du 'brõzi]
Edad (f) de Hielo	Era (f) do Gelo	['ɛra du 'ʒelu]

tribu (f)	tribo (f)	['tribu]
caníbal (m)	canibal (m)	[kani'baw]
cazador (m)	caçador (m)	[kasa'dor]
cazar (vi, vt)	caçar (vi)	[ka'sar]
mamut (m)	mamute (m)	[ma'mutʃi]

caverna (f)	caverna (f)	[ka'vɛrna]
fuego (m)	fogo (m)	['fogu]
hoguera (f)	fogueira (f)	[fo'gejra]
pintura (f) rupestre	pintura (f) rupestre	[pĩ'tura hu'pɛstri]

herramienta (f), útil (m)	ferramenta (f)	[feha'mẽta]
lanza (f)	lança (f)	['lãsa]
hacha (f) de piedra	machado (m) de pedra	[ma'ʃadu de 'pɛdra]
estar en guerra	guerrear (vt)	[ge'hjar]
domesticar (vt)	domesticar (vt)	[domestʃi'kar]

ídolo (m)	ídolo (m)	['idolu]
adorar (vt)	adorar, venerar (vt)	[ado'rar], [vene'rar]
superstición (f)	superstição (f)	[superstʃi'sãw]
rito (m)	ritual (m)	[hi'twaw]

evolución (f)	evolução (f)	[evolu'sãw]
desarrollo (m)	desenvolvimento (m)	[dʒizẽvowvi'mẽtu]
desaparición (f)	extinção (f)	[istʃi'sãw]
adaptarse (vr)	adaptar-se (vr)	[adap'tarse]

arqueología (f)	arqueologia (f)	[arkjolo'ʒia]
arqueólogo (m)	arqueólogo (m)	[ar'kjɔlogu]
arqueológico (adj)	arqueológico	[arkjo'lɔʒiku]

sitio (m) de excavación	escavação (f)	[iskava'sãw]
excavaciones (f pl)	escavações (f pl)	[iskava'sõjs]
hallazgo (m)	achado (m)	[a'ʃadu]
fragmento (m)	fragmento (m)	[frag'mẽtu]

188. La Edad Media

pueblo (m)	povo (m)	['povu]
pueblos (m pl)	povos (m pl)	['pɔvus]
tribu (f)	tribo (f)	['tribu]
tribus (f pl)	tribos (f pl)	['tribus]
bárbaros (m pl)	bárbaros (pl)	['barbarus]

galos (m pl)	gauleses (pl)	[gaw'lezes]
godos (m pl)	godos (pl)	['godus]
eslavos (m pl)	eslavos (pl)	[iʃ'lavus]
vikingos (m pl)	viquingues (pl)	['vikĩgis]

| romanos (m pl) | romanos (pl) | [ho'manus] |
| romano (adj) | romano | [ho'manu] |

bizantinos (m pl)	bizantinos (pl)	[bizã'tʃinus]
Bizancio (m)	Bizâncio	[bi'zãsju]
bizantino (adj)	bizantino	[bizã'tʃinu]

emperador (m)	imperador (m)	[ĩpera'dor]
jefe (m)	líder (m)	['lider]
poderoso (adj)	poderoso	[pode'rozu]
rey (m)	rei (m)	[hej]
gobernador (m)	governante (m)	[gover'nãtʃi]

caballero (m)	cavaleiro (m)	[kava'lejru]
señor (m) feudal	senhor feudal (m)	[se'ɲor few'daw]
feudal (adj)	feudal	[few'daw]
vasallo (m)	vassalo (m)	[va'salu]

duque (m)	duque (m)	['duki]
conde (m)	conde (m)	['kõdʒi]
barón (m)	barão (m)	[ba'rãw]
obispo (m)	bispo (m)	['bispu]

armadura (f)	armadura (f)	[arma'dura]
escudo (m)	escudo (m)	[is'kudu]
espada (f) (danza de ~s)	espada (f)	[is'pada]
visera (f)	viseira (f)	[vi'zejra]
cota (f) de malla	cota (f) de malha	['kɔta de 'maʎa]

| cruzada (f) | cruzada (f) | [kru'zada] |
| cruzado (m) | cruzado (m) | [kru'zadu] |

territorio (m)	território (m)	[tehi'tɔrju]
atacar (~ a un país)	atacar (vt)	[ata'kar]
conquistar (vt)	conquistar (vt)	[kõkis'tar]
ocupar (invadir)	ocupar, invadir (vt)	[oku'parsi], [ĩva'dʒir]

asedio (m), sitio (m)	assédio, sítio (m)	[a'sɛdʒu], ['sitʃu]
sitiado (adj)	sitiado	[si'tʃadu]
asediar, sitiar (vt)	assediar, sitiar (vt)	[ase'dʒjar], [si'tʃjar]

inquisición (f)	inquisição (f)	[ĩkizi'sãw]
inquisidor (m)	inquisidor (m)	[ĩkizi'dor]
tortura (f)	tortura (f)	[tor'tura]
cruel (adj)	cruel	[kru'ɛw]
hereje (m)	herege (m)	[e'reʒi]
herejía (f)	heresia (f)	[ere'zia]

navegación (f) marítima	navegação (f) marítima	[navega'sãu ma'ritʃima]
pirata (m)	pirata (m)	[pi'rata]
piratería (f)	pirataria (f)	[pirata'ria]

abordaje (m)	abordagem (f)	[abor'daʒẽ]
botín (m)	presa (f), butim (m)	['preza], [bu'tĩ]
tesoros (m pl)	tesouros (m pl)	[te'zorus]

descubrimiento (m)	descobrimento (m)	[dʒiskobri'mẽtu]
descubrir (tierras nuevas)	descobrir (vt)	[dʒisko'brir]
expedición (f)	expedição (f)	[ispedʒi'sãw]

mosquetero (m)	mosqueteiro (m)	[moske'tejru]
cardenal (m)	cardeal (m)	[kar'dʒjaw]
heráldica (f)	heráldica (f)	[e'rawdʒika]
heráldico (adj)	heráldico	[e'rawdʒiku]

189. El líder. El jefe. Las autoridades

rey (m)	rei (m)	[hej]
reina (f)	rainha (f)	[ha'iɲa]
real (adj)	real	[he'aw]
reino (m)	reino (m)	['hejnu]

príncipe (m)	príncipe (m)	['prĩsipi]
princesa (f)	princesa (f)	[prĩ'seza]

presidente (m)	presidente (m)	[prezi'dẽtʃi]
vicepresidente (m)	vice-presidente (m)	['visi-prezi'dẽtʃi]
senador (m)	senador (m)	[sena'dor]

monarca (m)	monarca (m)	[mo'narka]
gobernador (m)	governante (m)	[gover'nãtʃi]
dictador (m)	ditador (m)	[dʒita'dor]
tirano (m)	tirano (m)	[tʃi'ranu]
magnate (m)	magnata (m)	[mag'nata]

director (m)	diretor (m)	[dʒire'tor]
jefe (m)	chefe (m)	['ʃɛfi]
gerente (m)	gerente (m)	[ʒe'rẽtʃi]
amo (m)	patrão (m)	[pa'trãw]
dueño (m)	dono (m)	['donu]

jefe (m) (~ de delegación)	chefe (m)	['ʃɛfi]
autoridades (f pl)	autoridades (f pl)	[awtori'dadʒis]
superiores (m pl)	superiores (m pl)	[supe'rjores]

gobernador (m)	governador (m)	[governa'dor]
cónsul (m)	cônsul (m)	['kõsuw]
diplomático (m)	diplomata (m)	[dʒiplo'mata]

alcalde (m)	Presidente (m) da Câmara	[prezi'dẽtʃi da 'kamara]
sheriff (m)	xerife (m)	[ʃe'rifi]

emperador (m)	imperador (m)	[ĩpera'dor]
zar (m)	czar (m)	['kzar]
faraón (m)	faraó (m)	[fara'ɔ]
jan (m), kan (m)	cã, khan (m)	[kã]

190. La calle. El camino. Las direcciones

camino (m)	estrada (f)	[is'trada]
vía (f)	via (f)	['via]
carretera (f)	rodovia (f)	[hodo'via]
autovía (f)	autoestrada (f)	[awtois'trada]
camino (m) nacional	estrada (f) nacional	[is'trada nasjo'naw]
camino (m) principal	estrada (f) principal	[is'trada prĩsi'paw]
camino (m) de tierra	estrada (f) de terra	[is'trada de 'tɛha]
sendero (m)	trilha (f)	['triʎa]
senda (f)	vereda (f)	[ve'reda]
¿Dónde?	Onde?	['õdʒi]
¿A dónde?	Para onde?	['para 'õdʒi]
¿De dónde?	De onde?	[de 'õdʒi]
dirección (f)	direção (f)	[dʒire'sãw]
mostrar (~ el camino)	indicar (vt)	[ĩdʒi'kar]
a la izquierda (girar ~)	para a esquerda	['para a is'kerda]
a la derecha (girar)	para a direita	['para a dʒi'rejta]
todo recto (adv)	em frente	[ẽ 'frẽtʃi]
atrás (adv)	para trás	['para trajs]
curva (f)	curva (f)	['kurva]
girar (~ a la izquierda)	virar (vi)	[vi'rar]
girar en U	dar retorno	[dar he'tornu]
divisarse (vr)	estar visível	[is'tar vi'zivew]
aparecer (vi)	aparecer (vi)	[apare'ser]
alto (m)	paragem (f)	[pa'raʒẽ]
descansar (vi)	descansar (vi)	[dʒiskã'sar]
reposo (m)	descanso, repouso (m)	[dʒis'kãsu], [he'pozu]
perderse (vr)	perder-se (vr)	[per'dersi]
llevar a … (el camino)	conduzir a …	[kõdu'zir a]
llegar a …	chegar a …	[ʃe'gar a]
tramo (m) (~ del camino)	trecho (m)	['treʃu]
asfalto (m)	asfalto (m)	[as'fawtu]
bordillo (m)	meio-fio (m)	['meju-'fiu]
cuneta (f)	valeta (f)	[va'leta]
pozo (m) de alcantarillado	tampa (f) de esgoto	['tãpa de iz'gotu]
arcén (m)	acostamento (m)	[akosta'mẽtu]
bache (m)	buraco (m)	[bu'raku]
ir (a pie)	ir (vi)	[ir]
adelantar (vt)	ultrapassar (vt)	[uwtrapa'sar]
paso (m)	passo (m)	['pasu]
a pie	a pé	[a pɛ]

bloquear (vt)	**bloquear** (vt)	[blo'kjar]
barrera (f) (~ automática)	**cancela** (f)	[kã'sɛla]
callejón (m) sin salida	**beco** (m) **sem saída**	['beku sẽ sa'ida]

191. Violar la ley. Los criminales. Unidad 1

bandido (m)	**bandido** (m)	[bã'dʒidu]
crimen (m)	**crime** (m)	['krimi]
criminal (m)	**criminoso** (m)	[krimi'nozu]
ladrón (m)	**ladrão** (m)	[la'drãw]
robar (vt)	**roubar** (vt)	[ho'bar]
robo (m) (actividad)	**furto** (m)	['furtu]
robo (m) (hurto)	**furto** (m)	['furtu]
secuestrar (vt)	**raptar, sequestrar** (vt)	[hap'tar], [sekwes'trar]
secuestro (m)	**sequestro** (m)	[se'kwɛstru]
secuestrador (m)	**sequestrador** (m)	[sekwestra'dor]
rescate (m)	**resgate** (m)	[hez'gatʃi]
exigir un rescate	**pedir resgate**	[pe'dʒir hez'gatʃi]
robar (vt)	**roubar** (vt)	[ho'bar]
robo (m)	**assalto, roubo** (m)	[a'sawtu], ['hobu]
atracador (m)	**assaltante** (m)	[asaw'tãtʃi]
extorsionar (vt)	**extorquir** (vt)	[istor'kir]
extorsionista (m)	**extorsionário** (m)	[istorsjo'narju]
extorsión (f)	**extorsão** (f)	[istor'sãw]
matar, asesinar (vt)	**matar, assassinar** (vt)	[ma'tar], [asasi'nar]
asesinato (m)	**homicídio** (m)	[omi'sidʒju]
asesino (m)	**homicida, assassino** (m)	[ɔmi'sida], [asa'sinu]
tiro (m), disparo (m)	**tiro** (m)	['tʃiru]
disparar (vi)	**dar um tiro**	[dar ũ 'tʃiru]
matar (a tiros)	**matar a tiro**	[ma'tar a 'tʃiru]
tirar (vi)	**disparar, atirar** (vi)	[dʒispa'rar], [atʃi'rar]
tiroteo (m)	**tiroteio** (m)	[tʃiro'teju]
incidente (m)	**incidente** (m)	[ĩsi'dẽtʃi]
pelea (f)	**briga** (f)	['briga]
¡Socorro!	**Socorro!**	[so'kohu]
víctima (f)	**vítima** (f)	['vitʃima]
perjudicar (vt)	**danificar** (vt)	[danifi'kar]
daño (m)	**dano** (m)	['danu]
cadáver (m)	**cadáver** (m)	[ka'daver]
grave (un delito ~)	**grave**	['gravi]
atacar (vt)	**atacar** (vt)	[ata'kar]
pegar (golpear)	**bater** (vt)	[ba'ter]
apporear (vt)	**espancar** (vt)	[ispã'kar]
quitar (robar)	**tirar** (vt)	[tʃi'rar]

acuchillar (vt)	esfaquear (vt)	[isfaki'ar]
mutilar (vt)	mutilar (vt)	[mutʃi'lar]
herir (vt)	ferir (vt)	[fe'rir]

chantaje (m)	chantagem (f)	[ʃã'taʒë]
hacer chantaje	chantagear (vt)	[ʃãta'ʒjar]
chantajista (m)	chantagista (m)	[ʃãta'ʒista]

extorsión (f)	extorsão (f)	[istor'sãw]
extorsionador (m)	extorsionário (m)	[istorsjo'narju]
gángster (m)	gângster (m)	['gãŋster]
mafia (f)	máfia (f)	['mafja]

carterista (m)	punguista (m)	[pũ'gista]
ladrón (m) de viviendas	assaltante, ladrão (m)	[asaw'tãtʃi], [la'drãw]
contrabandismo (m)	contrabando (m)	[kõtra'bãdu]
contrabandista (m)	contrabandista (m)	[kõtrabã'dʒista]

falsificación (f)	falsificação (f)	[fawsifika'sãw]
falsificar (vt)	falsificar (vt)	[fawsifi'kar]
falso (falsificado)	falsificado	[fawsifi'kadu]

192. Violar la ley. Los criminales. Unidad 2

violación (f)	estupro (m)	[is'tupru]
violar (vt)	estuprar (vt)	[istu'prar]
violador (m)	estuprador (m)	[istupra'dor]
maniaco (m)	maníaco (m)	[ma'niaku]

prostituta (f)	prostituta (f)	[prostʃi'tuta]
prostitución (f)	prostituição (f)	[prostʃitwi'sãw]
chulo (m), proxeneta (m)	cafetão (m)	[kafe'tãw]

| drogadicto (m) | drogado (m) | [dro'gadu] |
| narcotraficante (m) | traficante (m) | [trafi'kãtʃi] |

hacer explotar	explodir (vt)	[isplo'dʒir]
explosión (f)	explosão (f)	[isplo'zãw]
incendiar (vt)	incendiar (vt)	[ĩsẽ'dʒjar]
incendiario (m)	incendiário (m)	[ĩsẽ'dʒjarju]

terrorismo (m)	terrorismo (m)	[teho'rizmu]
terrorista (m)	terrorista (m)	[teho'rista]
rehén (m)	refém (m)	[he'fẽ]

estafar (vt)	enganar (vt)	[ẽga'nar]
estafa (f)	engano (m)	[ẽ'gãnu]
estafador (m)	vigarista (m)	[viga'rista]

sobornar (vt)	subornar (vt)	[subor'nar]
soborno (m) (delito)	suborno (m)	[su'bornu]
soborno (m) (dinero, etc.)	suborno (m)	[su'bornu]
veneno (m)	veneno (m)	[ve'nɛnu]
envenenar (vt)	envenenar (vt)	[ẽvene'nar]

envenenarse (vr)	envenenar-se (vr)	[ĕvene'narsi]
suicidio (m)	suicídio (m)	[swi'sidʒju]
suicida (m, f)	suicida (m)	[swi'sida]

amenazar (vt)	ameaçar (vt)	[amea'sar]
amenaza (f)	ameaça (f)	[ame'asa]
atentar (vi)	atentar contra a vida de ...	[atĕ'tar 'kõtra a 'vida de]
atentado (m)	atentado (m)	[atĕ'tadu]

robar (un coche)	roubar (vt)	[ho'bar]
secuestrar (un avión)	sequestrar (vt)	[sekwes'trar]

venganza (f)	vingança (f)	[vĩ'gãsa]
vengar (vt)	vingar (vt)	[vĩ'gar]

torturar (vt)	torturar (vt)	[tortu'rar]
tortura (f)	tortura (f)	[tor'tura]
atormentar (vt)	atormentar (vt)	[atormĕ'tar]

pirata (m)	pirata (m)	[pi'rata]
gamberro (m)	desordeiro (m)	[dʒizor'dejru]
armado (adj)	armado	[ar'madu]
violencia (f)	violência (f)	[vjo'lẽsja]
ilegal (adj)	ilegal	[ile'gaw]

espionaje (m)	espionagem (f)	[ispio'naʒẽ]
espiar (vi, vt)	espionar (vi)	[ispjo'nar]

193. La policía. La ley. Unidad 1

justicia (f)	justiça (f)	[ʒus'tʃisa]
tribunal (m)	tribunal (m)	[tribu'naw]

juez (m)	juiz (m)	[ʒwiz]
jurados (m pl)	jurados (m pl)	[ʒu'radus]
tribunal (m) de jurados	tribunal (m) do júri	[tribu'naw du 'ʒuri]
juzgar (vt)	julgar (vt)	[ʒuw'gar]

abogado (m)	advogado (m)	[adʒivo'gadu]
acusado (m)	réu (m)	['hɛw]
banquillo (m) de los acusados	banco (m) dos réus	['bãku dus hɛws]

inculpación (f)	acusação (f)	[akuza'sãw]
inculpado (m)	acusado (m)	[aku'zadu]

sentencia (f)	sentença (f)	[sẽ'tẽsa]
sentenciar (vt)	sentenciar (vt)	[sẽtẽ'sjar]

culpable (m)	culpado (m)	[kuw'padu]
castigar (vt)	punir (vt)	[pu'nir]
castigo (m)	punição (f)	[puni'sãw]

multa (f)	multa (f)	['muwta]
cadena (f) perpetua	prisão (f) perpétua	[pri'zãw per'pɛtwa]

pena (f) de muerte	pena (f) de morte	['pena de 'mɔrtʃi]
silla (f) eléctrica	cadeira (f) elétrica	[ka'dejra e'lɛtrika]
horca (f)	forca (f)	['forka]

ejecutar (vt)	executar (vt)	[ezeku'tar]
ejecución (f)	execução (f)	[ezeku'sãw]

prisión (f)	prisão (f)	[pri'zãw]
celda (f)	cela (f) de prisão	['sɛla de pri'zãw]

escolta (f)	escolta (f)	[is'kɔwta]
guardia (m) de prisiones	guarda (m) prisional	['gwarda prizjo'naw]
prisionero (m)	preso (m)	['prezu]

esposas (f pl)	algemas (f pl)	[aw'ʒɛmas]
esposar (vt)	algemar (vt)	[awʒe'mar]

escape (m)	fuga, evasão (f)	['fuga], [eva'zãw]
escaparse (vr)	fugir (vi)	[fu'ʒir]
desaparecer (vi)	desaparecer (vi)	[dʒizapare'ser]
liberar (vt)	soltar, libertar (vt)	[sow'tar], [liber'tar]
amnistía (f)	anistia (f)	[anis'tʃia]

policía (f) (~ nacional)	polícia (f)	[po'lisja]
policía (m)	polícia (m)	[po'lisja]
comisaría (f) de policía	delegacia (f) de polícia	[delega'sia de po'lisja]
porra (f)	cassetete (m)	[kase'tɛtʃi]
megáfono (m)	megafone (m)	[mega'fɔni]

coche (m) patrulla	carro (m) de patrulha	['kaho de pa'truʎa]
sirena (f)	sirene (f)	[si'rɛni]
poner la sirena	ligar a sirene	[li'gar a si'rɛni]
sonido (m) de sirena	toque (m) da sirene	['tɔki da si'rɛni]

escena (f) del delito	cena (f) do crime	['sɛna du 'krimi]
testigo (m)	testemunha (f)	[teste'muɲa]
libertad (f)	liberdade (f)	[liber'dadʒi]
cómplice (m)	cúmplice (m)	['kũplisi]
escapar de …	escapar (vi)	[iska'par]
rastro (m)	traço (m)	['trasu]

194. La policía. La ley. Unidad 2

búsqueda (f)	procura (f)	[pro'kura]
buscar (~ el criminal)	procurar (vt)	[proku'rar]
sospecha (f)	suspeita (f)	[sus'pejta]
sospechoso (adj)	suspeito	[sus'pejtu]
parar (~ en la calle)	parar (vt)	[pa'rar]
retener (vt)	deter (vt)	[de'ter]

causa (f) (~ penal)	caso (m)	['kazu]
investigación (f)	investigação (f)	[ĩvestʃiga'sãw]
detective (m)	detetive (m)	[dete'tʃivi]
investigador (m)	investigador (m)	[ĩvestʃiga'dor]

versión (f)	versão (f)	[ver'sãw]
motivo (m)	motivo (m)	[mo'tʃivu]
interrogatorio (m)	interrogatório (m)	[ĩtehoga'tɔrju]
interrogar (vt)	interrogar (vt)	[ĩteho'gar]
interrogar (al testigo)	questionar (vt)	[kestʃo'nar]
control (m) (de vehículos, etc.)	verificação (f)	[verifika'sãw]

redada (f)	batida (f) policial	[ba'tʃida poli'sjaw]
registro (m) (~ de la casa)	busca (f)	['buska]
persecución (f)	perseguição (f)	[persegi'sãw]
perseguir (vt)	perseguir (vt)	[perse'gir]
rastrear (~ al criminal)	seguir, rastrear (vt)	[se'gir], [has'trjar]

arresto (m)	prisão (f)	[pri'zãw]
arrestar (vt)	prender (vt)	[prẽ'der]
capturar (vt)	pegar, capturar (vt)	[pe'gar], [kaptu'rar]
captura (f)	captura (f)	[kap'tura]

documento (m)	documento (m)	[doku'mẽtu]
prueba (f)	prova (f)	['prɔva]
probar (vt)	provar (vt)	[pro'var]
huella (f) (pisada)	pegada (f)	[pe'gada]
huellas (f pl) digitales	impressões (f pl) digitais	[impre'sõjs dʒiʒi'tajs]
elemento (m) de prueba	prova (f)	['prɔva]

coartada (f)	álibi (m)	['alibi]
inocente (no culpable)	inocente	[ino'sẽtʃi]
injusticia (f)	injustiça (f)	[ĩʒus'tʃisa]
injusto (adj)	injusto	[ĩ'ʒustu]

criminal (adj)	criminal	[krimi'naw]
confiscar (vt)	confiscar (vt)	[kõfis'kar]
narcótico (m)	droga (f)	['drɔga]
arma (f)	arma (f)	['arma]
desarmar (vt)	desarmar (vt)	[dʒizar'mar]
ordenar (vt)	ordenar (vt)	[orde'nar]
desaparecer (vi)	desaparecer (vi)	[dʒizapare'ser]

ley (f)	lei (f)	[lej]
legal (adj)	legal	[le'gaw]
ilegal (adj)	ilegal	[ile'gaw]

responsabilidad (f)	responsabilidade (f)	[hespõsabili'dadʒi]
responsable (adj)	responsável	[hespõ'savew]

LA NATURALEZA

La tierra. Unidad 1

195. El espacio

cosmos (m)	espaço, cosmo (m)	[is'pasu], ['kɔzmu]
espacial, cósmico (adj)	espacial, cósmico	[ispa'sjaw], ['kɔzmiku]
espacio (m) cósmico	espaço (m) cósmico	[is'pasu 'kɔzmiku]
mundo (m)	mundo (m)	['mũdu]
universo (m)	universo (m)	[uni'vɛrsu]
galaxia (f)	galáxia (f)	[ga'laksja]
estrella (f)	estrela (f)	[is'trela]
constelación (f)	constelação (f)	[kõstela'sãw]
planeta (m)	planeta (m)	[pla'neta]
satélite (m)	satélite (m)	[sa'tɛlitʃi]
meteorito (m)	meteorito (m)	[meteo'ritu]
cometa (m)	cometa (m)	[ko'meta]
asteroide (m)	asteroide (m)	[aste'rɔjdʒi]
órbita (f)	órbita (f)	['ɔrbita]
girar (vi)	girar (vi)	[ʒi'rar]
atmósfera (f)	atmosfera (f)	[atmos'fɛra]
Sol (m)	Sol (m)	[sɔw]
sistema (m) solar	Sistema (m) Solar	[sis'tɛma so'lar]
eclipse (m) de Sol	eclipse (m) solar	[e'klipsi so'lar]
Tierra (f)	Terra (f)	['tɛha]
Luna (f)	Lua (f)	['lua]
Marte (m)	Marte (m)	['martʃi]
Venus (f)	Vênus (f)	['venus]
Júpiter (m)	Júpiter (m)	['ʒupiter]
Saturno (m)	Saturno (m)	[sa'turnu]
Mercurio (m)	Mercúrio (m)	[mer'kurju]
Urano (m)	Urano (m)	[u'ranu]
Neptuno (m)	Netuno (m)	[ne'tunu]
Plutón (m)	Plutão (m)	[plu'tãw]
la Vía Láctea	Via Láctea (f)	['via 'laktja]
la Osa Mayor	Ursa Maior (f)	[ursa ma'jɔr]
la Estrella Polar	Estrela Polar (f)	[is'trela po'lar]
marciano (m)	marciano (m)	[mar'sjanu]
extraterrestre (m)	extraterrestre (m)	[estrate'hɛstri]

| planetícola (m) | alienígena (m) | [alje'niʒena] |
| platillo (m) volante | disco (m) voador | ['dʒisku vwa'dor] |

nave (f) espacial	nave (f) espacial	['navi ispa'sjaw]
estación (f) orbital	estação (f) orbital	[eʃta'sãw orbi'taw]
despegue (m)	lançamento (m)	[lãsa'mẽtu]

motor (m)	motor (m)	[mo'tor]
tobera (f)	bocal (m)	[bo'kaw]
combustible (m)	combustível (m)	[kõbus'tʃivew]

carlinga (f)	cabine (f)	[ka'bini]
antena (f)	antena (f)	[ã'tɛna]
ventana (f)	vigia (f)	[vi'ʒia]
batería (f) solar	bateria (f) solar	[bate'ria so'lar]
escafandra (f)	traje (m) espacial	['traʒi ispa'sjaw]

| ingravidez (f) | imponderabilidade (f) | [ĩpõderabili'dadʒi] |
| oxígeno (m) | oxigênio (m) | [oksi'ʒenju] |

| atraque (m) | acoplagem (f) | [ako'plaʒẽ] |
| realizar el atraque | fazer uma acoplagem | [fa'zer 'uma ako'plaʒẽ] |

observatorio (m)	observatório (m)	[observa'tɔrju]
telescopio (m)	telescópio (m)	[tele'skɔpju]
observar (vt)	observar (vt)	[obser'var]
explorar (~ el universo)	explorar (vt)	[isplo'rar]

196. La tierra

Tierra (f)	Terra (f)	['tɛha]
globo (m) terrestre	globo (m) terrestre	['globu te'hɛstri]
planeta (m)	planeta (m)	[pla'neta]

atmósfera (f)	atmosfera (f)	[atmos'fɛra]
geografía (f)	geografia (f)	[ʒeogra'fia]
naturaleza (f)	natureza (f)	[natu'reza]

globo (m) terráqueo	globo (m)	['globu]
mapa (m)	mapa (m)	['mapa]
atlas (m)	atlas (m)	['atlas]

| Europa (f) | Europa (f) | [ew'rɔpa] |
| Asia (f) | Ásia (f) | ['azja] |

| África (f) | África (f) | ['afrika] |
| Australia (f) | Austrália (f) | [aws'tralja] |

América (f)	América (f)	[a'mɛrika]
América (f) del Norte	América (f) do Norte	[a'mɛrika du 'nɔrtʃi]
América (f) del Sur	América (f) do Sul	[a'mɛrika du suw]

| Antártida (f) | Antártida (f) | [ã'tartʃida] |
| Ártico (m) | Ártico (m) | ['artʃiku] |

197. Los puntos cardinales

norte (m)	norte (m)	['nɔrtʃi]
al norte	para norte	['para 'nɔrtʃi]
en el norte	no norte	[nu 'nɔrtʃi]
del norte (adj)	do norte	[du 'nɔrtʃi]
sur (m)	sul (m)	[suw]
al sur	para sul	['para suw]
en el sur	no sul	[nu suw]
del sur (adj)	do sul	[du suw]
oeste (m)	oeste, ocidente (m)	['wɛstʃi], [osi'dẽtʃi]
al oeste	para oeste	['para 'wɛstʃi]
en el oeste	no oeste	[nu 'wɛstʃi]
del oeste (adj)	ocidental	[osidẽ'taw]
este (m)	leste, oriente (m)	['lɛstʃi], [o'rjẽtʃi]
al este	para leste	['para 'lɛstʃi]
en el este	no leste	[nu 'lɛstʃi]
del este (adj)	oriental	[orjẽ'taw]

198. El mar. El océano

mar (m)	mar (m)	[mah]
océano (m)	oceano (m)	[o'sjanu]
golfo (m)	golfo (m)	['gowfu]
estrecho (m)	estreito (m)	[is'trejtu]
tierra (f) firme	terra (f) firme	['tɛha 'firmi]
continente (m)	continente (m)	[kõtʃi'nẽtʃi]
isla (f)	ilha (f)	['iʎa]
península (f)	península (f)	[pe'nĩsula]
archipiélago (m)	arquipélago (m)	[arki'pɛlagu]
bahía (f)	baía (f)	[ba'ia]
ensenada, bahía (f)	porto (m)	['portu]
laguna (f)	lagoa (f)	[la'goa]
cabo (m)	cabo (m)	['kabu]
atolón (m)	atol (m)	[a'tɔw]
arrecife (m)	recife (m)	[he'sifi]
coral (m)	coral (m)	[ko'raw]
arrecife (m) de coral	recife (m) de coral	[he'sifi de ko'raw]
profundo (adj)	profundo	[pro'fũdu]
profundidad (f)	profundidade (f)	[profũdʒi'dadʒi]
abismo (m)	abismo (m)	[a'bizmu]
fosa (f) oceánica	fossa (f) oceânica	['fɔsa o'sjanika]
corriente (f)	corrente (f)	[ko'hẽtʃi]
bañar (rodear)	banhar (vt)	[ba'ɲar]
orilla (f)	litoral (m)	[lito'raw]

costa (f)	costa (f)	['kɔsta]
flujo (m)	maré (f) alta	[ma'rɛ 'awta]
reflujo (m)	refluxo (m)	[he'fluksu]
banco (m) de arena	restinga (f)	[hes'tʃĩga]
fondo (m)	fundo (m)	['fũdu]

ola (f)	onda (f)	['õda]
cresta (f) de la ola	crista (f) da onda	['krista da 'õda]
espuma (f)	espuma (f)	[is'puma]

tempestad (f)	tempestade (f)	[tẽpes'tadʒi]
huracán (m)	furacão (m)	[fura'kãw]
tsunami (m)	tsunami (m)	[tsu'nami]
bonanza (f)	calmaria (f)	[kawma'ria]
calmo, tranquilo	calmo	['kawmu]

polo (m)	polo (m)	['pɔlu]
polar (adj)	polar	[po'lar]

latitud (f)	latitude (f)	[latʃi'tudʒi]
longitud (f)	longitude (f)	[lõʒi'tudʒi]
paralelo (m)	paralela (f)	[para'lɛla]
ecuador (m)	equador (m)	[ekwa'dor]

cielo (m)	céu (m)	[sɛw]
horizonte (m)	horizonte (m)	[ori'zõtʃi]
aire (m)	ar (m)	[ar]

faro (m)	farol (m)	[fa'rɔw]
bucear (vi)	mergulhar (vi)	[mergu'ʎar]
hundirse (vr)	afundar-se (vr)	[afũ'darse]
tesoros (m pl)	tesouros (m pl)	[te'zorus]

199. Los nombres de los mares y los océanos

océano (m) Atlántico	Oceano (m) Atlântico	[o'sjanu at'lãtʃiku]
océano (m) Índico	Oceano (m) Índico	[o'sjanu 'idiku]
océano (m) Pacífico	Oceano (m) Pacífico	[o'sjanu pa'sifiku]
océano (m) Glacial Ártico	Oceano (m) Ártico	[o'sjanu 'artʃiku]

mar (m) Negro	Mar (m) Negro	[mah 'negru]
mar (m) Rojo	Mar (m) Vermelho	[mah ver'meʎu]
mar (m) Amarillo	Mar (m) Amarelo	[mah ama'rɛlu]
mar (m) Blanco	Mar (m) Branco	[mah 'brãku]

mar (m) Caspio	Mar (m) Cáspio	[mah 'kaspju]
mar (m) Muerto	Mar (m) Morto	[mah 'mortu]
mar (m) Mediterráneo	Mar (m) Mediterrâneo	[mah medʒite'hanju]

mar (m) Egeo	Mar (m) Egeu	[mah e'ʒew]
mar (m) Adriático	Mar (m) Adriático	[mah a'drjatʃiku]

mar (m) Arábigo	Mar (m) Arábico	[mah a'rabiku]
mar (m) del Japón	Mar (m) do Japão	[mah du ʒa'pãw]

mar (m) de Bering	**Mar** (m) **de Bering**	[mah de berĩgi]
mar (m) de la China Meridional	**Mar** (m) **da China Meridional**	[mah da 'ʃina meriʤjo'naw]

mar (m) del Coral	**Mar** (m) **de Coral**	[mah de ko'raw]
mar (m) de Tasmania	**Mar** (m) **de Tasman**	[mah de tazman]
mar (m) Caribe	**Mar** (m) **do Caribe**	[mah du ka'ribi]

mar (m) de Barents	**Mar** (m) **de Barents**	[mah de barẽts]
mar (m) de Kara	**Mar** (m) **de Kara**	[mah de 'kara]

mar (m) del Norte	**Mar** (m) **do Norte**	[mah du 'nɔrtʃi]
mar (m) Báltico	**Mar** (m) **Báltico**	[mah 'bawtʃiku]
mar (m) de Noruega	**Mar** (m) **da Noruega**	[mah da nor'wɛga]

200. Las montañas

montaña (f)	montanha (f)	[mõ'taɲa]
cadena (f) de montañas	cordilheira (f)	[korʤi'ʎejra]
cresta (f) de montañas	serra (f)	['sɛha]

cima (f)	cume (m)	['kumi]
pico (m)	pico (m)	['piku]
pie (m)	pé (m)	[pɛ]
cuesta (f)	declive (m)	[de'klivi]

volcán (m)	vulcão (m)	[vuw'kãw]
volcán (m) activo	vulcão (m) ativo	[vuw'kãw a'tʃivu]
volcán (m) apagado	vulcão (m) extinto	[vuw'kãw is'tʃĩtu]

erupción (f)	erupção (f)	[erup'sãw]
cráter (m)	cratera (f)	[kra'tɛra]
magma (m)	magma (m)	['magma]
lava (f)	lava (f)	['lava]
fundido (lava ~a)	fundido	[fũ'ʤidu]

cañón (m)	cânion, desfiladeiro (m)	['kanjon], [ʤisfila'dejru]
desfiladero (m)	garganta (f)	[gar'gãta]
grieta (f)	fenda (f)	['fẽda]
precipicio (m)	precipício (m)	[presi'pisju]

puerto (m) (paso)	passo, colo (m)	['pasu], ['kɔlu]
meseta (f)	planalto (m)	[pla'nawtu]
roca (f)	falésia (f)	[fa'lɛzja]
colina (f)	colina (f)	[ko'lina]

glaciar (m)	geleira (f)	[ʒe'lejra]
cascada (f)	cachoeira (f)	[kaʃ'wejra]
geiser (m)	gêiser (m)	['ʒɛjzer]
lago (m)	lago (m)	['lagu]

llanura (f)	planície (f)	[pla'nisi]
paisaje (m)	paisagem (f)	[paj'zaʒẽ]
eco (m)	eco (m)	['ɛku]

alpinista (m)	alpinista (m)	[awpi'nista]
escalador (m)	escalador (m)	[iskala'dor]
conquistar (vt)	conquistar (vt)	[kõkis'tar]
ascensión (f)	subida, escalada (f)	[su'bida], [iska'lada]

201. Los nombres de las montañas

Alpes (m pl)	Alpes (m pl)	['awpis]
Montblanc (m)	Monte Branco (m)	['mõtʃi 'brãku]
Pirineos (m pl)	Pirineus (m pl)	[piri'news]
Cárpatos (m pl)	Cárpatos (m pl)	['karpatus]
Urales (m pl)	Urais (m pl)	[u'rajs]
Cáucaso (m)	Cáucaso (m)	['kawkazu]
Elbrus (m)	Elbrus (m)	[el'brus]
Altai (m)	Altai (m)	[al'taj]
Tian-Shan (m)	Tian Shan (m)	[tjan ʃan]
Pamir (m)	Pamir (m)	[pa'mir]
Himalayos (m pl)	Himalaia (m)	[ima'laja]
Everest (m)	monte Everest (m)	['mõtʃi eve'rest]
Andes (m pl)	Cordilheira (f) dos Andes	[kordʒi'ʎejra dus 'ãdʒis]
Kilimanjaro (m)	Kilimanjaro (m)	[kilimã'ʒaru]

202. Los ríos

río (m)	rio (m)	['hiu]
manantial (m)	fonte, nascente (f)	['fõtʃi], [na'sẽtʃi]
lecho (m) (curso de agua)	leito (m) de rio	['lejtu de 'hiu]
cuenca (f) fluvial	bacia (f)	[ba'sia]
desembocar en …	desaguar no …	[dʒiza'gwar nu]
afluente (m)	afluente (m)	[a'flwẽtʃi]
ribera (f)	margem (f)	['marʒẽ]
corriente (f)	corrente (f)	[ko'hẽtʃi]
río abajo (adv)	rio abaixo	['hiu a'baɪʃu]
río arriba (adv)	rio acima	['hiu a'sima]
inundación (f)	inundação (f)	[ĩtrodu'sãw]
riada (f)	cheia (f)	['ʃeja]
desbordarse (vr)	transbordar (vi)	[trãzbor'dar]
inundar (vt)	inundar (vt)	[inũ'dar]
bajo (m) arenoso	banco (m) de areia	['bãku de a'reja]
rápido (m)	corredeira (f)	[kohe'dejra]
presa (f)	barragem (f)	[ba'haʒẽ]
canal (m)	canal (m)	[ka'naw]
lago (m) artificiale	reservatório (m) de água	[hezerva'tɔrju de 'agwa]
esclusa (f)	eclusa (f)	[e'kluza]

cuerpo (m) de agua	corpo (m) de água	['korpu de 'agwa]
pantano (m)	pântano (m)	['pãtanu]
ciénaga (f)	lamaçal (m)	[lama'saw]
remolino (m)	rodamoinho (m)	[hodamo'iɲu]

arroyo (m)	riacho (m)	['hjaʃu]
potable (adj)	potável	[po'tavew]
dulce (agua ~)	doce	['dosi]

| hielo (m) | gelo (m) | ['ʒelu] |
| helarse (el lago, etc.) | congelar-se (vr) | [kõʒe'larsi] |

203. Los nombres de los ríos

| Sena (m) | rio Sena (m) | ['hiu 'sɛna] |
| Loira (m) | rio Loire (m) | ['hiu lu'ar] |

Támesis (m)	rio Tâmisa (m)	['hiu 'tamiza]
Rin (m)	rio Reno (m)	['hiu 'henu]
Danubio (m)	rio Danúbio (m)	['hiu da'nubju]

Volga (m)	rio Volga (m)	['hiu 'vɔlga]
Don (m)	rio Don (m)	['hiu dɔn]
Lena (m)	rio Lena (m)	['hiu 'lena]

Río (m) Amarillo	rio Amarelo (m)	['hiu ama'rɛlu]
Río (m) Azul	rio Yangtzé (m)	['hiu jã'gtzɛ]
Mekong (m)	rio Mekong (m)	['hiu mi'kõg]
Ganges (m)	rio Ganges (m)	['hiu 'gændʒi:z]

Nilo (m)	rio Nilo (m)	['hiu 'nilu]
Congo (m)	rio Congo (m)	['hiu 'kõgu]
Okavango (m)	rio Cubango (m)	['hiu ku'bãgu]
Zambeze (m)	rio Zambeze (m)	['hiu zã'bezi]
Limpopo (m)	rio Limpopo (m)	['hiu lĩ'popu]
Misisipi (m)	rio Mississippi (m)	['hiu misi'sipi]

204. El bosque

| bosque (m) | floresta (f), bosque (m) | [flo'rɛsta], ['bɔski] |
| de bosque (adj) | florestal | [flores'taw] |

espesura (f)	mata (f) fechada	['mata fe'ʃada]
bosquecillo (m)	arvoredo (m)	[arvo'redu]
claro (m)	clareira (f)	[kla'rejra]

| maleza (f) | matagal (m) | [mata'gaw] |
| matorral (m) | mato (m), caatinga (f) | ['matu], [ka'tʃĩga] |

senda (f)	trilha, vereda (f)	['triʎa], [ve'reda]
barranco (m)	ravina (f)	[ha'vina]
árbol (m)	árvore (f)	['arvori]

hoja (f)	folha (f)	['foʎa]
follaje (m)	folhagem (f)	[fo'ʎaʒẽ]
caída (f) de hojas	queda (f) das folhas	['kɛda das 'foʎas]
caer (las hojas)	cair (vi)	[ka'ir]
cima (f)	topo (m)	['topu]
rama (f)	ramo (m)	['hamu]
rama (f) (gruesa)	galho (m)	['gaʎu]
brote (m)	botão (m)	[bo'tãw]
aguja (f)	agulha (f)	[a'guʎa]
piña (f)	pinha (f)	['piɲa]
agujero (m)	buraco (m) de árvore	[bu'raku de 'arvori]
nido (m)	ninho (m)	['niɲu]
tronco (m)	tronco (m)	['trõku]
raíz (f)	raiz (f)	[ha'iz]
corteza (f)	casca (f) de árvore	['kaska de 'arvori]
musgo (m)	musgo (m)	['muzgu]
extirpar (vt)	arrancar pela raiz	[ahã'kar 'pɛla ha'iz]
talar (vt)	cortar (vt)	[kor'tar]
deforestar (vt)	desflorestar (vt)	[dʒisflores'tar]
tocón (m)	toco, cepo (m)	['toku], ['sepu]
hoguera (f)	fogueira (f)	[fo'gejra]
incendio (m) forestal	incêndio (m) florestal	[ĩ'sẽdʒju flores'taw]
apagar (~ el incendio)	apagar (vt)	[apa'gar]
guarda (m) forestal	guarda-parque (m)	['gwarda 'parki]
protección (f)	proteção (f)	[prote'sãw]
proteger (vt)	proteger (vt)	[prote'ʒer]
cazador (m) furtivo	caçador (m) furtivo	[kasa'dor fur'tʃivu]
cepo (m)	armadilha (f)	[arma'dʒiʎa]
recoger (setas, bayas)	colher (vt)	[ko'ʎer]
perderse (vr)	perder-se (vr)	[per'dersi]

205. Los recursos naturales

recursos (m pl) naturales	recursos (m pl) naturais	[he'kursus natu'rajs]
recursos (m pl) subterráneos	minerais (m pl)	[mine'rajs]
depósitos (m pl)	depósitos (m pl)	[de'pɔzitus]
yacimiento (m)	jazida (f)	[ʒa'zida]
extraer (vt)	extrair (vt)	[istra'jir]
extracción (f)	extração (f)	[istra'sãw]
mena (f)	minério (m)	[mi'nɛrju]
mina (f)	mina (f)	['mina]
pozo (m) de mina	poço (m) de mina	['posu de 'mina]
minero (m)	mineiro (m)	[mi'nejru]
gas (m)	gás (m)	['gajs]
gasoducto (m)	gasoduto (m)	[gazo'dutu]

petróleo (m)	petróleo (m)	[pe'trɔlju]
oleoducto (m)	oleoduto (m)	[oljo'dutu]
pozo (m) de petróleo	poço (m) de petróleo	['posu de pe'trɔlju]
torre (f) de sondeo	torre (f) petrolífera	['tohi petro'lifera]
petrolero (m)	petroleiro (m)	[petro'lejru]
arena (f)	areia (f)	[a'reja]
caliza (f)	calcário (m)	[kaw'karju]
grava (f)	cascalho (m)	[kas'kaʎu]
turba (f)	turfa (f)	['turfa]
arcilla (f)	argila (f)	[ar'ʒila]
carbón (m)	carvão (m)	[kar'vãw]
hierro (m)	ferro (m)	['fɛhu]
oro (m)	ouro (m)	['oru]
plata (f)	prata (f)	['prata]
níquel (m)	níquel (m)	['nikew]
cobre (m)	cobre (m)	['kɔbri]
zinc (m)	zinco (m)	['zĩku]
manganeso (m)	manganês (m)	[mãga'nes]
mercurio (m)	mercúrio (m)	[mer'kurju]
plomo (m)	chumbo (m)	['ʃũbu]
mineral (m)	mineral (m)	[mine'raw]
cristal (m)	cristal (m)	[kris'taw]
mármol (m)	mármore (m)	['marmori]
uranio (m)	urânio (m)	[u'ranju]

La tierra. Unidad 2

tiempo (m)	tempo (m)	['tẽpu]
previsión (f) del tiempo	previsão (f) do tempo	[previ'zãw du 'tẽpu]
temperatura (f)	temperatura (f)	[tẽpera'tura]
termómetro (m)	termômetro (m)	[ter'mometru]
barómetro (m)	barômetro (m)	[ba'rometru]
húmedo (adj)	úmido	['umidu]
humedad (f)	umidade (f)	[umi'dadʒi]
bochorno (m)	calor (m)	[ka'lor]
tórrido (adj)	tórrido	['tɔhidu]
hace mucho calor	está muito calor	[is'ta 'mwĩtu ka'lor]
hace calor (templado)	está calor	[is'ta ka'lor]
templado (adj)	quente	['kẽtʃi]
hace frío	está frio	[is'ta 'friu]
frío (adj)	frio	['friu]
sol (m)	sol (m)	[sɔw]
brillar (vi)	brilhar (vi)	[bri'ʎar]
soleado (un día ~)	de sol, ensolarado	[de sɔw], [ẽsola'radu]
elevarse (el sol)	nascer (vi)	[na'ser]
ponerse (vr)	pôr-se (vr)	['porsi]
nube (f)	nuvem (f)	['nuvẽj]
nuboso (adj)	nublado	[nu'bladu]
nubarrón (m)	nuvem (f) preta	['nuvẽj 'preta]
nublado (adj)	escuro	[is'kuru]
lluvia (f)	chuva (f)	['ʃuva]
está lloviendo	está a chover	[is'ta a ʃo'ver]
lluvioso (adj)	chuvoso	[ʃu'vozu]
lloviznar (vi)	chuviscar (vi)	[ʃuvis'kar]
aguacero (m)	chuva (f) torrencial	['ʃuva tohẽ'sjaw]
chaparrón (m)	aguaceiro (m)	[agwa'sejru]
fuerte (la lluvia ~)	forte	['fortʃi]
charco (m)	poça (f)	['posa]
mojarse (vr)	molhar-se (vr)	[mo'ʎarsi]
niebla (f)	nevoeiro (m)	[nevo'ejru]
nebuloso (adj)	de nevoeiro	[de nevu'ejru]
nieve (f)	neve (f)	['nɛvi]
está nevando	está nevando	[is'ta ne'vãdu]

207. Los eventos climáticos severos. Los desastres naturales

tormenta (f)	trovoada (f)	[tro'vwada]
relámpago (m)	relâmpago (m)	[he'lãpagu]
relampaguear (vi)	relampejar (vi)	[helãpe'ʒar]

trueno (m)	trovão (m)	[tro'vãw]
tronar (vi)	trovejar (vi)	[trove'ʒar]
está tronando	está trovejando	[is'ta trove'ʒãdu]

granizo (m)	granizo (m)	[gra'nizu]
está granizando	está caindo granizo	[is'ta ka'ĩdu gra'nizu]

inundar (vt)	inundar (vt)	[inũ'dar]
inundación (f)	inundação (f)	[ĩtrodu'sãw]

terremoto (m)	terremoto (m)	[tehe'mɔtu]
sacudida (f)	abalo, tremor (m)	[a'balu], [tre'mor]
epicentro (m)	epicentro (m)	[epi'sẽtru]

erupción (f)	erupção (f)	[erup'sãw]
lava (f)	lava (f)	['lava]

torbellino (m)	tornado (m)	[tor'nadu]
tornado (m)	tornado (m)	[tor'nadu]
tifón (m)	tufão (m)	[tu'fãw]

huracán (m)	furacão (m)	[fura'kãw]
tempestad (f)	tempestade (f)	[tẽpes'tadʒi]
tsunami (m)	tsunami (m)	[tsu'nami]

ciclón (m)	ciclone (m)	[si'klɔni]
mal tiempo (m)	mau tempo (m)	[maw 'tẽpu]
incendio (m)	incêndio (m)	[ĩ'sẽdʒju]
catástrofe (f)	catástrofe (f)	[ka'tastrofi]
meteorito (m)	meteorito (m)	[meteo'ritu]

avalancha (f)	avalanche (f)	[ava'lãʃi]
alud (m) de nieve	deslizamento (m) de neve	[dʒizliza'mẽtu de 'nɛvi]
ventisca (f)	nevasca (f)	[ne'vaska]
nevasca (f)	tempestade (f) de neve	[tẽpes'tadʒi de 'nɛvi]

208. Los ruidos. Los sonidos

silencio (m)	silêncio (m)	[si'lẽsju]
sonido (m)	som (m)	[sõ]
ruido (m)	ruído, barulho (m)	['hwidu], [ba'ruʎu]
hacer ruido	fazer barulho	[fa'zer ba'ruʎu]
ruidoso (adj)	ruidoso, barulhento	[hwi'dozu], [baru'ʎẽtu]

alto (adv)	alto	['awtu]
fuerte (~ voz)	alto	['awtu]
constante (ruido, etc.)	constante	[kõs'tãtʃi]

grito (m)	grito (m)	['gritu]
gritar (vi)	gritar (vi)	[gri'tar]
susurro (m)	sussurro (m)	[su'suhu]
susurrar (vi, vt)	sussurrar (vi, vt)	[susu'har]

| ladrido (m) | latido (m) | [la'tʃidu] |
| ladrar (vi) | latir (vi) | [la'tʃir] |

gemido (m)	gemido (m)	[ʒe'midu]
gemir (vi)	gemer (vi)	[ʒe'mer]
tos (f)	tosse (f)	['tɔsi]
toser (vi)	tossir (vi)	[to'sir]

silbido (m)	assobio (m)	[aso'biu]
silbar (vi)	assobiar (vi)	[aso'bjar]
toque (m) en la puerta	batida (f)	[ba'tʃida]
golpear (la puerta)	bater (vi)	[ba'ter]

| crepitar (vi) | estalar (vi) | [ista'lar] |
| crepitación (f) | estalido, estalo (m) | [ista'lidu], [is'talu] |

sirena (f)	sirene (f)	[si'rɛni]
pito (m) (de la fábrica)	apito (m)	[a'pitu]
pitar (un tren, etc.)	apitar (vi)	[api'tar]
bocinazo (m)	buzina (f)	[bu'zina]
tocar la bocina	buzinar (vi)	[buzi'nar]

209. El invierno

invierno (m)	inverno (m)	[ĩ'vɛrnu]
de invierno (adj)	de inverno	[de ĩ'vɛrnu]
en invierno	no inverno	[nu ĩ'vɛrnu]

nieve (f)	neve (f)	['nɛvi]
está nevando	está nevando	[is'ta ne'vãdu]
nevada (f)	queda (f) de neve	['kɛda de 'nɛvi]
montón (m) de nieve	amontoado (m) de neve	[amõ'twadu de 'nɛvi]

copo (m) de nieve	floco (m) de neve	['flɔku de 'nɛvi]
bola (f) de nieve	bola (f) de neve	['bɔla de 'nɛvi]
monigote (m) de nieve	boneco (m) de neve	[bo'neku de 'nɛvi]
carámbano (m)	sincelo (m)	[sĩ'sɛlu]

diciembre (m)	dezembro (m)	[de'zẽbru]
enero (m)	janeiro (m)	[ʒa'nejru]
febrero (m)	fevereiro (m)	[feve'rejru]

| helada (f) | gelo (m) | ['ʒelu] |
| helado (~a noche) | gelado | [ʒe'ladu] |

bajo cero (adv)	abaixo de zero	[a'baɪʃu de 'zɛru]
primeras heladas (f pl)	primeira geada (f)	[pri'mejra 'ʒjada]
escarcha (f)	geada (f) branca	['ʒjada 'brãka]
frío (m)	frio (m)	['friu]

hace frío	está frio	[is'ta 'friu]
abrigo (m) de piel	casaco (m) de pele	[kaz'aku de 'pɛli]
manoplas (f pl)	mitenes (f pl)	[mi'tɛnes]
enfermarse (vr)	adoecer (vi)	[adoe'ser]
resfriado (m)	resfriado (m)	[hes'frjadu]
resfriarse (vr)	ficar resfriado	[fi'kar hes'frjadu]
hielo (m)	gelo (m)	['ʒelu]
hielo (m) negro	gelo (m) na estrada	['ʒelu na is'trada]
helarse (el lago, etc.)	congelar-se (vr)	[kõʒe'larsi]
bloque (m) de hielo	bloco (m) de gelo	['blɔku de 'ʒelu]
esquís (m pl)	esqui (m)	[is'ki]
esquiador (m)	esquiador (m)	[iskja'dor]
esquiar (vi)	esquiar (vi)	[is'kjar]
patinar (vi)	patinar (vi)	[patʃi'nar]

La fauna

carnívoro (m)	predador (m)	[preda'dor]
tigre (m)	tigre (m)	['tʃigri]
león (m)	leão (m)	[le'ãw]
lobo (m)	lobo (m)	['lobu]
zorro (m)	raposa (f)	[ha'pozu]
jaguar (m)	jaguar (m)	[ʒa'gwar]
leopardo (m)	leopardo (m)	[ljo'pardu]
guepardo (m)	chita (f)	['ʃita]
pantera (f)	pantera (f)	[pã'tɛra]
puma (f)	puma (m)	['puma]
leopardo (m) de las nieves	leopardo-das-neves (m)	[ljo'pardu das 'nɛvis]
lince (m)	lince (m)	['lĩsi]
coyote (m)	coiote (m)	[ko'jɔtʃi]
chacal (m)	chacal (m)	[ʃa'kaw]
hiena (f)	hiena (f)	['jena]

animal (m)	animal (m)	[ani'maw]
bestia (f)	besta (f)	['besta]
ardilla (f)	esquilo (m)	[is'kilu]
erizo (m)	ouriço (m)	[o'risu]
liebre (f)	lebre (f)	['lɛbri]
conejo (m)	coelho (m)	[ko'eʎu]
tejón (m)	texugo (m)	[te'ʃugu]
mapache (m)	guaxinim (m)	[gwaʃi'nĩ]
hámster (m)	hamster (m)	['amster]
marmota (f)	marmota (f)	[mah'mɔta]
topo (m)	toupeira (f)	[to'pejra]
ratón (m)	rato (m)	['hatu]
rata (f)	ratazana (f)	[hata'zana]
murciélago (m)	morcego (m)	[mor'segu]
armiño (m)	arminho (m)	[ar'miɲu]
cebellina (f)	zibelina (f)	[zibe'lina]
marta (f)	marta (f)	['mahta]
comadreja (f)	doninha (f)	[dɔ'niɲa]
visón (m)	visom (m)	[vi'zõ]

castor (m)	**castor** (m)	[kas'tor]
nutria (f)	**lontra** (f)	['lõtra]
caballo (m)	**cavalo** (m)	[ka'valu]
alce (m)	**alce** (m)	['awsi]
ciervo (m)	**veado** (m)	['vjadu]
camello (m)	**camelo** (m)	[ka'melu]
bisonte (m)	**bisão** (m)	[bi'zãw]
uro (m)	**auroque** (m)	[aw'rɔki]
búfalo (m)	**búfalo** (m)	['bufalu]
cebra (f)	**zebra** (f)	['zebra]
antílope (m)	**antílope** (m)	[ã'tʃilopi]
corzo (m)	**corça** (f)	['korsa]
gamo (m)	**gamo** (m)	['gamu]
gamuza (f)	**camurça** (f)	[ka'mursa]
jabalí (m)	**javali** (m)	[ʒava'li]
ballena (f)	**baleia** (f)	[ba'leja]
foca (f)	**foca** (f)	['fɔka]
morsa (f)	**morsa** (f)	['mɔhsa]
oso (m) marino	**urso-marinho** (m)	['ursu ma'riɲu]
delfín (m)	**golfinho** (m)	[gow'fiɲu]
oso (m)	**urso** (m)	['ursu]
oso (m) blanco	**urso** (m) **polar**	['ursu po'lar]
panda (f)	**panda** (m)	['pãda]
mono (m)	**macaco** (m)	[ma'kaku]
chimpancé (m)	**chimpanzé** (m)	[ʃĩpã'zɛ]
orangután (m)	**orangotango** (m)	[orãgu'tãgu]
gorila (m)	**gorila** (m)	[go'rila]
macaco (m)	**macaco** (m)	[ma'kaku]
gibón (m)	**gibão** (m)	[ʒi'bãw]
elefante (m)	**elefante** (m)	[ele'fãtʃi]
rinoceronte (m)	**rinoceronte** (m)	[hinose'rõtʃi]
jirafa (f)	**girafa** (f)	[ʒi'rafa]
hipopótamo (m)	**hipopótamo** (m)	[ipo'pɔtamu]
canguro (m)	**canguru** (m)	[kãgu'ru]
koala (f)	**coala** (m)	['kwala]
mangosta (f)	**mangusto** (m)	[mã'gustu]
chinchilla (f)	**chinchila** (f)	[ʃĩ'ʃila]
mofeta (f)	**cangambá** (f)	[kã'gãba]
espín (m)	**porco-espinho** (m)	['porku is'piɲu]

212. Los animales domésticos

gata (f)	**gata** (f)	['gata]
gato (m)	**gato** (m) **macho**	['gatu 'maʃu]
perro (m)	**cão** (m)	['kãw]

caballo (m)	cavalo (m)	[ka'valu]
garañón (m)	garanhão (m)	[gara'ɲãw]
yegua (f)	égua (f)	['ɛgwa]

vaca (f)	vaca (f)	['vaka]
toro (m)	touro (m)	['toru]
buey (m)	boi (m)	[boj]

oveja (f)	ovelha (f)	[o'veʎa]
carnero (m)	carneiro (m)	[kar'nejru]
cabra (f)	cabra (f)	['kabra]
cabrón (m)	bode (m)	['bɔdʒi]

| asno (m) | burro (m) | ['buhu] |
| mulo (m) | mula (f) | ['mula] |

cerdo (m)	porco (m)	['porku]
cerdito (m)	leitão (m)	[lej'tãw]
conejo (m)	coelho (m)	[ko'eʎu]

| gallina (f) | galinha (f) | [ga'liɲa] |
| gallo (m) | galo (m) | ['galu] |

pato (m)	pata (f)	['pata]
ánade (m)	pato (m)	['patu]
ganso (m)	ganso (m)	['gãsu]

| pavo (m) | peru (m) | [pe'ru] |
| pava (f) | perua (f) | [pe'rua] |

animales (m pl) domésticos	animais (m pl) domésticos	[ani'majs do'mɛstʃikus]
domesticado (adj)	domesticado	[domestʃi'kadu]
domesticar (vt)	domesticar (vt)	[domestʃi'kar]
criar (vt)	criar (vt)	[krjar]

granja (f)	fazenda (f)	[fa'zẽda]
aves (f pl) de corral	aves (f pl) domésticas	['avis do'mɛstʃikas]
ganado (m)	gado (m)	['gadu]
rebaño (m)	rebanho (m), manada (f)	[he'baɲu], [ma'nada]

caballeriza (f)	estábulo (m)	[is'tabulu]
porqueriza (f)	chiqueiro (m)	[ʃi'kejru]
vaquería (f)	estábulo (m)	[is'tabulu]
conejal (m)	coelheira (f)	[kue'ʎejra]
gallinero (m)	galinheiro (m)	[gali'ɲejru]

213. Los perros. Las razas de perros

perro (m)	cão (m)	['kãw]
perro (m) pastor	cão pastor (m)	['kãw pas'tor]
pastor (m) alemán	pastor-alemão (m)	[pas'tor ale'mãw]
caniche (m)	poodle (m)	['pudw]
teckel (m)	linguicinha (m)	[lĩgwi'siɲa]
bulldog (m)	buldogue (m)	[buw'dɔgi]

bóxer (m)	boxer (m)	['bɔkser]
mastín (m) inglés	mastim (m)	[mas'tʃĩ]
rottweiler (m)	rottweiler (m)	[hɔt'vejler]
doberman (m)	dóberman (m)	['dɔberman]

basset hound (m)	basset (m)	[ba'sɛt]
bobtail (m)	pastor inglês (m)	[pas'tor ĩ'gles]
dálmata (m)	dálmata (m)	['dalmata]
cocker spaniel (m)	cocker spaniel (m)	['kɔker spa'njel]

terranova (m)	terra-nova (m)	['tɛha-'nɔva]
san bernardo (m)	são-bernardo (m)	[sãw-ber'nardu]

husky (m)	husky (m) siberiano	['aski sibe'rjanu]
chow chow (m)	Chow-chow (m)	[ʃou'ʃou]
pomerania (m)	spitz alemão (m)	['spits ale'mãw]
pug (m), carlino (m)	pug (m)	[pug]

214. Los sonidos de los animales

ladrido (m)	latido (m)	[la'tʃidu]
ladrar (vi)	latir (vi)	[la'tʃir]
maullar (vi)	miar (vi)	[mjar]
ronronear (vi)	ronronar (vi)	[hõho'nar]

mugir (vi)	mugir (vi)	[mu'ʒir]
bramar (toro)	bramir (vi)	[bra'mir]
rugir (vi)	rosnar (vi)	[hoz'nar]

aullido (m)	uivo (m)	['wivu]
aullar (vi)	uivar (vi)	[wi'var]
gañir (vi)	ganir (vi)	[ga'nir]

balar (vi)	balir (vi)	[ba'lih]
gruñir (cerdo)	grunhir (vi)	[gru'ɲir]
chillar (vi)	guinchar (vi)	[gĩ'ʃar]

croar (vi)	coaxar (vi)	[koa'ʃar]
zumbar (vi)	zumbir (vi)	[zũ'bir]
chirriar (vi)	ziziar (vi)	[zi'zjar]

215. Los animales jóvenes

cría (f)	cria (f), filhote (m)	['kria], [fi'ʎɔtʃi]
gatito (m)	filhote de gato, gatinho (m)	[fi'ʎɔtʃi de gatu], [ga'tiɲu]
ratoncillo (m)	ratinho (m)	[ha'tiɲu]
cachorro (m)	cachorro (m)	[ka'ʃohu]

lebrato (m)	filhote (m) de lebre	[fi'ʎɔtʃi de 'lɛbri]
gazapo (m)	coelhinho (m)	[kue'ʎiɲu]
lobato (m)	lobinho (m)	[lo'biɲu]
cachorro (m) de zorro	filhote (m) de raposa	[fi'ʎɔtʃi de ha'pozu]

osito (m)	filhote (m) de urso	[fi'ʎotʃi de 'ursu]
cachorro (m) de león	filhote (m) de leão	[fi'ʎotʃi de le'ãw]
cachorro (m) de tigre	filhote (m) de tigre	[fi'ʎotʃi de 'tʃigri]
elefante bebé (m)	filhote (m) de elefante	[fi'ʎotʃi de ele'fãtʃi]
cerdito (m)	leitão (m)	[lej'tãw]
ternero (m)	bezerro (m)	[be'zehu]
cabrito (m)	cabrito (m)	[ka'britu]
cordero (m)	cordeiro (m)	[kor'dejru]
cervato (m)	filhote (m) de veado	[fi'ʎotʃi de 'vjadu]
cría (f) de camello	cria (f) de camelo	['kria de ka'melu]
serpiente (f) joven	filhote (m) de serpente	[fi'ʎotʃi de ser'pẽtʃi]
rana (f) juvenil	filhote (m) de rã	[fi'ʎotʃi de hã]
polluelo (m)	cria (f) de ave	['kria de 'avi]
pollito (m)	pinto (m)	['pĩtu]
patito (m)	patinho (m)	[pa'tʃiɲu]

216. Los pájaros

pájaro (m)	pássaro (m), ave (f)	['pasaru], ['avi]
paloma (f)	pombo (m)	['põbu]
gorrión (m)	pardal (m)	[par'daw]
carbonero (m)	chapim-real (m)	[ʃa'pĩ-he'aw]
urraca (f)	pega-rabuda (f)	['pega-ha'buda]
cuervo (m)	corvo (m)	['korvu]
corneja (f)	gralha-cinzenta (f)	['graʎa sĩ'zẽta]
chova (f)	gralha-de-nuca-cinzenta (f)	['graʎa de 'nuka sĩ'zẽta]
grajo (m)	gralha-calva (f)	['graʎa 'kawvu]
pato (m)	pato (m)	['patu]
ganso (m)	ganso (m)	['gãsu]
faisán (m)	faisão (m)	[faj'zãw]
águila (f)	águia (f)	['agja]
azor (m)	açor (m)	[a'sor]
halcón (m)	falcão (m)	[faw'kãw]
buitre (m)	abutre (m)	[a'butri]
cóndor (m)	condor (m)	[kõ'dor]
cisne (m)	cisne (m)	['sizni]
grulla (f)	grou (m)	[grow]
cigüeña (f)	cegonha (f)	[se'goɲa]
loro (m), papagayo (m)	papagaio (m)	[papa'gaju]
colibrí (m)	beija-flor (m)	[bejʒa'flɔr]
pavo (m) real	pavão (m)	[pa'vãw]
avestruz (m)	avestruz (m)	[aves'truz]
garza (f)	garça (f)	['garsa]
flamenco (m)	flamingo (m)	[fla'mĩgu]
pelícano (m)	pelicano (m)	[peli'kanu]

ruiseñor (m)	rouxinol (m)	[hoʃi'nɔw]
golondrina (f)	andorinha (f)	[ãdo'riɲa]
tordo (m)	tordo-zornal (m)	['tɔrdu-zor'nal]
zorzal (m)	tordo-músico (m)	['tɔrdu-'muziku]
mirlo (m)	melro-preto (m)	['mɛwhu 'pretu]
vencejo (m)	andorinhão (m)	[ãdori'ɲãw]
alondra (f)	laverca, cotovia (f)	[la'verka], [kutu'via]
codorniz (f)	codorna (f)	[ko'dɔrna]
pájaro carpintero (m)	pica-pau (m)	['pika 'paw]
cuco (m)	cuco (m)	['kuku]
lechuza (f)	coruja (f)	[ko'ruʒa]
búho (m)	bufo-real (m)	['bufu-he'aw]
urogallo (m)	tetraz-grande (m)	[tɛ'tras-'grãdʒi]
gallo lira (m)	tetraz-lira (m)	[tɛ'tras-'lira]
perdiz (f)	perdiz-cinzenta (f)	[per'dis sĩ'zẽta]
estornino (m)	estorninho (m)	[istor'niɲu]
canario (m)	canário (m)	[ka'narju]
ortega (f)	galinha-do-mato (f)	[ga'liɲa du 'matu]
pinzón (m)	tentilhão (m)	[tẽtʃi'ʎãw]
camachuelo (m)	dom-fafe (m)	[dõ'fafi]
gaviota (f)	gaivota (f)	[gaj'vɔta]
albatros (m)	albatroz (m)	[alba'trɔs]
pingüino (m)	pinguim (m)	[pĩ'gwĩ]

217. Los pájaros. El canto y los sonidos

cantar (vi)	cantar (vi)	[kã'tar]
gritar, llamar (vi)	gritar, chamar (vi)	[gri'tar], [ʃa'mar]
cantar (el gallo)	cantar (vi)	[kã'tar]
quiquiriquí (m)	cocorocó (m)	[kɔkuru'kɔ]
cloquear (vi)	cacarejar (vi)	[kakare'ʒar]
graznar (vi)	crocitar, grasnar (vi)	[krosi'tar], [graz'nar]
graznar, parpar (vi)	grasnar (vi)	[graz'nar]
piar (vi)	piar (vi)	[pjar]
gorjear (vi)	chilrear, gorjear (vi)	[ʃiw'hjar], [gor'ʒjar]

218. Los peces. Los animales marinos

brema (f)	brema (f)	['brema]
carpa (f)	carpa (f)	['karpa]
perca (f)	perca (f)	['pehka]
siluro (m)	siluro (m)	[si'luru]
lucio (m)	lúcio (m)	['lusju]
salmón (m)	salmão (m)	[saw'mãw]
esturión (m)	esturjão (m)	[istur'ʒãw]

arenque (m)	arenque (m)	[a'rẽki]
salmón (m) del Atlántico	salmão (m) do Atlântico	[saw'mãw du at'lãtʃiku]
caballa (f)	cavala, sarda (f)	[ka'vala], ['sarda]
lenguado (m)	solha (f), linguado (m)	['soʎa], [lĩ'gwadu]

lucioperca (f)	lúcio perca (m)	['lusju 'perka]
bacalao (m)	bacalhau (m)	[baka'ʎaw]
atún (m)	atum (m)	[a'tũ]
trucha (f)	truta (f)	['truta]

anguila (f)	enguia (f)	[ẽ'gia]
raya (f) eléctrica	raia (f) elétrica	['haja e'lɛtrika]
morena (f)	moreia (f)	[mo'reja]
piraña (f)	piranha (f)	[pi'raɲa]

tiburón (m)	tubarão (m)	[tuba'rãw]
delfín (m)	golfinho (m)	[gow'fiɲu]
ballena (f)	baleia (f)	[ba'leja]

centolla (f)	caranguejo (m)	[karã'geʒu]
medusa (f)	água-viva (f)	['agwa 'viva]
pulpo (m)	polvo (m)	['powvu]

estrella (f) de mar	estrela-do-mar (f)	[is'trela du 'mar]
erizo (m) de mar	ouriço-do-mar (m)	[o'risu du 'mar]
caballito (m) de mar	cavalo-marinho (m)	[ka'valu ma'riɲu]

ostra (f)	ostra (f)	['ostra]
camarón (m)	camarão (m)	[kama'rãw]
bogavante (m)	lagosta (f)	[la'gosta]
langosta (f)	lagosta (f)	[la'gosta]

219. Los anfibios. Los reptiles

| serpiente (f) | cobra (f) | ['kɔbra] |
| venenoso (adj) | venenoso | [vene'nozu] |

víbora (f)	víbora (f)	['vibora]
cobra (f)	naja (f)	['naʒa]
pitón (m)	píton (m)	['pitɔn]
boa (f)	jiboia (f)	[ʒi'bɔja]

culebra (f)	cobra-de-água (f)	[kɔbra de 'agwa]
serpiente (m) de cascabel	cascavel (f)	[kaska'vɛw]
anaconda (f)	anaconda, sucuri (f)	[ana'kõda], [sukuri]

lagarto (m)	lagarto (m)	[la'gartu]
iguana (f)	iguana (f)	[i'gwana]
varano (m)	varano (m)	[va'ranu]
salamandra (f)	salamandra (f)	[sala'mãdra]
camaleón (m)	camaleão (m)	[kamale'ãu]
escorpión (m)	escorpião (m)	[iskorpi'ãw]
tortuga (f)	tartaruga (f)	[tarta'ruga]
rana (f)	rã (f)	[hã]

sapo (m)	sapo (m)	['sapu]
cocodrilo (m)	crocodilo (m)	[kroko'dʒilu]

220. Los insectos

insecto (m)	inseto (m)	[ĩ'sɛtu]
mariposa (f)	borboleta (f)	[borbo'leta]
hormiga (f)	formiga (f)	[for'miga]
mosca (f)	mosca (f)	['moska]
mosquito (m) (picadura de ~)	mosquito (m)	[mos'kitu]
escarabajo (m)	escaravelho (m)	[iskara've ʎu]

avispa (f)	vespa (f)	['vespa]
abeja (f)	abelha (f)	[a'beʎa]
abejorro (m)	mamangaba (f)	[mamã'gaba]
moscardón (m)	moscardo (m)	[mos'kardu]

araña (f)	aranha (f)	[a'raɲa]
telaraña (f)	teia (f) de aranha	['teja de a'raɲa]

libélula (f)	libélula (f)	[li'bɛlula]
saltamontes (m)	gafanhoto (m)	[gafa'ɲotu]
mariposa (f) nocturna	traça (f)	['trasa]

cucaracha (f)	barata (f)	[ba'rata]
garrapata (f)	carrapato (m)	[kaha'patu]
pulga (f)	pulga (f)	['puwga]
mosca (f) negra	borrachudo (m)	[boha'ʃudu]

langosta (f)	gafanhoto-migratório (m)	[gafa'ɲotu-migra'tɔrju]
caracol (m)	caracol (m)	[kara'kɔw]
grillo (m)	grilo (m)	['grilu]
luciérnaga (f)	pirilampo, vaga-lume (m)	[piri'lãpu], [vaga-'lumi]
mariquita (f)	joaninha (f)	[ʒwa'niɲa]
sanjuanero (m)	besouro (m)	[be'zoru]

sanguijuela (f)	sanguessuga (f)	[sãgi'suga]
oruga (f)	lagarta (f)	[la'garta]
lombriz (m) de tierra	minhoca (f)	[mi'ɲɔka]
larva (f)	larva (f)	['larva]

221. Los animales. Las partes del cuerpo

pico (m)	bico (m)	['biku]
alas (f pl)	asas (f pl)	['azas]
pata (f)	pata (f)	['pata]
plumaje (m)	plumagem (f)	[plu'maʒẽ]
pluma (f)	pena, pluma (f)	['pena], ['pluma]
penacho (m)	crista (f)	['krista]

branquias (f pl)	guelras (f pl)	['gɛwhas]
huevas (f pl)	ovas (f pl)	['ɔvas]

larva (f)	larva (f)	['larva]
aleta (f)	barbatana (f)	[barba'tana]
escamas (f pl)	escama (f)	[is'kama]

colmillo (m)	presa (f)	['preza]
garra (f), pata (f)	pata (f)	['pata]
hocico (m)	focinho (m)	[fo'siɲu]
boca (f)	boca (f)	['boka]
cola (f)	cauda (f), rabo (m)	['kawda], ['habu]
bigotes (m pl)	bigodes (m pl)	[bi'gɔdʒis]

| casco (m) (pezuña) | casco (m) | ['kasku] |
| cuerno (m) | corno (m) | ['kornu] |

caparazón (m)	carapaça (f)	[kara'pasa]
concha (f) (de moluscos)	concha (f)	['kõʃa]
cáscara (f) (de huevo)	casca (f) de ovo	['kaska de 'ovu]

| pelo (m) (de perro) | pelo (m) | ['pelu] |
| piel (f) (de vaca, etc.) | pele (f), couro (m) | ['pɛli], ['koru] |

222. Los animales. Acciones. Conducta.

| volar (vi) | voar (vi) | [vo'ar] |
| dar vueltas | dar voltas | [dar 'vɔwtas] |

| echar a volar | voar (vi) | [vo'ar] |
| batir las alas | bater as asas | [ba'ter as 'azas] |

| picotear (vt) | bicar (vi) | [bi'kar] |
| empollar (vt) | incubar (vt) | [ĩku'bar] |

| salir del cascarón | sair do ovo | [sa'ir du 'ovu] |
| hacer el nido | fazer o ninho | [fa'zer u 'niɲu] |

reptar (serpiente)	rastejar (vi)	[haste'ʒar]
picar (vt)	picar (vt)	[pi'kar]
morder (animal)	morder (vt)	[mor'der]

olfatear (vt)	cheirar (vt)	[ʃej'rar]
ladrar (vi)	latir (vi)	[la'tʃir]
sisear (culebra)	silvar (vi)	[siw'var]

| asustar (vt) | assustar (vt) | [asus'tar] |
| atacar (vt) | atacar (vt) | [ata'kar] |

roer (vt)	roer (vt)	[hwer]
arañar (vt)	arranhar (vt)	[aha'ɲar]
esconderse (vr)	esconder-se (vr)	[iskõ'dersi]

jugar (gatitos, etc.)	brincar (vi)	[brĩ'kar]
cazar (vi, vt)	caçar (vi)	[ka'sar]
hibernar (vi)	hibernar (vi)	[iber'nar]
extinguirse (vr)	extinguir-se (vr)	[istʃĩ'girsi]

223. Los animales. El hábitat

hábitat (m)	hábitat (m)	['abitatʃi]
migración (f)	migração (f)	[migra'sãw]
montaña (f)	montanha (f)	[mõ'taɲa]
arrecife (m)	recife (m)	[he'sifi]
roca (f)	falésia (f)	[fa'lɛzja]
bosque (m)	floresta (f)	[flo'rɛsta]
jungla (f)	selva (f)	['sɛwva]
sabana (f)	savana (f)	[sa'vana]
tundra (f)	tundra (f)	['tũdra]
estepa (f)	estepe (f)	[is'tɛpi]
desierto (m)	deserto (m)	[de'zɛrtu]
oasis (m)	oásis (m)	[o'asis]
mar (m)	mar (m)	[mah]
lago (m)	lago (m)	['lagu]
océano (m)	oceano (m)	[o'sjanu]
pantano (m)	pântano (m)	['pãtanu]
de agua dulce (adj)	de água doce	[de 'agwa 'dosi]
estanque (m)	lagoa (f)	[la'goa]
río (m)	rio (m)	['hiu]
cubil (m)	toca (f) do urso	['tɔka du 'ursu]
nido (m)	ninho (m)	['niɲu]
agujero (m)	buraco (m) de árvore	[bu'raku de 'arvori]
madriguera (f)	toca (f)	['tɔka]
hormiguero (m)	formigueiro (m)	[formi'gejru]

224. El cuidado de los animales

zoológico (m)	jardim (m) zoológico	[ʒar'dʒĩ zo'lɔʒiku]
reserva (f) natural	reserva (f) natural	[he'zɛrva natu'raw]
criadero (m)	viveiro (m)	[vi'vejru]
jaula (f) al aire libre	jaula (f) de ar livre	['ʒawla de ar 'livri]
jaula (f)	jaula, gaiola (f)	['ʒawla], [ga'jɔla]
perrera (f)	casinha (f) de cachorro	[ka'ziɲa de ka'ʃohu]
palomar (m)	pombal (m)	[põ'baw]
acuario (m)	aquário (m)	[a'kwarju]
delfinario (m)	delfinário (m)	[delfi'narju]
criar (~ animales)	criar (vt)	[krjar]
crías (f pl)	cria (f)	['kria]
domesticar (vt)	domesticar (vt)	[domestʃi'kar]
adiestrar (~ animales)	adestrar (vt)	[ades'trar]
pienso (m), comida (f)	ração (f)	[ha'sãw]
dar de comer	alimentar (vt)	[alimẽ'tar]

tienda (f) de animales
bozal (m) de perro
collar (m)
nombre (m) (de perro, etc.)
pedigrí (m)

loja (f) de animais
focinheira (m)
coleira (f)
nome (m)
pedigree (m)

['loʒa de animajs]
[fosi'ɲejra]
[ko'lejra]
['nɔmi]
[pedʒi'gri]

225. Los animales. Miscelánea

manada (f) (de lobos)
bandada (f) (de pájaros)
banco (m) de peces
caballada (f)

alcateia (f)
bando (m)
cardume (m)
manada (f)

[awka'tɛja]
['bãdu]
[kar'dumi]
[ma'nada]

macho (m)
hembra (f)

macho (m)
fêmea (f)

['maʃu]
['femja]

hambriento (adj)
salvaje (adj)
peligroso (adj)

faminto
selvagem
perigoso

[fa'mĩtu]
[sew'vaʒẽ]
[peri'gozu]

226. Los caballos

caballo (m)
raza (f)

cavalo (m)
raça (f)

[ka'valu]
['hasa]

potro (m)
yegua (f)

potro (m)
égua (f)

['potru]
['ɛgwa]

mustang (m)
poni (m)
caballo (m) de tiro

mustangue (m)
pônei (m)
cavalo (m) de tiro

[mus'tãgi]
['ponej]
[ka'valu de 'tʃiru]

crin (f)
cola (f)

crina (f)
rabo (m)

['krina]
['habu]

casco (m) (pezuña)
herradura (f)
herrar (vt)
herrero (m)

casco (m)
ferradura (f)
ferrar (vt)
ferreiro (m)

['kasku]
[feha'dura]
[fe'har]
[fe'hejru]

silla (f)
estribo (m)
bridón (m)
riendas (f pl)
fusta (f)

sela (f)
estribo (m)
brida (f)
rédeas (f pl)
chicote (m)

['sɛla]
[is'tribu]
['brida]
['hɛdʒjas]
[ʃi'kɔtʃi]

jinete (m)
ensillar (vt)
montar al caballo

cavaleiro (m)
colocar sela
montar no cavalo

[kava'lejru]
[kolo'kar 'sɛla]
[mõ'tar nu ka'valu]

galope (m)
ir al galope

galope (m)
galopar (vi)

[ga'lɔpi]
[galo'par]

trote (m)	**trote** (m)	['trɔtʃi]
al trote (adv)	**a trote**	[a 'trɔtʃi]
ir al trote, trotar (vi)	**ir a trote**	[ir a 'trɔtʃi]
caballo (m) de carreras	**cavalo** (m) **de corrida**	[ka'valu de ko'hida]
carreras (f pl)	**corridas** (f pl)	[ko'hidas]
caballeriza (f)	**estábulo** (m)	[is'tabulu]
dar de comer	**alimentar** (vt)	[alimẽ'tar]
heno (m)	**feno** (m)	['fenu]
dar de beber	**dar água**	[dar 'agwa]
limpiar (el caballo)	**limpar** (vt)	[lĩ'par]
carro (m)	**carroça** (f)	[ka'hɔsa]
pastar (vi)	**pastar** (vi)	[pas'tar]
relinchar (vi)	**relinchar** (vi)	[helĩ'ʃar]
cocear (vi)	**dar um coice**	[dar ũ 'kojsi]

La flora

árbol (m)	árvore (f)	['arvori]
foliáceo (adj)	decídua	[de'sidwa]
conífero (adj)	conífera	[ko'nifera]
de hoja perenne	perene	[pe'rɛni]
manzano (m)	macieira (f)	[ma'sjejra]
peral (m)	pereira (f)	[pe'rejra]
cerezo (m)	cerejeira (f)	[sere'ʒejra]
guindo (m)	ginjeira (f)	[ʒĩ'ʒejra]
ciruelo (m)	ameixeira (f)	[amej'ʃejra]
abedul (m)	bétula (f)	['bɛtula]
roble (m)	carvalho (m)	[kar'vaʎu]
tilo (m)	tília (f)	['tʃilja]
pobo (m)	choupo-tremedor (m)	['ʃopu-treme'dor]
arce (m)	bordo (m)	['bɔrdu]
pícea (f)	espruce (m)	[is'pruse]
pino (m)	pinheiro (m)	[pi'ɲejru]
alerce (m)	alerce, lariço (m)	[a'lɛrse], [la'risu]
abeto (m)	abeto (m)	[a'bɛtu]
cedro (m)	cedro (m)	['sɛdru]
álamo (m)	choupo, álamo (m)	['ʃopu], ['alamu]
serbal (m)	tramazeira (f)	[trama'zejra]
sauce (m)	salgueiro (m)	[saw'gejru]
aliso (m)	amieiro (m)	[a'mjejru]
haya (f)	faia (f)	['faja]
olmo (m)	ulmeiro, olmo (m)	[ul'mejru], ['ɔwmu]
fresno (m)	freixo (m)	['frejʃu]
castaño (m)	castanheiro (m)	[kasta'ɲejru]
magnolia (f)	magnólia (f)	[mag'nɔlja]
palmera (f)	palmeira (f)	[paw'mejra]
ciprés (m)	cipreste (m)	[si'prɛstʃi]
mangle (m)	mangue (m)	['mãgi]
baobab (m)	embondeiro, baobá (m)	[ẽbõ'dejru], [bao'ba]
eucalipto (m)	eucalipto (m)	[ewka'liptu]
secoya (f)	sequoia (f)	[se'kwɔja]

mata (f)	arbusto (m)	[ar'bustu]
arbusto (m)	arbusto (m), moita (f)	[ar'bustu], ['mɔjta]

vid (f)	videira (f)	[vi'dejra]
viñedo (m)	vinhedo (m)	[vi'ɲedu]

frambueso (m)	framboeseira (f)	[frãboe'zejra]
grosellero (m) negro	groselheira-negra (f)	[groze'ʎejra 'negra]
grosellero (m) rojo	groselheira-vermelha (f)	[grozɛ'ʎejra ver'meʎa]
grosellero (m) espinoso	groselheira (f) espinhosa	[groze'ʎejra ispi'ɲoza]

acacia (f)	acácia (f)	[a'kasja]
berberís (m)	bérberis (f)	['bɛrberis]
jazmín (m)	jasmim (m)	[ʒaz'mĩ]

enebro (m)	junípero (m)	[ʒu'niperu]
rosal (m)	roseira (f)	[ho'zejra]
escaramujo (m)	roseira (f) brava	[ho'zejra 'brava]

229. Los hongos

seta (f)	cogumelo (m)	[kogu'mɛlu]
seta (f) comestible	cogumelo (m) comestível	[kogu'mɛlu komes'tʃivew]
seta (f) venenosa	cogumelo (m) venenoso	[kogu'mɛlu vene'nozu]
sombrerete (m)	chapéu (m)	[ʃa'pɛw]
estipe (m)	pé, caule (m)	[pɛ], ['kauli]

seta calabaza (f)	boleto, porcino (m)	[bu'letu], [porsinu]
boleto (m) castaño	boleto (m) alaranjado	[bu'letu alarã'ʒadu]
boleto (m) áspero	boleto (m) de bétula	[bu'letu de 'bɛtula]
rebozuelo (m)	cantarelo (m)	[kãta'rɛlu]
rúsula (f)	rússula (f)	['rusula]

colmenilla (f)	morchella (f)	[mor'ʃɛla]
matamoscas (m)	agário-das-moscas (m)	[a'garju das 'moskas]
oronja (f) verde	cicuta (f) verde	[si'kuta 'verdʒi]

230. Las frutas. Las bayas

fruto (m)	fruta (f)	['fruta]
frutos (m pl)	frutas (f pl)	['frutas]
manzana (f)	maçã (f)	[ma'sã]
pera (f)	pera (f)	['pera]
ciruela (f)	ameixa (f)	[a'mejʃa]

fresa (f)	morango (m)	[mo'rãgu]
guinda (f)	ginja (f)	['ʒĩʒa]
cereza (f)	cereja (f)	[se'reʒa]
uva (f)	uva (f)	['uva]

frambuesa (f)	framboesa (f)	[frãbo'eza]
grosella (f) negra	groselha (f) negra	[gro'zɛʎa 'negra]
grosella (f) roja	groselha (f) vermelha	[[gro'zɛʎa ver'meʎa]
grosella (f) espinosa	groselha (f) espinhosa	[gro'zɛʎa ispi'ɲoza]
arándano (m) agrio	oxicoco (m)	[oksi'koku]

naranja (f)	laranja (f)	[la'rãʒa]
mandarina (f)	tangerina (f)	[tãʒe'rina]
piña (f)	abacaxi (m)	[abaka'ʃi]
banana (f)	banana (f)	[ba'nana]
dátil (m)	tâmara (f)	['tamara]

limón (m)	limão (m)	[li'mãw]
albaricoque (m)	damasco (m)	[da'masku]
melocotón (m)	pêssego (m)	['pesegu]
kiwi (m)	quiuí (m)	[ki'vi]
toronja (f)	toranja (f)	[to'rãʒa]

baya (f)	baga (f)	['baga]
bayas (f pl)	bagas (f pl)	['bagas]
arándano (m) rojo	arando (m) vermelho	[a'rãdu ver'meʎu]
fresa (f) silvestre	morango-silvestre (m)	[mo'rãgu siw'vɛstri]
arándano (m)	mirtilo (m)	[mih'tʃilu]

231. Las flores. Las plantas

flor (f)	flor (f)	[flɔr]
ramo (m) de flores	buquê (m) de flores	[bu'ke de 'floris]

rosa (f)	rosa (f)	['hɔza]
tulipán (m)	tulipa (f)	[tu'lipa]
clavel (m)	cravo (m)	['kravu]
gladiolo (m)	gladíolo (m)	[gla'dʒiolu]

aciano (m)	escovinha (f)	[isko'viɲa]
campanilla (f)	campainha (f)	[kampa'iɲa]
diente (m) de león	dente-de-leão (m)	['dẽtʃi] de le'ãw]
manzanilla (f)	camomila (f)	[kamo'mila]

áloe (m)	aloé (m)	[alo'ɛ]
cacto (m)	cacto (m)	['kaktu]
ficus (m)	fícus (m)	['fikus]

azucena (f)	lírio (m)	['lirju]
geranio (m)	gerânio (m)	[ʒe'ranju]
jacinto (m)	jacinto (m)	[ʒa'sĩtu]

mimosa (f)	mimosa (f)	[mi'mɔza]
narciso (m)	narciso (m)	[nar'sizu]
capuchina (f)	capuchinha (f)	[kapu'ʃiɲa]

orquídea (f)	orquídea (f)	[or'kidʒja]
peonía (f)	peônia (f)	[pi'onia]
violeta (f)	violeta (f)	[vjo'leta]

trinitaria (f)	amor-perfeito (m)	[a'mor per'fejtu]
nomeolvides (f)	não-me-esqueças (m)	['nãw mi is'kesas]
margarita (f)	margarida (f)	[marga'rida]
amapola (f)	papoula (f)	[pa'pola]
cáñamo (m)	cânhamo (m)	['kaɲamu]

menta (f)	hortelã, menta (f)	[orte'lã], ['mẽta]
muguete (m)	lírio-do-vale (m)	['lirju du 'vali]
campanilla (f) de las nieves	campânula-branca (f)	[kã'panula-'brãka]

ortiga (f)	urtiga (f)	[ur'tʃiga]
acedera (f)	azedinha (f)	[aze'dʒinha]
nenúfar (m)	nenúfar (m)	[ne'nufar]
helecho (m)	samambaia (f)	[samã'baja]
liquen (m)	líquen (m)	['likẽ]

invernadero (m) tropical	estufa (f)	[is'tufa]
césped (m)	gramado (m)	[gra'madu]
macizo (m) de flores	canteiro (m) de flores	[kã'tejru de 'floris]

planta (f)	planta (f)	['plãta]
hierba (f)	grama (f)	['grama]
hoja (f) de hierba	folha (f) de grama	['foʎa de 'grama]

hoja (f)	folha (f)	['foʎa]
pétalo (m)	pétala (f)	['pɛtala]
tallo (m)	talo (m)	['talu]
tubérculo (m)	tubérculo (m)	[tu'berkulu]

| retoño (m) | broto, rebento (m) | ['brotu], [he'bẽtu] |
| espina (f) | espinho (m) | [is'piɲu] |

florecer (vi)	florescer (vi)	[flore'ser]
marchitarse (vr)	murchar (vi)	[mur'ʃar]
olor (m)	cheiro (m)	['ʃejru]
cortar (vt)	cortar (vt)	[kor'tar]
coger (una flor)	colher (vt)	[ko'ʎer]

232. Los cereales, los granos

grano (m)	grão (m)	['grãw]
cereales (m pl) (plantas)	cereais (m pl)	[se'rjajs]
espiga (f)	espiga (f)	[is'piga]

trigo (m)	trigo (m)	['trigu]
centeno (m)	centeio (m)	[sẽ'teju]
avena (f)	aveia (f)	[a'veja]

| mijo (m) | painço (m) | [pa'ĩsu] |
| cebada (f) | cevada (f) | [se'vada] |

maíz (m)	milho (m)	['miʎu]
arroz (m)	arroz (m)	[a'hoz]
alforfón (m)	trigo-sarraceno (m)	['trigu-saha'sẽnu]

guisante (m)	ervilha (f)	[er'viʎa]
fréjol (m)	feijão (m) roxo	[fej'ʒãw 'hoʃu]
soya (f)	soja (f)	['sɔʒa]
lenteja (f)	lentilha (f)	[lẽ'tʃiʎa]
habas (f pl)	feijão (m)	[fej'ʒãw]

233. Los vegetales. Las verduras

| legumbres (f pl) | vegetais (m pl) | [veʒe'tajs] |
| verduras (f pl) | verdura (f) | [ver'dura] |

tomate (m)	tomate (m)	[to'matʃi]
pepino (m)	pepino (m)	[pe'pinu]
zanahoria (f)	cenoura (f)	[se'nora]
patata (f)	batata (f)	[ba'tata]
cebolla (f)	cebola (f)	[se'bola]
ajo (m)	alho (m)	['aʎu]

col (f)	couve (f)	['kovi]
coliflor (f)	couve-flor (f)	['kovi 'flɔr]
col (f) de Bruselas	couve-de-bruxelas (f)	['kovi de bru'ʃelas]
brócoli (m)	brócolis (m pl)	['brɔkolis]

remolacha (f)	beterraba (f)	[bete'haba]
berenjena (f)	berinjela (f)	[berĩ'ʒɛla]
calabacín (m)	abobrinha (f)	[abo'briɲa]
calabaza (f)	abóbora (f)	[a'bɔbora]
nabo (m)	nabo (m)	['nabu]

perejil (m)	salsa (f)	['sawsa]
eneldo (m)	endro, aneto (m)	['ẽdru], [a'netu]
lechuga (f)	alface (f)	[aw'fasi]
apio (m)	aipo (m)	['ajpu]
espárrago (m)	aspargo (m)	[as'pargu]
espinaca (f)	espinafre (m)	[ispi'nafri]

guisante (m)	ervilha (f)	[er'viʎa]
habas (f pl)	feijão (m)	[fej'ʒãw]
maíz (m)	milho (m)	['miʎu]
fréjol (m)	feijão (m) roxo	[fej'ʒãw 'hoʃu]

pimentón (m)	pimentão (m)	[pimẽ'tãw]
rábano (m)	rabanete (m)	[haba'netʃi]
alcachofa (f)	alcachofra (f)	[awka'ʃofra]

GEOGRAFÍA REGIONAL

234. Europa occidental

Europa (f)	Europa (f)	[ew'rɔpa]
Unión (f) Europea	União (f) Europeia	[u'njãw euro'pɛja]
europeo (m)	europeu (m)	[ewro'peu]
europeo (adj)	europeu	[ewro'peu]
Austria (f)	Áustria (f)	['awstrja]
austriaco (m)	austríaco (m)	[aws'triaku]
austriaca (f)	austríaca (f)	[aws'triaka]
austriaco (adj)	austríaco	[aws'triaku]
Gran Bretaña (f)	Grã-Bretanha (f)	[grã-bre'taɲa]
Inglaterra (f)	Inglaterra (f)	[ĩgla'tɛha]
inglés (m)	inglês (m)	[ĩ'gles]
inglesa (f)	inglesa (f)	[ĩ'gleza]
inglés (adj)	inglês	[ĩ'gles]
Bélgica (f)	Bélgica (f)	['bɛwʒika]
belga (m)	belga (m)	['bɛwga]
belga (f)	belga (f)	['bɛwga]
belga (adj)	belga	['bɛwga]
Alemania (f)	Alemanha (f)	[ale'mãɲa]
alemán (m)	alemão (m)	[ale'mãw]
alemana (f)	alemã (f)	[ale'mã]
alemán (adj)	alemão	[ale'mãw]
Países Bajos (m pl)	Países Baixos (m pl)	[pa'jisis 'baɪʃus]
Holanda (f)	Holanda (f)	[o'lãda]
holandés (m)	holandês (m)	[olã'des]
holandesa (f)	holandesa (f)	[ɔlã'deza]
holandés (adj)	holandês	[olã'des]
Grecia (f)	Grécia (f)	['grɛsja]
griego (m)	grego (m)	['gregu]
griega (f)	grega (f)	['grega]
griego (adj)	grego	['gregu]
Dinamarca (f)	Dinamarca (f)	[dʒina'marka]
danés (m)	dinamarquês (m)	[dʒinamar'kes]
danesa (f)	dinamarquesa (f)	[dʒinamar'keza]
danés (adj)	dinamarquês	[dʒinamar'kes]
Irlanda (f)	Irlanda (f)	[ir'lãda]
irlandés (m)	irlandês (m)	[irlã'des]
irlandesa (f)	irlandesa (f)	[irlã'deza]
irlandés (adj)	irlandês	[irlã'des]

Islandia (f)	Islândia (f)	[iz'lãdʒa]
islandés (m)	islandês (m)	[izlã'des]
islandesa (f)	islandesa (f)	[izlã'deza]
islandés (adj)	islandês	[izlã'des]

España (f)	Espanha (f)	[is'paɲa]
español (m)	espanhol (m)	[ispa'ɲɔw]
española (f)	espanhola (f)	[ispa'ɲɔla]
español (adj)	espanhol	[ispa'ɲɔw]

Italia (f)	Itália (f)	[i'talja]
italiano (m)	italiano (m)	[ita'ljanu]
italiana (f)	italiana (f)	[ita'ljana]
italiano (adj)	italiano	[ita'ljanu]

Chipre (m)	Chipre (m)	['ʃipri]
chipriota (m)	cipriota (m)	[si'prjɔta]
chipriota (f)	cipriota (f)	[si'prjɔta]
chipriota (adj)	cipriota	[si'prjɔta]

Malta (f)	Malta (f)	['mawta]
maltés (m)	maltês (m)	[maw'tes]
maltesa (f)	maltesa (f)	[maw'teza]
maltés (adj)	maltês	[maw'tes]

Noruega (f)	Noruega (f)	[nor'wɛga]
noruego (m)	norueguês (m)	[norwe'ges]
noruega (f)	norueguesa (f)	[norwe'geza]
noruego (adj)	norueguês	[norwe'ges]

Portugal (m)	Portugal (m)	[portu'gaw]
portugués (m)	português (m)	[portu'ges]
portuguesa (f)	portuguesa (f)	[portu'geza]
portugués (adj)	português	[portu'ges]

Finlandia (f)	Finlândia (f)	[fī'lãdʒja]
finlandés (m)	finlandês (m)	[fīlã'des]
finlandesa (f)	finlandesa (f)	[fīlã'deza]
finlandés (adj)	finlandês	[fīlã'des]

Francia (f)	França (f)	['frãsa]
francés (m)	francês (m)	[frã'ses]
francesa (f)	francesa (f)	[frã'seza]
francés (adj)	francês	[frã'ses]

Suecia (f)	Suécia (f)	['swɛsja]
sueco (m)	sueco (m)	['swɛku]
sueca (f)	sueca (f)	['swɛka]
sueco (adj)	sueco	['swɛku]

Suiza (f)	Suíça (f)	['swisa]
suizo (m)	suíço (m)	['swisu]
suiza (f)	suíça (f)	['swisa]
suizo (adj)	suíço	['swisu]
Escocia (f)	Escócia (f)	[is'kɔsja]
escocés (m)	escocês (m)	[isko'ses]

| escocesa (f) | escocesa (f) | [isko'seza] |
| escocés (adj) | escocês | [isko'ses] |

Vaticano (m)	Vaticano (m)	[vatʃi'kanu]
Liechtenstein (m)	Liechtenstein (m)	[liʃtẽs'tajn]
Luxemburgo (m)	Luxemburgo (m)	[luʃẽ'burgu]
Mónaco (m)	Mônaco (m)	['monaku]

235. Europa central y oriental

Albania (f)	Albânia (f)	[aw'banja]
albanés (m)	albanês (m)	[awba'nes]
albanesa (f)	albanesa (f)	[awba'neza]
albanés (adj)	albanês	[awba'nes]

Bulgaria (f)	Bulgária (f)	[buw'garja]
búlgaro (m)	búlgaro (m)	['buwgaru]
búlgara (f)	búlgara (f)	['buwgara]
búlgaro (adj)	búlgaro	['buwgaru]

Hungría (f)	Hungria (f)	[ũ'gria]
húngaro (m)	húngaro (m)	['ũgaru]
húngara (f)	húngara (f)	['ũgara]
húngaro (adj)	húngaro	['ũgaru]

Letonia (f)	Letônia (f)	[le'tonja]
letón (m)	letão (m)	[le'tãw]
letona (f)	letã (f)	[le'tã]
letón (adj)	letão	[le'tãw]

Lituania (f)	Lituânia (f)	[li'twanja]
lituano (m)	lituano (m)	[litu'ãnu]
lituana (f)	lituana (f)	[litu'ãna]
lituano (adj)	lituano	[litu'ãnu]

Polonia (f)	Polônia (f)	[po'lonja]
polaco (m)	polonês (m)	[polo'nez]
polaca (f)	polonesa (f)	[polo'neza]
polaco (adj)	polonês	[polo'nez]

Rumania (f)	Romênia (f)	[ho'menja]
rumano (m)	romeno (m)	[ho'mɛnu]
rumana (f)	romena (f)	[ho'mɛnu]
rumano (adj)	romeno	[ho'mɛnu]

Serbia (f)	Sérvia (f)	['sɛhvia]
serbio (m)	sérvio (m)	['sɛhviu]
serbia (f)	sérvia (f)	['sɛhvia]
serbio (adj)	sérvio	['sɛhviu]

Eslovaquia (f)	Eslováquia (f)	[islɔ'vakja]
eslovaco (m)	eslovaco (m)	[islɔ'vaku]
eslovaca (f)	eslovaca (f)	[islɔ'vaka]
eslovaco (adj)	eslovaco	[islɔ'vaku]

Croacia (f)	Croácia (f)	[kro'asja]
croata (m)	croata (m)	['krwata]
croata (f)	croata (f)	['krwata]
croata (adj)	croata	['krwata]

Chequia (f)	República (f) Checa	[he'publika 'ʃeka]
checo (m)	checo (m)	['ʃɛku]
checa (f)	checa (f)	['ʃɛka]
checo (adj)	checo	['ʃɛku]

Estonia (f)	Estônia (f)	[is'tonja]
estonio (m)	estônio (m)	[is'tonju]
estonia (f)	estônia (f)	[is'tonja]
estonio (adj)	estônio	[is'tonju]

Bosnia y Herzegovina	Bósnia e Herzegovina (f)	['bɔsnia i ɛrtsegɔ'vina]
Macedonia	Macedônia (f)	[mase'donja]
Eslovenia	Eslovênia (f)	islɔ'venja]
Montenegro (m)	Montenegro (m)	[mötʃi'negru]

236. Los países de la antes Unión Soviética

Azerbaiyán (m)	Azerbaijão (m)	[azerbaj'ʒãw]
azerbaiyano (m)	azeri (m)	[aze'ri]
azerbaiyana (f)	azeri (f)	[aze'ri]
azerbaiyano (adj)	azeri, azerbaijano	[aze'ri], [azerbaj'ʒãnu]

Armenia (f)	Armênia (f)	[ar'menja]
armenio (m)	armênio (m)	[ar'menju]
armenia (f)	armênia (f)	[ar'menja]
armenio (adj)	armênio	[ar'menju]

Bielorrusia (f)	Belarus	[bela'rus]
bielorruso (m)	bielorrusso (m)	[biɛlo'husu]
bielorrusa (f)	bielorrussa (f)	[bjɛlo'husa]
bielorruso (adj)	bielorrusso	[biɛlo'husu]

Georgia (f)	Geórgia (f)	['ʒɔrʒa]
georgiano (m)	georgiano (m)	[ʒɔr'ʒanu]
georgiana (f)	georgiana (f)	[ʒɔr'ʒana]
georgiano (adj)	georgiano	[ʒɔr'ʒanu]

Kazajstán (m)	Cazaquistão (m)	[kazakis'tãw]
kazajo (m)	cazaque (m)	[ka'zaki]
kazaja (f)	cazaque (f)	[ka'zaki]
kazajo (adj)	cazaque	[ka'zaki]

Kirguizistán (m)	Quirguistão (m)	[kirgis'tãw]
kirguís (m)	quirguiz (m)	[kir'gis]
kirguisa (f)	quirguiz (f)	[kir'gis]
kirguís (adj)	quirguiz	[kir'gis]

| Moldavia (f) | Moldávia (f) | [mow'davja] |
| moldavo (m) | moldavo (m) | [mɔw'davu] |

moldava (f)	moldava (f)	[mɔw'dava]
moldavo (adj)	moldavo	[mɔw'davu]
Rusia (f)	Rússia (f)	['husja]
ruso (m)	russo (m)	['husu]
rusa (f)	russa (f)	['husa]
ruso (adj)	russo	['husu]
Tayikistán (m)	Tajiquistão (m)	[taʒiki'stãw]
tayiko (m)	tajique (m)	[ta'ʒiki]
tayika (f)	tajique (f)	[ta'ʒiki]
tayiko (adj)	tajique	[ta'ʒiki]
Turkmenistán (m)	Turquemenistão (m)	[turkemenis'tãw]
turkmeno (m)	turcomeno (m)	[tuhko'menu]
turkmena (f)	turcomena (f)	[tuhko'mena]
turkmeno (adj)	turcomeno	[tuhko'menu]
Uzbekistán (m)	Uzbequistão (f)	[uzbekis'tãw]
uzbeko (m)	uzbeque (m)	[uz'beki]
uzbeka (f)	uzbeque (f)	[uz'beki]
uzbeko (adj)	uzbeque	[uz'beki]
Ucrania (f)	Ucrânia (f)	[u'kranja]
ucraniano (m)	ucraniano (m)	[ukra'njanu]
ucraniana (f)	ucraniana (f)	[ukra'njana]
ucraniano (adj)	ucraniano	[ukra'njanu]

237. Asia

Asia (f)	Ásia (f)	['azja]
asiático (adj)	asiático	[a'zjatʃiku]
Vietnam (m)	Vietnã (m)	[vjet'nã]
vietnamita (m)	vietnamita (m)	[vjetna'mita]
vietnamita (f)	vietnamita (f)	[vjetna'mita]
vietnamita (adj)	vietnamita	[vjetna'mita]
India (f)	Índia (f)	['ĩdʒa]
indio (m)	indiano (m)	[ĩ'dʒjanu]
india (f)	indiana (f)	[ĩ'dʒjana]
indio (adj)	indiano	[ĩ'dʒjanu]
Israel (m)	Israel (m)	[izha'ɛw]
israelí (m)	israelense (m)	[izhae'lẽsi]
israelí (f)	israelita (f)	[izhae'lita]
israelí (adj)	israelense	[izhae'lẽsi]
hebreo (m)	judeu (m)	[ʒu'dew]
hebrea (f)	judia (f)	[ʒu'dʒia]
hebreo (adj)	judeu	[ʒu'dew]
China (f)	China (f)	['ʃina]
chino (m)	chinês (m)	[ʃi'nes]

china (f)	chinesa (f)	[ʃiˈneza]
chino (adj)	chinês	[ʃiˈnes]

Corea (f) del Sur	**Coreia (f) do Sul**	[koˈrɛja du suw]
Corea (f) del Norte	**Coreia (f) do Norte**	[koˈrɛja du ˈnɔrtʃi]
coreano (m)	coreano (m)	[koˈrjanu]
coreana (f)	coreana (f)	[koˈrjana]
coreano (adj)	coreano	[koˈrjanu]

Líbano (m)	Líbano (m)	[ˈlibanu]
libanés (m)	libanês (m)	[libaˈnes]
libanesa (f)	libanesa (f)	[libaˈneza]
libanés (adj)	libanês	[libaˈnes]

Mongolia (f)	**Mongólia (f)**	[mõˈgɔlja]
mongol (m)	**mongol (m)**	[mõˈgɔw]
mongola (f)	**mongol (f)**	[mõˈgɔw]
mongol (adj)	**mongol**	[mõˈgɔw]

Malasia (f)	**Malásia (f)**	[maˈlazja]
malayo (m)	**malaio (m)**	[maˈlaju]
malaya (f)	**malaia (f)**	[maˈlaja]
malayo (adj)	**malaio**	[maˈlaju]

Pakistán (m)	**Paquistão (m)**	[pakisˈtãw]
pakistaní (m)	**paquistanês (m)**	[pakistaˈnes]
pakistaní (f)	**paquistanesa (f)**	[pakistaˈneza]
pakistaní (adj)	**paquistanês**	[pakistaˈnes]

Arabia (f) Saudita	**Arábia (f) Saudita**	[aˈrabja sawˈdʒita]
árabe (m)	árabe (m)	[ˈarabi]
árabe (f)	árabe (f)	[ˈarabi]
árabe (adj)	árabe	[ˈarabi]

Tailandia (f)	**Tailândia (f)**	[tajˈlãdʒja]
tailandés (m)	**tailandês (m)**	[tajlãˈdes]
tailandesa (f)	**tailandesa (f)**	[tajlãˈdeza]
tailandés (adj)	**tailandês**	[tajlãˈdes]

Taiwán (m)	**Taiwan (m)**	[tajˈwan]
taiwanés (m)	**taiwanês (m)**	[tajwaˈnes]
taiwanesa (f)	**taiwanesa (f)**	[tajwaˈneza]
taiwanés (adj)	**taiwanês**	[tajwaˈnes]

Turquía (f)	**Turquia (f)**	[turˈkia]
turco (m)	**turco (m)**	[ˈturku]
turca (f)	**turca (f)**	[ˈturka]
turco (adj)	**turco**	[ˈturku]

Japón (m)	**Japão (m)**	[ʒaˈpãw]
japonés (m)	**japonês (m)**	[ʒapoˈnes]
japonesa (f)	**japonesa (f)**	[ʒapoˈneza]
japonés (adj)	**japonês**	[ʒapoˈnes]

Afganistán (m)	**Afeganistão (m)**	[afeganisˈtãw]
Bangladesh (m)	**Bangladesh (m)**	[bãglaˈdɛs]

| Indonesia (f) | Indonésia (f) | [ĩdo'nɛzja] |
| Jordania (f) | Jordânia (f) | [ʒor'danja] |

Irak (m)	Iraque (m)	[i'raki]
Irán (m)	Irã (m)	[i'rã]
Camboya (f)	Camboja (f)	[kã'bɔja]
Kuwait (m)	Kuwait (m)	[ku'wejt]

Laos (m)	Laos (m)	['laws]
Myanmar (m)	Birmânia (f)	[bir'manja]
Nepal (m)	Nepal (m)	[ne'paw]
Emiratos (m pl) Árabes Unidos	Emirados Árabes Unidos	[emi'radus 'arabis u'nidus]

| Siria (f) | Síria (f) | ['sirja] |
| Palestina (f) | Palestina (f) | [pales'tʃina] |

238. América del Norte

Estados Unidos de América (m pl)	Estados Unidos da América (m pl)	[i'stadus u'nidus da a'mɛrika]
americano (m)	americano (m)	[ameri'kanu]
americana (f)	americana (f)	[ameri'kana]
americano (adj)	americano	[ameri'kanu]

Canadá (f)	Canadá (m)	[kana'da]
canadiense (m)	canadense (m)	[kana'dẽsi]
canadiense (f)	canadense (f)	[kana'dẽsi]
canadiense (adj)	canadense	[kana'dẽsi]

Méjico (m)	México (m)	['mɛʃiku]
mejicano (m)	mexicano (m)	[meʃi'kanu]
mejicana (f)	mexicana (f)	[meʃi'kana]
mejicano (adj)	mexicano	[meʃi'kanu]

239. Centroamérica y Sudamérica

Argentina (f)	Argentina (f)	[arʒẽ'tʃina]
argentino (m)	argentino (m)	[arʒẽ'tʃinu]
argentina (f)	argentina (f)	[arʒẽ'tʃina]
argentino (adj)	argentino	[arʒẽ'tʃinu]

Brasil (m)	Brasil (m)	[bra'ziw]
brasileño (m)	brasileiro (m)	[brazi'lejru]
brasileña (f)	brasileira (f)	[brazi'lejra]
brasileño (adj)	brasileiro	[brazi'lejru]

Colombia (f)	Colômbia (f)	[ko'lõbja]
colombiano (m)	colombiano (m)	[kolõ'bjanu]
colombiana (f)	colombiana (f)	[kolõ'bjana]
colombiano (adj)	colombiano	[kolõ'bjanu]
Cuba (f)	Cuba (f)	['kuba]
cubano (m)	cubano (m)	[ku'banu]

cubana (f)	cubana (f)	[ku'bana]
cubano (adj)	cubano	[ku'banu]

Chile (m)	Chile (m)	['ʃili]
chileno (m)	chileno (m)	[ʃi'lɛnu]
chilena (f)	chilena (f)	[ʃi'lɛna]
chileno (adj)	chileno	[ʃi'lɛnu]

Bolivia (f)	Bolívia (f)	[bo'livja]
Venezuela (f)	Venezuela (f)	[vene'zwɛla]
Paraguay (m)	Paraguai (m)	[para'gwaj]
Perú (m)	Peru (m)	[pe'ru]

Surinam (m)	Suriname (m)	[suri'nami]
Uruguay (m)	Uruguai (m)	[uru'gwaj]
Ecuador (m)	Equador (m)	[ekwa'dor]

Islas (f pl) Bahamas	Bahamas (f pl)	[ba'amas]
Haití (m)	Haiti (m)	[aj'tʃi]
República (f) Dominicana	República (f) Dominicana	[he'publika domini'kana]
Panamá (f)	Panamá (m)	[pana'ma]
Jamaica (f)	Jamaica (f)	[ʒa'majka]

240. África

Egipto (m)	Egito (m)	[e'ʒitu]
egipcio (m)	egípcio (m)	[e'ʒipsju]
egipcia (f)	egípcia (f)	[e'ʒipsja]
egipcio (adj)	egípcio	[e'ʒipsju]

Marruecos (m)	Marrocos	[ma'hɔkus]
marroquí (m)	marroquino (m)	[maho'kinu]
marroquí (f)	marroquina (f)	[maho'kina]
marroquí (adj)	marroquino	[maho'kinu]

Túnez (m)	Tunísia (f)	[tu'nizja]
tunecino (m)	tunisiano (m)	[tunizi'anu]
tunecina (f)	tunisiana (f)	[tunizi'ana]
tunecino (adj)	tunisiano	[tunizi'anu]

Ghana (f)	Gana (f)	['gana]
Zanzíbar (m)	Zanzibar (m)	[zãzi'bar]
Kenia (f)	Quênia (f)	['kenja]
Libia (f)	Líbia (f)	['libja]
Madagascar (m)	Madagascar (m)	[mada'gaskar]

Namibia (f)	Namíbia (f)	[na'mibja]
Senegal (m)	Senegal (m)	[sene'gaw]
Tanzania (f)	Tanzânia (f)	[tã'zanja]
República (f) Sudafricana	África (f) do Sul	['afrika du suw]

africano (m)	africano (m)	[afri'kanu]
africana (f)	africana (f)	[afri'kana]
africano (adj)	africano	[afri'kanu]

241. Australia. Oceanía

Australia (f)	Austrália (f)	[aws'tralja]
australiano (m)	australiano (m)	[awstra'ljanu]
australiana (f)	australiana (f)	[awstra'ljana]
australiano (adj)	australiano	[awstra'ljanu]

Nueva Zelanda (f)	Nova Zelândia (f)	['nɔva zi'lãdʒa]
neocelandés (m)	neozelandês (m)	[neozelã'des]
neocelandesa (f)	neozelandesa (f)	[neozelã'deza]
neocelandés (adj)	neozelandês	[neozelã'des]

| Tasmania (f) | Tasmânia (f) | [taz'manja] |
| Polinesia (f) Francesa | Polinésia (f) Francesa | [poli'nɛzja frã'seza] |

242. Las ciudades

Ámsterdam	Amsterdã	[amister'dã]
Ankara	Ancara	[ã'kara]
Atenas	Atenas	[a'tenas]

Bagdad	Bagdá	[bagi'da]
Bangkok	Bancoque	[bã'kɔk]
Barcelona	Barcelona	[barse'lona]
Beirut	Beirute	[bej'rutʃi]
Berlín	Berlim	[ber'lĩ]

Mumbai	Mumbai	[mũ'baj]
Bonn	Bonn	[bɔn]
Bratislava	Bratislava	[brati'slava]
Bruselas	Bruxelas	[bru'ʃɛlas]
Bucarest	Bucareste	[buka'rɛstʃi]
Budapest	Budapeste	[buda'pɛstʃi]
Burdeos	Bordéus	[bor'dɛus]

El Cairo	Cairo	['kajru]
Calcuta	Calcutá	[kawku'ta]
Chicago	Chicago	[ʃi'kagu]
Copenhague	Copenhague	[kope'ɲagi]

Dar-es-Salam	Dar es Salaam	[dar es sa'lãm]
Delhi	Deli	['dɛli]
Dubai	Dubai	[du'baj]
Dublín	Dublim	[dub'lĩ]
Dusseldorf	Düsseldorf	[duseldɔrf]

Estambul	Istambul	[istã'buw]
Estocolmo	Estocolmo	[isto'kɔwmu]
Florencia	Florença	[flo'rẽsa]
Fráncfort del Meno	Frankfurt	['frãkfurt]
Ginebra	Genebra	[ʒe'nɛbra]
La Habana	Havana	[a'vana]
Hamburgo	Hamburgo	[ã'burgu]

Hanói	Hanói	[ha'nɔj]
La Haya	Haia	['aja]
Helsinki	Helsinque	[ew'sĩki]
Hiroshima	Hiroshima	[irɔ'ʃima]
Hong Kong	Hong Kong	[oŋ'koŋ]

Jerusalén	Jerusalém	[ʒeruza'lẽ]
Kiev	Kiev, Quieve	[ki'ɛv], [ki'eve]
Kuala Lumpur	Kuala Lumpur	['kwala lũ'pur]

Lisboa	Lisboa	[liz'boa]
Londres	Londres	['lõdris]
Los Ángeles	Los Angeles	[loz 'aʒeles]
Lyon	Lion	[li'ɔŋ]

Madrid	Madrid	[ma'drid]
Marsella	Marselha	[mar'sɛʎa]
Ciudad de México	Cidade do México	[si'dadʒi du 'mɛʃiku]
Miami	Miami	[ma'jami]
Montreal	Montreal	[mõtri'al]
Moscú	Moscou	[mos'kow]
Múnich	Munique	[mu'niki]

Nairobi	Nairóbi	[naj'rɔbi]
Nápoles	Nápoles	['napolis]
Niza	Nice	['nisi]
Nueva York	Nova York	['nɔva 'jɔrk]

Oslo	Oslo	['ɔzlow]
Ottawa	Ottawa	[ɔ'tawa]
París	Paris	[pa'ris]
Pekín	Pequim	[pe'kĩ]
Praga	Praga	['praga]

Río de Janeiro	Rio de Janeiro	['hiu de ʒa'nejru]
Roma	Roma	['homa]
San Petersburgo	São Petersburgo	['sãw peters'burgu]
Seúl	Seul	[se'uw]
Shanghái	Xangai	[ʃã'gaj]
Singapur	Cingapura (f)	[sĩga'pura]
Sydney	Sydney	['sidnej]

Taipei	Taipé	[taj'pɛ]
Tokio	Tóquio	['tɔkju]
Toronto	Toronto	[to'rõtu]
Varsovia	Varsóvia	[var'sɔvja]
Venecia	Veneza	[ve'neza]
Viena	Viena	['vjɛna]
Washington	Washington	['waʃĩgtɔn]

243. La política. El gobierno. Unidad 1

| política (f) | política (f) | [po'litʃika] |
| político (adj) | político | [po'litʃiku] |

político (m)	político (m)	[po'litʃiku]
estado (m)	estado (m)	[i'stadu]
ciudadano (m)	cidadão (m)	[sida'dãw]
ciudadanía (f)	cidadania (f)	[sidada'nia]

| escudo (m) nacional | brasão (m) de armas | [bra'zãw de 'armas] |
| himno (m) nacional | hino (m) nacional | ['inu nasjo'naw] |

gobierno (m)	governo (m)	[go'vernu]
jefe (m) de estado	Chefe (m) de Estado	['ʃɛfi de i'stadu]
parlamento (m)	parlamento (m)	[parla'mẽtu]
partido (m)	partido (m)	[par'tʃidu]

| capitalismo (m) | capitalismo (m) | [kapita'lizmu] |
| capitalista (adj) | capitalista | [kapita'lista] |

| socialismo (m) | socialismo (m) | [sosja'lizmu] |
| socialista (adj) | socialista | [sosja'lista] |

comunismo (m)	comunismo (m)	[komu'nizmu]
comunista (adj)	comunista	[komu'nista]
comunista (m)	comunista (m)	[komu'nista]

democracia (f)	democracia (f)	[demokra'sia]
demócrata (m)	democrata (m)	[demo'krata]
democrático (adj)	democrático	[demo'kratʃiku]
Partido (m) Democrático	Partido (m) Democrático	[par'tʃidu demo'kratʃiku]

| liberal (m) | liberal (m) | [libe'raw] |
| liberal (adj) | liberal | [libe'raw] |

| conservador (m) | conservador (m) | [kõserva'dor] |
| conservador (adj) | conservador | [kõserva'dor] |

república (f)	república (f)	[he'publika]
republicano (m)	republicano (m)	hepubli'kanu]
Partido (m) Republicano	Partido (m) Republicano	[par'tʃidu hepubli'kanu]

elecciones (f pl)	eleições (f pl)	[elej'sõjs]
elegir (vi)	eleger (vt)	[ele'ʒer]
elector (m)	eleitor (m)	[elej'tor]
campaña (f) electoral	campanha (f) eleitoral	[kã'paɲa elejto'raw]

votación (f)	votação (f)	[vota'sãw]
votar (vi)	votar (vi)	[vo'tar]
derecho (m) a voto	sufrágio (m)	[su'fraʒu]

candidato (m)	candidato (m)	[kãdʒi'datu]
presentarse como candidato	candidatar-se (vi)	[kãdʒida'tarsi]
campaña (f)	campanha (f)	[kã'paɲa]

| de oposición (adj) | da oposição | [da opozi'sãw] |
| oposición (f) | oposição (f) | [opozi'sãw] |

| visita (f) | visita (f) | [vi'zita] |
| visita (f) oficial | visita (f) oficial | [vi'zita ofi'sjaw] |

internacional (adj)	internacional	[ĩternasjo'naw]
negociaciones (f pl)	negociações (f pl)	[negosja'sõjs]
negociar (vi)	negociar (vi)	[nego'sjar]

244. La política. El gobierno. Unidad 2

sociedad (f)	sociedade (f)	[sosje'daʤi]
constitución (f)	constituição (f)	[kõstʃitwi'sãw]
poder (m)	poder (m)	[po'der]
corrupción (f)	corrupção (f)	[kohup'sãw]

ley (f)	lei (f)	[lej]
legal (adj)	legal	[le'gaw]

justicia (f)	justeza (f)	[ʒus'teza]
justo (adj)	justo	['ʒustu]

comité (m)	comitê (m)	[komi'te]
proyecto (m) de ley	projeto-lei (m)	[pro'ʒɛtu-'lej]
presupuesto (m)	orçamento (m)	[orsa'mẽtu]
política (f)	política (f)	[po'litʃika]
reforma (f)	reforma (f)	[he'fɔrma]
radical (adj)	radical	[haʤi'kaw]

potencia (f) (~ militar, etc.)	força (f)	['forsa]
poderoso (adj)	poderoso	[pode'rozu]
partidario (m)	partidário (m)	[partʃi'darju]
influencia (f)	influência (f)	[ĩ'flwẽsja]

régimen (m)	regime (m)	[he'ʒimi]
conflicto (m)	conflito (m)	[kõ'flitu]
complot (m)	conspiração (f)	[kõspira'sãw]
provocación (f)	provocação (f)	[provoka'sãw]

derrocar (al régimen)	derrubar (vt)	[dehu'bar]
derrocamiento (m)	derrube (m), queda (f)	[de'rube], ['kɛda]
revolución (f)	revolução (f)	[hevolu'sãw]

golpe (m) de estado	golpe (m) de Estado	['gɔwpi de i'stadu]
golpe (m) militar	golpe (m) militar	['gɔwpi mili'tar]

crisis (f)	crise (f)	['krizi]
recesión (f) económica	recessão (f) econômica	[hesep'sãw eko'nomika]
manifestante (m)	manifestante (m)	[manifes'tãtʃi]
manifestación (f)	manifestação (f)	[manifesta'sãw]
ley (f) marcial	lei (f) marcial	[lej mar'sjaw]
base (f) militar	base (f) militar	['bazi mili'tar]

estabilidad (f)	estabilidade (f)	[istabili'daʤi]
estable (adj)	estável	[is'tavew]

explotación (f)	exploração (f)	[isplora'sãw]
explotar (vt)	explorar (vt)	[isplo'rar]
racismo (m)	racismo (m)	[ha'sizmu]

racista (m)	racista (m)	[ha'sista]
fascismo (m)	fascismo (m)	[fa'sizmu]
fascista (m)	fascista (m)	[fa'sista]

245. Los países. Miscelánea

extranjero (m)	estrangeiro (m)	[istrã'ʒejru]
extranjero (adj)	estrangeiro	[istrã'ʒejru]
en el extranjero	no estrangeiro	[no istrã'ʒejru]

emigrante (m)	emigrante (m)	[emi'grãtʃi]
emigración (f)	emigração (f)	[emigra'sãw]
emigrar (vi)	emigrar (vi)	[emi'grar]

Oeste (m)	Ocidente (m)	[osi'dẽtʃi]
Oriente (m)	Oriente (m)	[o'rjẽtʃi]
Extremo Oriente (m)	Extremo Oriente (m)	[is'trɛmu o'rjẽtʃi]
civilización (f)	civilização (f)	[siviliza'sãw]
humanidad (f)	humanidade (f)	[umani'dadʒi]
mundo (m)	mundo (m)	['mũdu]
paz (f)	paz (f)	[pajz]
mundial (adj)	mundial	[mũ'dʒjaw]

patria (f)	pátria (f)	['patrja]
pueblo (m)	povo (m)	['povu]
población (f)	população (f)	[popula'sãw]
gente (f)	gente (f)	['ʒẽtʃi]
nación (f)	nação (f)	[na'sãw]
generación (f)	geração (f)	[ʒera'sãw]
territorio (m)	território (m)	[tehi'tɔrju]
región (f)	região (f)	[he'ʒjãw]
estado (m) (parte de un país)	estado (m)	[i'stadu]

tradición (f)	tradição (f)	[tradʒi'sãw]
costumbre (f)	costume (m)	[kos'tumi]
ecología (f)	ecologia (f)	[ekolo'ʒia]

indio (m)	índio (m)	['ĩdʒju]
gitano (m)	cigano (m)	[si'ganu]
gitana (f)	cigana (f)	[si'gana]
gitano (adj)	cigano	[si'ganu]

imperio (m)	império (m)	[ĩ'pɛrju]
colonia (f)	colônia (f)	[ko'lonja]
esclavitud (f)	escravidão (f)	[iskravi'dãw]
invasión (f)	invasão (f)	[ĩva'zãw]
hambruna (f)	fome (f)	['fɔmi]

246. Grupos religiosos principales. Las confesiones

| religión (f) | religião (f) | [heli'ʒãw] |
| religioso (adj) | religioso | [heli'ʒozu] |

creencia (f)	crença (f)	['krẽsa]
creer (en Dios)	crer (vt)	[krer]
creyente (m)	crente (m)	['krẽtʃi]
ateísmo (m)	ateísmo (m)	[ate'izmu]
ateo (m)	ateu (m)	[a'tew]
cristianismo (m)	cristianismo (m)	[kristʃja'nizmu]
cristiano (m)	cristão (m)	[kris'tãw]
cristiano (adj)	cristão	[kris'tãw]
catolicismo (m)	catolicismo (m)	[katoli'sizmu]
católico (m)	católico (m)	[ka'tɔliku]
católico (adj)	católico	[ka'tɔliku]
protestantismo (m)	protestantismo (m)	[protestã'tʃizmu]
Iglesia (f) protestante	Igreja (f) Protestante	[i'greʒa protes'tãtʃi]
protestante (m)	protestante (m)	[protes'tãtʃi]
ortodoxia (f)	ortodoxia (f)	[ortodok'sia]
Iglesia (f) ortodoxa	Igreja (f) Ortodoxa	[i'greʒa orto'dɔksa]
ortodoxo (m)	ortodoxo (m)	[orto'dɔksu]
presbiterianismo (m)	presbiterianismo (m)	[prezbiterja'nizmu]
Iglesia (f) presbiteriana	Igreja (f) Presbiteriana	[i'greʒa prezbite'rjana]
presbiteriano (m)	presbiteriano (m)	[prezbite'rjanu]
Iglesia (f) luterana	luteranismo (m)	[lutera'nizmu]
luterano (m)	luterano (m)	[lute'ranu]
Iglesia (f) bautista	Igreja (f) Batista	[i'greʒa ba'tʃista]
bautista (m)	batista (m)	[ba'tʃista]
Iglesia (f) anglicana	Igreja (f) Anglicana	[i'greʒa ãgli'kana]
anglicano (m)	anglicano (m)	[ãgli'kanu]
mormonismo (m)	mormonismo (m)	[mormo'nizmu]
mormón (m)	mórmon (m)	['mɔrmõ]
judaísmo (m)	Judaísmo (m)	[ʒuda'izmu]
judío (m)	judeu (m)	[ʒu'dew]
budismo (m)	budismo (m)	[bu'dʒizmu]
budista (m)	budista (m)	[bu'dʒista]
hinduismo (m)	hinduísmo (m)	[ĩ'dwizmu]
hinduista (m)	hindu (m)	[ĩ'du]
Islam (m)	Islã (m)	[iz'lã]
musulmán (m)	muçulmano (m)	[musuw'manu]
musulmán (adj)	muçulmano	[musuw'manu]
chiísmo (m)	xiismo (m)	[ʃi'iʒmu]
chiita (m)	xiita (m)	[ʃi'ita]
sunismo (m)	sunismo (m)	[su'nismu]
suní (m, f)	sunita (m)	[su'nita]

247. Las religiones. Los sacerdotes

sacerdote (m)	padre (m)	['padri]
Papa (m)	Papa (m)	['papa]
monje (m)	monge (m)	['mõʒi]
monja (f)	freira (f)	['frejra]
pastor (m)	pastor (m)	[pas'tor]
abad (m)	abade (m)	[a'badʒi]
vicario (m)	vigário (m)	[vi'garju]
obispo (m)	bispo (m)	['bispu]
cardenal (m)	cardeal (m)	[kar'dʒjaw]
predicador (m)	pregador (m)	[prega'dor]
prédica (f)	sermão (m)	[ser'mãw]
parroquianos (pl)	paroquianos (pl)	[paro'kjanus]
creyente (m)	crente (m)	['krẽtʃi]
ateo (m)	ateu (m)	[a'tew]

248. La fe. El cristianismo. El islamismo

Adán	Adão	[a'dãw]
Eva	Eva	['ɛva]
Dios (m)	Deus (m)	['dews]
Señor (m)	Senhor (m)	[se'ɲor]
el Todopoderoso	Todo Poderoso (m)	['todu pode'rozu]
pecado (m)	pecado (m)	[pe'kadu]
pecar (vi)	pecar (vi)	[pe'kar]
pecador (m)	pecador (m)	[peka'dor]
pecadora (f)	pecadora (f)	[peka'dora]
infierno (m)	inferno (m)	[ĩ'fɛrnu]
paraíso (m)	paraíso (m)	[para'izu]
Jesús	Jesus	[ʒe'zus]
Jesucristo (m)	Jesus Cristo	[ʒe'zus 'kristu]
el Espíritu Santo	Espírito (m) Santo	[is'piritu 'sãtu]
el Salvador	Salvador (m)	[sawva'dor]
la Virgen María	Virgem Maria (f)	['virʒẽ ma'ria]
el Diablo	Diabo (m)	['dʒjabu]
diabólico (adj)	diabólico	[dʒja'bɔliku]
Satán (m)	Satanás (m)	[sata'nas]
satánico (adj)	satânico	[sa'taniku]
ángel (m)	anjo (m)	['ãʒu]
ángel (m) custodio	anjo (m) da guarda	['ãʒu da 'gwarda]
angelical (adj)	angelical	[ãʒeli'kaw]

apóstol (m)	apóstolo (m)	[a'pɔstolu]
arcángel (m)	arcanjo (m)	[ar'kãʒu]
anticristo (m)	anticristo (m)	[ãtʃi'kristu]

Iglesia (f)	Igreja (f)	[i'greʒa]
Biblia (f)	Bíblia (f)	['biblja]
bíblico (adj)	bíblico	['bibliku]

Antiguo Testamento (m)	Velho Testamento (m)	['vɛʎu testa'mẽtu]
Nuevo Testamento (m)	Novo Testamento (m)	['novu testa'mẽtu]
Evangelio (m)	Evangelho (m)	[evã'ʒɛʎu]
Sagrada Escritura (f)	Sagradas Escrituras (f pl)	[sa'gradas iskri'turas]
cielo (m)	Céu (m)	[sɛw]

mandamiento (m)	mandamento (m)	[mãda'mẽtu]
profeta (m)	profeta (m)	[pro'fɛta]
profecía (f)	profecia (f)	[profe'sia]

Alá	Alá (m)	[a'la]
Mahoma	Maomé (m)	[mao'mɛ]
Corán, Korán (m)	Alcorão (m)	[awko'rãw]

mezquita (f)	mesquita (f)	[mes'kita]
mulá (m), mullah (m)	mulá (m)	[mu'la]
oración (f)	oração (f)	[ora'sãw]
orar, rezar (vi)	rezar, orar (vi)	[he'zar], [o'rar]

peregrinación (f)	peregrinação (f)	[peregrina'sãw]
peregrino (m)	peregrino (m)	[pere'grinu]
La Meca	Meca (f)	['mɛka]

iglesia (f)	igreja (f)	[i'greʒa]
templo (m)	templo (m)	['tẽplu]
catedral (f)	catedral (f)	[kate'draw]
gótico (adj)	gótico	['gɔtʃiku]
sinagoga (f)	sinagoga (f)	[sina'gɔga]
mezquita (f)	mesquita (f)	[mes'kita]

capilla (f)	capela (f)	[ka'pɛla]
abadía (f)	abadia (f)	[aba'dʒia]
convento (m)	convento (m)	[kõ'vẽtu]
monasterio (m)	mosteiro, monastério (m)	[mos'tejru], [monas'tɛrju]

campana (f)	sino (m)	['sinu]
campanario (m)	campanário (m)	[kãpa'narju]
sonar (vi)	repicar (vi)	[hepi'kar]

cruz (f)	cruz (f)	[kruz]
cúpula (f)	cúpula (f)	['kupula]
icono (m)	ícone (m)	['ikoni]

alma (f)	alma (f)	['awma]
destino (m)	destino (m)	[des'tʃinu]
maldad (f)	mal (m)	[maw]
bien (m)	bem (m)	[bẽj]
vampiro (m)	vampiro (m)	[vã'piru]

bruja (f)	bruxa (f)	['bruʃa]
demonio (m)	demônio (m)	[de'monju]
espíritu (m)	espírito (m)	[is'piritu]

| redención (f) | redenção (f) | [hedẽ'sãw] |
| redimir (vt) | redimir (vt) | [hedʒi'mir] |

culto (m), misa (f)	missa (f)	['misa]
decir misa	celebrar a missa	[sele'brar a 'misa]
confesión (f)	confissão (f)	[kõfi'sãw]
confesarse (vr)	confessar-se (vr)	[kõfe'sarsi]

santo (m)	santo (m)	['sãtu]
sagrado (adj)	sagrado	[sa'gradu]
agua (f) santa	água (f) benta	['agwa 'bẽta]

rito (m)	ritual (m)	[hi'twaw]
ritual (adj)	ritual	[hi'twaw]
sacrificio (m)	sacrifício (m)	[sakri'fisju]

superstición (f)	superstição (f)	[superstʃi'sãw]
supersticioso (adj)	supersticioso	[superstʃi'sjozu]
vida (f) de ultratumba	vida (f) após a morte	['vida a'pɔjs a 'mortʃi]
vida (f) eterna	vida (f) eterna	['vida e'terna]

MISCELÁNEA

249. Varias palabras útiles

alto (m) (parada temporal)	paragem (f)	[pa'raʒẽ]
ayuda (f)	ajuda (f)	[a'ʒuda]
balance (m)	equilíbrio (m)	[eki'librju]
barrera (f)	barreira (f)	[ba'hejra]
base (f) (~ científica)	base (f)	['bazi]
categoría (f)	categoria (f)	[katego'ria]
causa (f)	causa (f)	['kawza]
coincidencia (f)	coincidência (f)	[koïsi'dẽsja]
comienzo (m) (principio)	começo, início (m)	[ko'mesu], [i'nisju]
comparación (f)	comparação (f)	[kõpara'sãw]
compensación (f)	compensação (f)	[kõpẽsa'sãw]
confortable (adj)	cômodo	['komodu]
cosa (f) (objeto)	coisa (f)	['kojza]
crecimiento (m)	crescimento (m)	[kresi'mẽtu]
desarrollo (m)	desenvolvimento (m)	[dʒizẽvowvi'mẽtu]
diferencia (f)	diferença (f)	[dʒife'rẽsa]
efecto (m)	efeito (m)	[e'fejtu]
ejemplo (m)	exemplo (m)	[e'zẽplu]
variedad (f) (selección)	variedade (f)	[varje'dadʒi]
elemento (m)	elemento (m)	[ele'mẽtu]
error (m)	erro (m)	['ehu]
esfuerzo (m)	esforço (m)	[is'forsu]
estándar (adj)	padrão	[pa'drãw]
estándar (m)	padrão (m)	[pa'drãw]
estilo (m)	estilo (m)	[is'tʃilu]
fin (m)	fim (m)	[fĩ]
fondo (m) (color de ~)	fundo (m)	['fũdu]
forma (f) (contorno)	forma (f)	['forma]
frecuente (adj)	frequente	[fre'kwẽtʃi]
grado (m) (en mayor ~)	grau (m)	[graw]
hecho (m)	fato (m)	['fatu]
ideal (m)	ideal (m)	[ide'jaw]
laberinto (m)	labirinto (m)	[labi'rĩtu]
modo (m) (de otro ~)	modo (m)	['mɔdu]
momento (m)	momento (m)	[mo'mẽtu]
objeto (m)	objeto (m)	[ɔb'ʒɛtu]
obstáculo (m)	obstáculo (m)	[ob'stakulu]
original (m)	original (m)	[oriʒi'naw]
parte (f)	parte (f)	['partʃi]

partícula (f)	partícula (f)	[par'tʃikula]
pausa (f)	pausa (f)	['pawza]
posición (f)	posição (f)	[pozi'sãw]
principio (m) (tener por ~)	princípio (m)	[prĩ'sipju]
problema (m)	problema (m)	[prob'lɛma]

proceso (m)	processo (m)	[pru'sɛsu]
progreso (m)	progresso (m)	[pro'grɛsu]
propiedad (f) (cualidad)	propriedade (f)	[proprje'dadʒi]
reacción (f)	reação (f)	[hea'sãw]

riesgo (m)	risco (m)	['hisku]
secreto (m)	segredo (m)	[se'gredu]
serie (f)	série (f)	['sɛri]
sistema (m)	sistema (m)	[sis'tɛma]
situación (f)	situação (f)	[sitwa'sãw]

solución (f)	solução (f)	[solu'sãw]
tabla (f) (~ de multiplicar)	tabela (f)	[ta'bɛla]
tempo (m) (ritmo)	ritmo (m)	['hitʃmu]
término (m)	termo (m)	['termu]

tipo (m) (p.ej. ~ de deportes)	tipo (m)	['tʃipu]
tipo (m) (no es mi ~)	tipo (m)	['tʃipu]
turno (m) (esperar su ~)	vez (f)	[vez]
urgente (adj)	urgente	[ur'ʒẽtʃi]

urgentemente	urgentemente	[urʒẽte'mẽtʃi]
utilidad (f)	utilidade (f)	[utʃili'dadʒi]
variante (f)	variante (f)	[va'rjãtʃi]
verdad (f)	verdade (f)	[ver'dadʒi]
zona (f)	zona (f)	['zɔna]

250. Los adjetivos. Unidad 1

abierto (adj)	aberto	[a'bɛrtu]
adicional (adj)	suplementar	[suplemẽ'tar]
agradable (~ voz)	agradável	[agra'davew]
agradecido (adj)	agradecido	[agrade'sidu]

agrio (sabor ~)	azedo	[a'zedu]
agudo (adj)	afiado	[a'fjadu]
alegre (adj)	alegre	[a'lɛgri]
amargo (adj)	amargo	[a'margu]

amplio (~a habitación)	amplo	['ãplu]
ancho (camino ~)	largo	['largu]
antiguo (adj)	antigo	[ã'tʃigu]
apretado (falda ~a)	apertado	[aper'tadu]

arriesgado (adj)	arriscado	[ahis'kadu]
artificial (adj)	artificial	[artʃifi'sjaw]
azucarado, dulce (adj)	doce	['dosi]
bajo (voz ~a)	baixo	['baɪʃu]

barato (adj)	**barato**	[ba'ratu]
bello (hermoso)	**bonito**	[bo'nitu]
blando (adj)	**mole**	['mɔli]
bronceado (adj)	**bronzeado**	[brõ'zjadu]
bueno (de buen corazón)	**bondoso**	[bõ'dozu]
bueno (un libro, etc.)	**bom**	[bõ]
caliente (adj)	**quente**	['kẽtʃi]
calmo, tranquilo	**calmo**	['kawmu]
cansado (adj)	**cansado**	[kã'sadu]
cariñoso (un padre ~)	**carinhoso**	[kari'ɲozu]
caro (adj)	**caro**	['karu]
central (adj)	**central**	[sẽ'traw]
cerrado (adj)	**fechado**	[fe'ʃadu]
ciego (adj)	**cego**	['sɛgu]
civil (derecho ~)	**civil**	[si'viw]
clandestino (adj)	**clandestino**	[klãdes'tʃinu]
claro (color)	**claro**	['klaru]
claro (explicación, etc.)	**claro**	['klaru]
compatible (adj)	**compatível**	[kõpa'tʃivew]
congelado (pescado ~)	**congelado**	[kõʒe'ladu]
conjunto (decisión ~a)	**conjunto**	[kõ'ʒũtu]
considerable (adj)	**considerável**	[kõside'ravew]
contento (adj)	**contente**	[kõ'tẽtʃi]
continuo (adj)	**contínuo**	[kõ'tʃinwu]
continuo (incesante)	**ininterrupto**	[inĩte'huptu]
conveniente (apto)	**apropriado**	[apro'prjadu]
correcto (adj)	**correto**	[ko'hɛtu]
cortés (adj)	**educado**	[edu'kadu]
corto (adj)	**curto**	['kurtu]
crudo (huevos ~s)	**cru**	[kru]
de atrás (adj)	**de trás**	[de trajs]
de corta duración (adj)	**de curta duração**	[de 'kurta dura'sãw]
de segunda mano	**usado**	[u'zadu]
delgado (adj)	**magro**	['magru]
flaco, delgado (adj)	**muito magro**	['mwĩtu 'magru]
denso (~a niebla)	**denso**	['dẽsu]
derecho (adj)	**direito**	[dʒi'rejtu]
diferente (adj)	**diferente**	[dʒife'rẽtʃi]
difícil (decisión)	**difícil**	[dʒi'fisiw]
difícil (problema ~)	**difícil, complexo**	[dʒi'fisiw], [kõ'plɛksu]
distante (adj)	**remoto, longínquo**	he'mɔtu], [lõ'ʒĩkwu]
dulce (agua ~)	**doce**	['dosi]
duro (material, etc.)	**duro**	['duru]
el más alto	**superior**	[supe'rjor]
el más importante	**o mais importante**	[u majs ĩpor'tãtʃi]
el más próximo	**mais próximo**	[majs 'prɔsimu]
enfermo (adj)	**doente**	[do'ẽtʃi]

enorme (adj)	enorme	[e'nɔrmi]
entero (adj)	inteiro	[ĩ'tejru]
especial (adj)	especial	[ispe'sjaw]
espeso (niebla ~a)	cerrado	[se'hadu]
estrecho (calle, etc.)	estreito	[is'trejtu]
exacto (adj)	exato	[e'zatu]
excelente (adj)	excelente	[ese'lẽtʃi]
excesivo (adj)	excessivo	[ese'sivu]
exterior (adj)	externo	[is'tɛrnu]
extranjero (adj)	estrangeiro	[istrã'ʒejru]
fácil (adj)	fácil	['fasiw]
fatigoso (adj)	cansativo	[kãsa'tʃivu]
feliz (adj)	feliz	[fe'liz]
fértil (la tierra ~)	fértil	['fɛrtʃiw]
frágil (florero, etc.)	frágil	['fraʒiw]
fresco (está ~ hoy)	fresco	['fresku]
fresco (pan, etc.)	fresco	['fresku]
frío (bebida ~a, etc.)	frio	['friu]
fuerte (~ voz)	alto	['awtu]
fuerte (adj)	forte	['fɔrtʃi]
grande (en dimensiones)	grande	['grãdʒi]
graso (alimento ~)	gordo	['gordu]
gratis (adj)	gratuito, grátis	[gra'twitu], ['gratʃis]
grueso (muro, etc.)	grosso	['grosu]
hambriento (adj)	faminto	[fa'mĩtu]
hermoso (~ palacio)	belo	['bɛlu]
hostil (adj)	hostil	[os'tʃiw]
húmedo (adj)	úmido	['umidu]
igual, idéntico (adj)	igual	[i'gwaw]
importante (adj)	importante	[ĩpor'tãtʃi]
imposible (adj)	impossível	[ĩpo'sivew]
imprescindible (adj)	indispensável	[ĩdʒispẽ'savew]
indescifrable (adj)	incompreensível	[ĩkõprjẽ'sivew]
infantil (adj)	infantil	[ĩfã'tʃiw]
inmóvil (adj)	imóvel	[i'mɔvew]
insignificante (adj)	insignificante	[ĩsignifi'kãtʃi]
inteligente (adj)	inteligente	[ĩteli'ʒẽtʃi]
interior (adj)	interno	[ĩ'tɛrnu]
izquierdo (adj)	esquerdo	[is'kerdu]
joven (adj)	jovem	['ʒɔvẽ]

251. Los adjetivos. Unidad 2

largo (camino)	longo	['lõgu]
legal (adj)	legal	[le'gaw]
lejano (adj)	distante	[dʒis'tãtʃi]

| libre (acceso ~) | livre | ['livri] |
| ligero (un metal ~) | leve | ['lɛvi] |

limitado (adj)	limitado	[limi'tadu]
limpio (camisa ~)	limpo	['lĩpu]
líquido (adj)	líquido	['likidu]
liso (piel, pelo, etc.)	liso	['lizu]
lleno (adj)	cheio	['ʃeju]

maduro (fruto, etc.)	maduro	[ma'duro]
malo (adj)	mau	[maw]
mas próximo	perto	['pɛrtu]
mate (sin brillo)	mate	['matʃi]
meticuloso (adj)	meticuloso	[metʃiku'lozu]

miope (adj)	míope	['miopi]
misterioso (adj)	enigmático	[enigi'matʃiku]
mojado (adj)	molhado	[mo'ʎadu]
moreno (adj)	moreno	[mo'renu]
muerto (adj)	morto	['mortu]

natal (país ~)	natal	[na'taw]
necesario (adj)	necessário	[nese'sarju]
negativo (adj)	negativo	[nega'tʃivu]
negligente (adj)	descuidado	[dʒiskwi'dadu]
nervioso (adj)	nervoso	[ner'vozu]

no difícil (adj)	não difícil	['nãw dʒi'fisiw]
no muy grande (adj)	não muito grande	['nãw 'mwĩtu 'grãdʒi]
normal (adj)	normal	[nor'maw]
nuevo (adj)	novo	['novu]
obligatorio (adj)	obrigatório	[obriga'tɔrju]

opuesto (adj)	contrário	[kõ'trarju]
ordinario (adj)	comum, normal	[ko'mũ], [nor'maw]
original (inusual)	original	[oriʒi'naw]
oscuro (cuarto ~)	escuro	[is'kuru]
pasado (tiempo ~)	mais recente	[majs he'sẽtʃi]

peligroso (adj)	perigoso	[peri'gozu]
pequeño (adj)	pequeno	[pe'kenu]
perfecto (adj)	soberbo, perfeito	[so'berbu], [per'fejtu]
permanente (adj)	permanente	[perma'nẽtʃi]
personal (adj)	pessoal	[pe'swaw]

pesado (adj)	pesado	[pe'zadu]
plano (pantalla ~a)	plano	['planu]
plano (superficie ~a)	liso	['lizu]
pobre (adj)	pobre	['pɔbri]
indigente (adj)	indigente	[ĩdʒi'ʒẽtʃi]

poco claro (adj)	não é clara	['nãw ɛ 'klara]
poco profundo (adj)	pouco fundo	['poku 'fũdu]
posible (adj)	possível	[po'sivew]
precedente (adj)	prévio	['prɛvju]
presente (momento ~)	presente	[pre'zẽtʃi]

principal (~ idea)	principal	[prĩsi'paw]
principal (la entrada ~)	principal	[prĩsi'paw]
privado (avión ~)	privado	[pri'vadu]
probable (adj)	provável	[pro'vavew]
próximo (cercano)	próximo	['prɔsimu]
público (adj)	público	['publiku]
puntual (adj)	pontual	[põ'twaw]
rápido (adj)	rápido	['hapidu]
raro (adj)	raro	['haru]
recto (línea ~a)	reto	['hɛtu]
sabroso (adj)	gostoso	[gos'tozu]
salado (adj)	salgado	[saw'gadu]
satisfecho (cliente)	satisfeito	[satʃis'fejtu]
seco (adj)	seco	['seku]
seguro (no peligroso)	seguro	[se'guru]
siguiente (avión, etc.)	seguinte	[se'gĩtʃi]
similar (adj)	similar	[simi'lar]
simpático, amable (adj)	encantador	[ẽkãta'dor]
simple (adj)	simples	['sĩplis]
sin experiencia (adj)	inexperiente	[inespe'rjẽtʃi]
sin nubes (adj)	desanuviado	[dʒizanu'vjadu]
soleado (un día ~)	de sol, ensolarado	[de sɔw], [ẽsola'radu]
sólido (~a pared)	sólido	['sɔlidu]
sombrío (adj)	sombrio	[sõ'briu]
sucio (no limpio)	sujo	['suʒu]
templado (adj)	quente	['kẽtʃi]
tenue (una ~ luz)	fraco	['fraku]
tierno (afectuoso)	afetuoso	[afe'twozu]
tonto (adj)	burro, estúpido	['buhu], [is'tupidu]
tranquilo (adj)	tranquilo	[trã'kwilu]
transparente (adj)	transparente	[trãspa'rẽtʃi]
triste (adj)	triste	['tristʃi]
triste (mirada ~)	triste	['tristʃi]
último (~a oportunidad)	último	['uwtʃimu]
último (~a vez)	passado	[pa'sadu]
único (excepcional)	único	['uniku]
vacío (vaso medio ~)	vazio	[va'ziu]
vario (adj)	diverso	[dʒi'vɛrsu]
vecino (casa ~a)	vizinho	[vi'ziɲu]
viejo (casa ~a)	velho	['vɛʎu]

LOS 500 VERBOS PRINCIPALES

252. Los verbos A-C

abandonar (vt)	deixar (vt)	[dej'ʃar]
abrazar (vt)	abraçar (vt)	[abra'sar]
abrir (vt)	abrir (vt)	[a'brir]
aburrirse (vr)	entediar-se (vr)	[ẽte'dʒjarsi]
acariciar (~ el cabello)	acariciar (vt)	[akari'sjar]
acercarse (vr)	aproximar-se (vr)	[aprosi'marsi]
acompañar (vt)	acompanhar (vt)	[akõpa'ɲar]
aconsejar (vt)	aconselhar (vt)	[akõse'ʎar]
actuar (vi)	agir (vi)	[a'ʒir]
acusar (vt)	acusar (vt)	[aku'zar]
adiestrar (~ animales)	adestrar (vt)	[ades'trar]
adivinar (vt)	adivinhar (vt)	[adʒivi'ɲar]
admirar (vt)	admirar (vt)	[adʒimi'rar]
adular (vt)	lisonjear (vt)	[lizõ'ʒjar]
advertir (avisar)	advertir (vt)	[adʒiver'tʃir]
afeitarse (vr)	barbear-se (vr)	[bar'bjarsi]
afirmar (vt)	afirmar (vt)	[afir'mar]
agitar la mano	acenar (vt)	[ase'nar]
agradecer (vt)	agradecer (vt)	[agrade'ser]
ahogarse (vr)	afogar-se (vr)	[afo'garse]
aislar (al enfermo, etc.)	isolar (vt)	[izo'lar]
alabarse (vr)	gabar-se (vr)	[ga'barsi]
alimentar (vt)	alimentar (vt)	[alimẽ'tar]
almorzar (vi)	almoçar (vi)	[awmo'sar]
alquilar (~ una casa)	alugar (vt)	[alu'gar]
alquilar (barco, etc.)	alugar (vt)	[alu'gar]
aludir (vi)	insinuar (vt)	[ĩsi'nwar]
alumbrar (vt)	iluminar (vt)	[ilumi'nar]
amarrar (vt)	atracar (vi)	[atra'kar]
amenazar (vt)	ameaçar (vt)	[amea'sar]
amputar (vt)	amputar (vt)	[ãpu'tar]
añadir (vt)	acrescentar (vt)	[akresẽ'tar]
anotar (vt)	anotar (vt)	[ano'tar]
anular (vt)	anular, cancelar (vt)	[anu'lar], [kãse'lar]
apagar (~ la luz)	desligar (vt)	[dʒizli'gar]
aparecer (vi)	aparecer (vi)	[apare'ser]
aplastar (insecto, etc.)	esmagar (vt)	[izma'gar]
aplaudir (vi, vt)	aplaudir (vi)	[aplaw'dʒir]

231

apoyar (la decisión)	apoiar (vt)	[apo'jar]
apresurar (vt)	apressar (vt)	[apre'sar]
apuntar a ...	apontar para ...	[apõ'tar 'para]
arañar (vt)	arranhar (vt)	[aha'ɲar]
arrancar (vt)	arrancar (vt)	[ahã'kar]

arrepentirse (vr)	arrepender-se (vr)	[ahepẽ'dersi]
arriesgar (vt)	arriscar (vt)	[ahis'kar]
asistir (vt)	assistir (vt)	[asis'tʃir]
aspirar (~ a algo)	aspirar a ...	[aspi'rar a]

atacar (mil.)	atacar (vt)	[ata'kar]
atar (cautivo)	amarrar (vt)	[ama'har]
atar a ...	atar (vt)	[a'tar]
aumentar (vt)	aumentar (vt)	[awmẽ'tar]
aumentarse (vr)	aumentar (vi)	[awmẽ'tar]

autorizar (vt)	permitir (vt)	[permi'tʃir]
avanzarse (vr)	avançar (vi)	[avã'sar]
avistar (vt)	avistar (vt)	[avis'tar]
ayudar (vt)	ajudar (vt)	[aʒu'dar]

bajar (vt)	baixar (vt)	[baɪ'ʃar]
bañar (~ al bebé)	dar banho, lavar (vt)	[dar 'baɲu], [la'var]
bañarse (vr)	ir nadar	[ir na'dar]
beber (vi, vt)	beber, tomar (vt)	[be'ber], [to'mar]
borrar (vt)	apagar (vt)	[apa'gar]

brillar (vi)	brilhar (vi)	[bri'ʎar]
bromear (vi)	fazer piadas	[fa'zer 'pjadas]
bucear (vi)	mergulhar (vi)	[mergu'ʎar]
burlarse (vr)	zombar (vt)	[zõ'bar]

buscar (vt)	buscar (vt)	[bus'kar]
calentar (vt)	aquecer (vt)	[ake'ser]
callarse (no decir nada)	ficar em silêncio	[fi'kar ẽ si'lẽsju]
calmar (vt)	acalmar (vt)	[akaw'mar]
cambiar (de opinión)	mudar (vt)	[mu'dar]

cambiar (vt)	trocar, mudar (vt)	[tro'kar], [mu'dar]
cansar (vt)	fatigar (vt)	[fatʃi'gar]
cargar (camión, etc.)	carregar (vt)	[kahe'gar]
cargar (pistola)	carregar (vt)	[kahe'gar]
casarse (con una mujer)	casar-se (vr)	[ka'zarsi]

castigar (vt)	punir, castigar (vt)	[pu'nir], [kastʃi'gar]
cavar (fosa, etc.)	cavar (vt)	[ka'var]
cazar (vi, vt)	caçar (vi)	[ka'sar]
ceder (vi, vt)	ceder (vi)	[se'der]

cegar (deslumbrar)	cegar, ofuscar (vt)	[se'gar], [ofus'kar]
cenar (vi)	jantar (vi)	[ʒã'tar]
cerrar (vt)	fechar (vt)	[fe'ʃar]
cesar (vt)	cessar (vt)	[se'sar]
citar (vt)	citar (vt)	[si'tar]
coger (flores, etc.)	colher (vt)	[ko'ʎer]

coger (pelota, etc.)	**pegar** (vt)	[pe'gar]
colaborar (vi)	**cooperar** (vi)	[koope'rar]
colgar (vt)	**pendurar** (vt)	[pẽdu'rar]
colocar (poner)	**pôr, colocar** (vt)	[por], [kolo'kar]
combatir (vi)	**combater** (vi, vt)	[kõba'ter]
comenzar (vt)	**começar** (vt)	[kome'sar]
comer (vi, vt)	**comer** (vt)	[ko'mer]
comparar (vt)	**comparar** (vt)	[kõpa'rar]
compensar (vt)	**compensar** (vt)	[kõpẽ'sar]
competir (vi)	**competir** (vi)	[kõpe'tʃir]
compilar (~ una lista)	**fazer, elaborar** (vt)	[fa'zer], [elabo'rar]
complicar (vt)	**complicar** (vt)	[kõpli'kar]
componer (música)	**compor** (vt)	[kõ'por]
comportarse (vr)	**comportar-se** (vr)	[kõpor'tarsi]
comprar (vt)	**comprar** (vt)	[kõ'prar]
comprender (vt)	**entender** (vt)	[ẽtẽ'der]
comprometer (vt)	**comprometer** (vt)	[kõprome'ter]
informar (~ a la policía)	**informar** (vt)	[ĩfor'mar]
concentrarse (vr)	**concentrar-se** (vr)	[kõsẽ'trarsi]
condecorar (vt)	**condecorar** (vt)	[kõdeko'rar]
conducir el coche	**dirigir** (vt)	[dʒiri'ʒir]
confesar (un crimen)	**confessar-se** (vr)	[kõfe'sarsi]
confiar (vt)	**confiar** (vt)	[kõ'fjar]
confundir (vt)	**confundir** (vt)	[kõfũ'dʒir]
conocer (~ a alguien)	**conhecer** (vt)	[koɲe'ser]
consultar (a un médico)	**consultar ...**	[kõsuw'tar]
contagiar (vt)	**infetar, contagiar** (vt)	[ĩfe'tar], [kõta'ʒjar]
contagiarse (de ...)	**contagiar-se com ...**	[kõta'ʒjarsi kõ]
contar (dinero, etc.)	**calcular** (vt)	[kawku'lar]
contar (una historia)	**contar** (vt)	[kõ'tar]
contar con ...	**contar com ...**	[kõ'tar kõ]
continuar (vt)	**continuar** (vt)	[kõtʃi'nwar]
contratar (~ a un abogado)	**contratar** (vt)	[kõtra'tar]
controlar (vt)	**controlar** (vt)	[kõtro'lar]
convencer (vt)	**convencer** (vt)	[kõvẽ'ser]
convencerse (vr)	**estar convencido**	[is'tar kõvẽ'sidu]
coordinar (vt)	**coordenar** (vt)	[koorde'nar]
corregir (un error)	**corrigir** (vt)	[kohi'ʒir]
correr (vi)	**correr** (vi)	[ko'her]
cortar (un dedo, etc.)	**cortar** (vt)	[kor'tar]
costar (vt)	**custar** (vt)	[kus'tar]
crear (vt)	**criar** (vt)	[krjar]
creer (vt)	**crer** (vt)	[krer]
cultivar (plantas)	**cultivar** (vt)	[kuwtʃi'var]
curar (vt)	**tratar** (vt)	[tra'tar]

253. Los verbos D-E

dar (algo a alguien)	**dar** (vt)	[dar]
darse prisa	**apressar-se** (vr)	[apre'sarsi]
darse un baño	**lavar-se** (vr)	[la'varsi]
datar de ...	**datar** (vi)	[da'tar]
deber (v aux)	**dever** (vi)	[de'ver]
decidir (vt)	**decidir** (vt)	[desi'dʒir]
decir (vt)	**dizer** (vt)	[dʒi'zer]
decorar (para la fiesta)	**decorar** (vt)	[deko'rar]
dedicar (vt)	**dedicar** (vt)	[dedʒi'kar]
defender (vt)	**defender** (vt)	[defẽ'der]
defenderse (vr)	**defender-se** (vr)	[defẽ'dersi]
dejar caer	**deixar cair** (vt)	[dej'ʃar ka'ir]
dejar de hablar	**calar-se** (vr)	[ka'larsi]
denunciar (vt)	**denunciar** (vt)	[denũ'sjar]
depender de ...	**depender de ...**	[depẽ'der de]
derramar (líquido)	**derramar** (vt)	[deha'mar]
desamarrar (vt)	**desatracar** (vi)	[dʒizatra'kar]
desaparecer (vi)	**desaparecer** (vi)	[dʒizapare'ser]
desatar (vt)	**desatar** (vt)	[dʒiza'tar]
desayunar (vi)	**tomar café da manhã**	[to'mar ka'fɛ da ma'ɲã]
descansar (vi)	**descansar** (vi)	[dʒiskã'sar]
descender (vi)	**descer** (vi)	[de'ser]
descubrir (tierras nuevas)	**descobrir** (vt)	[dʒisko'brir]
desear (vt)	**desejar** (vt)	[deze'ʒar]
desparramarse (azúcar)	**derramar-se** (vr)	[deha'marsi]
emitir (~ un olor)	**emitir** (vt)	[emi'tʃir]
despegar (el avión)	**descolar** (vi)	[dʒisko'lar]
despertar (vt)	**acordar, despertar** (vt)	[akor'dar], [dʒisper'tar]
despreciar (vt)	**desprezar** (vt)	[dʒispre'zar]
destruir (~ las pruebas)	**destruir** (vt)	[dʒis'trwir]
devolver (paquete, etc.)	**devolver** (vt)	[devow'ver]
diferenciarse (vr)	**ser diferente**	[ser dʒife'rẽtʃi]
distribuir (~ folletos)	**distribuir** (vt)	[dʒistri'bwir]
dirigir (administrar)	**dirigir** (vt)	[dʒiri'ʒir]
dirigirse (~ al jurado)	**dirigir-se** (vr)	[dʒiri'ʒirsi]
disculpar (vt)	**desculpar** (vt)	[dʒiskuw'par]
disculparse (vr)	**desculpar-se** (vr)	[dʒiskuw'parsi]
discutir (vt)	**discutir** (vt)	[dʒisku'tʃir]
disminuir (vt)	**reduzir** (vt)	[hedu'zir]
distribuir (comida, agua)	**distribuir** (vt)	[dʒistri'bwir]
divertirse (vr)	**divertir-se** (vr)	[dʒiver'tʃirsi]
dividir (~ 7 entre 5)	**dividir** (vt)	[dʒivi'dʒir]
doblar (p.ej. capital)	**dobrar** (vt)	[do'brar]

| dudar (vt) | duvidar (vt) | [duvi'dar] |
| elevarse (alzarse) | elevar-se acima de ... | [ele'varsi a'sima de] |

eliminar (obstáculo)	remover, eliminar (vt)	[hemo'ver], [elimi'nar]
emerger (submarino)	emergir (vi)	[imer'ʒir]
empaquetar (vt)	embrulhar (vt)	[ẽbru'ʎar]
emplear (utilizar)	usar (vt)	[u'zar]

emprender (~ acciones)	empreender (vt)	[ẽprjẽ'der]
empujar (vt)	empurrar (vt)	[ẽpu'har]
enamorarse (de ...)	apaixonar-se ...	[apajʃo'narsi]
encabezar (vt)	encabeçar (vt)	[ẽkabe'sar]

encaminar (vt)	direcionar (vt)	[dʒiresjo'nar]
encender (hoguera)	acender (vt)	[asẽ'der]
encender (radio, etc.)	ligar (vt)	[li'gar]
encontrar (hallar)	encontrar (vt)	[ẽkõ'trar]

enfadar (vt)	zangar (vt)	[zã'gar]
enfadarse (con ...)	zangar-se com ...	[zã'garsi kõ]
engañar (vi, vt)	enganar (vt)	[ẽga'nar]
enrojecer (vi)	corar (vi)	[ko'rar]

enseñar (vi, vt)	ensinar (vt)	[ẽsi'nar]
ensuciarse (vr)	sujar-se (vr)	[su'ʒarsi]
entrar (vi)	entrar (vi)	[ẽ'trar]
entrenar (vt)	treinar (vt)	[trej'nar]

entrenarse (vr)	treinar-se (vr)	[trej'narsi]
entretener (vt)	divertir (vt)	[dʒiver'tʃir]
enviar (carta, etc.)	enviar (vt)	[ẽ'vjar]
envidiar (vt)	invejar (vt)	[ĩve'ʒar]

equipar (vt)	equipar (vt)	[eki'par]
equivocarse (vr)	errar (vi)	[e'har]
escoger (vt)	escolher (vt)	[isko'ʎer]
esconder (vt)	esconder (vt)	[iskõ'der]
escribir (vt)	escrever (vt)	[iskre'ver]

escuchar (vt)	escutar (vt)	[isku'tar]
escuchar a hurtadillas	escutar atrás da porta	[isku'tar a'trajs da 'pɔrta]
escupir (vi)	cuspir (vi)	[kus'pir]
esperar (aguardar)	esperar (vt)	[ispe'rar]

esperar (anticipar)	esperar (vt)	[ispe'rar]
esperar (tener esperanza)	esperar (vi, vt)	[ispe'rar]
estar (~ sobre la mesa)	estar	[is'tar]
estar (vi)	estar (vi)	[is'tar]

estar acostado	estar deitado	[is'tar dej'tadu]
estar basado (en ...)	basear-se (vr)	[ba'zjarsi]
estar cansado	ficar cansado	[fi'kar kã'sadu]
estar conservado	ser preservado	[ser prezer'vadu]
estar de acuerdo	concordar (vi)	[kõkor'dar]
estar en guerra	guerrear (vt)	[ge'hjar]
estar perplejo	estar perplexo	[is'tar per'plɛksu]

estar sentado	estar sentado	[is'tar sẽ'tadu]
estremecerse (vr)	estremecer (vi)	[istreme'ser]
estudiar (vt)	estudar (vt)	[istu'dar]

evitar (peligro, etc.)	evitar (vt)	[evi'tar]
examinar (propuesta)	examinar (vt)	[ezami'nar]
excluir (vt)	expulsar (vt)	[ispuw'sar]
exigir (vt)	exigir (vt)	[ezi'ʒir]

existir (vi)	existir (vi)	[ezis'tʃir]
explicar (vt)	explicar (vt)	[ispli'kar]
expresar (vt)	expressar (vt)	[ispre'sar]
expulsar (ahuyentar)	afugentar (vt)	[afuʒẽ'tar]

254. Los verbos F-M

facilitar (vt)	facilitar (vt)	[fasili'tar]
faltar (a las clases)	faltar a ...	[faw'tar a]
fascinar (vt)	fascinar (vt)	[fasi'nar]
felicitar (vt)	felicitar (vt)	[felisi'tar]

firmar (~ el contrato)	assinar (vt)	[asi'nar]
formar (vt)	formar (vt)	[for'mar]
fortalecer (vt)	reforçar (vt)	[hefor'sar]
forzar (obligar)	forçar (vt)	[for'sar]

fotografiar (vt)	tirar fotos	[tʃi'rar 'fotus]
garantizar (vt)	garantir (vt)	[garã'tʃir]
girar (~ a la izquierda)	virar (vi)	[vi'rar]
golpear (la puerta)	bater (vi)	[ba'ter]

gritar (vi)	gritar (vi)	[gri'tar]
guardar (cartas, etc.)	guardar (vt)	[gwar'dar]
gustar (el tenis, etc.)	adorar (vt)	[ado'rar]
gustar (vi)	gostar (vt)	[gos'tar]
habitar (vi, vt)	morar (vt)	[mo'rar]

hablar con ...	falar com ...	[fa'lar kõ]
hacer (vt)	fazer (vt)	[fa'zer]
hacer conocimiento	conhecer-se (vr)	[koɲe'sersi]
hacer copias	tirar cópias	[tʃi'rar 'kɔpjas]

hacer la limpieza	arrumar, limpar (vt)	[ahu'mar], [lĩ'par]
hacer una conclusión	tirar uma conclusão	[tʃi'rar 'uma kõklu'zãw]
hacerse (vr)	tornar-se (vr)	[tor'narsi]
hachear (vt)	cortar (vt)	[kor'tar]
heredar (vt)	herdar (vt)	[er'dar]

imaginarse (vr)	imaginar (vt)	[imaʒi'nar]
imitar (vt)	imitar (vt)	[imi'tar]
importar (vt)	importar (vt)	[ĩpor'tar]
indignarse (vr)	indignar-se (vr)	[ĩdʒig'narsi]
influir (vt)	influenciar (vt)	[ĩflwẽ'sjar]
informar (vt)	informar (vt)	[ĩfor'mar]

| informarse (vr) | informar-se (vt) | [ĩfor'marsi] |
| inquietar (vt) | preocupar (vt) | [preoku'par] |

inquietarse (vr)	estar preocupado	[is'tar preoku'padu]
inscribir (en la lista)	inscrever (vt)	[ĩskre'ver]
insertar (~ la llave)	inserir (vt)	[ĩse'rir]
insistir (vi)	insistir (vi)	[ĩsis'tʃir]

inspirar (vt)	inspirar (vt)	[ĩspi'rar]
instruir (enseñar)	instruir (vt)	[ĩs'trwir]
insultar (vt)	insultar (vt)	[ĩsuw'tar]
intentar (vt)	tentar (vt)	[tẽ'tar]
intercambiar (vt)	trocar (vt)	[tro'kar]

interesar (vt)	interessar (vt)	[ĩtere'sar]
interesarse (vr)	interessar-se (vr)	[ĩtere'sarsi]
interpretar (actuar)	desempenhar (vt)	[dʒizẽpe'ɲar]
intervenir (vi)	intervir (vi)	[ĩter'vir]
inventar (máquina, etc.)	inventar (vt)	[ĩvẽ'tar]

invitar (vt)	convidar (vt)	[kõvi'dar]
ir (~ en taxi)	ir (vi)	[ir]
ir (a pie)	ir (vi)	[ir]
irritar (vt)	irritar (vt)	[ihi'tar]

irritarse (vr)	irritar-se (vr)	[ihi'tarsi]
irse a la cama	ir para a cama	[ir 'para a 'kama]
jugar (divertirse)	brincar, jogar (vi, vt)	[brĩ'kar], [ʒo'gar]
lanzar (comenzar)	lançar (vt)	[lã'sar]
lavar (vt)	lavar (vt)	[la'var]

lavar la ropa	lavar a roupa	[la'var a 'hopa]
leer (vi, vt)	ler (vt)	[ler]
levantarse (de la cama)	levantar-se (vr)	[levã'tarsi]
liberar (ciudad, etc.)	libertar, liberar (vt)	[liber'tar], [libe'rar]
librarse de ...	livrar-se de ...	[li'vrarsi de]

limitar (vt)	limitar (vt)	[limi'tar]
limpiar (~ el horno)	limpar (vt)	[lĩ'par]
limpiar (zapatos, etc.)	limpar (vt)	[lĩ'par]
llamar (le llamamos ...)	denominar (vt)	[denomi'nar]
llamar (por ayuda)	chamar (vt)	[ʃa'mar]

llamar (vt)	chamar (vt)	[ʃa'mar]
llegar (~ al Polo Norte)	chegar a ...	[ʃe'gar a]
llegar (tren)	chegar (vi)	[ʃe'gar]
llenar (p.ej. botella)	encher (vt)	[ẽ'ʃer]

retirar (~ los platos)	levar (vt)	[le'var]
llorar (vi)	chorar (vi)	[ʃo'rar]
lograr (un objetivo)	alcançar (vt)	[awkã'sar]
luchar (combatir)	lutar (vt)	[lu'tar]

luchar (sport)	lutar (vi)	[lu'tar]
mantener (la paz)	preservar (vt)	[prezer'var]
marcar (en el mapa, etc.)	marcar (vt)	[mar'kar]

matar (vt)	matar (vt)	[ma'tar]
memorizar (vt)	memorizar (vt)	[memori'zar]
mencionar (vt)	mencionar (vt)	[mẽsjo'nar]
mentir (vi)	mentir (vi)	[mẽ'tʃir]
merecer (vt)	merecer (vt)	[mere'ser]

mezclar (vt)	misturar (vt)	[mistu'rar]
mirar (vi, vt)	olhar (vt)	[ɔ'ʎar]
mirar a hurtadillas	espreitar (vi)	[isprej'tar]
molestar (vt)	perturbar (vt)	[pertur'bar]

mostrar (~ el camino)	indicar (vt)	[ĩdʒi'kar]
mostrar (demostrar)	mostrar (vt)	[mos'trar]
mover (el sofá, etc.)	mover (vt)	[mo'ver]
multiplicar (mat)	multiplicar (vt)	[muwtʃipli'kar]

255. Los verbos N-R

nadar (vi)	nadar (vi)	[na'dar]
negar (rechazar)	recusar (vt)	[heku'zar]
negar (vt)	negar (vt)	[ne'gar]
negociar (vi)	negociar (vi)	[nego'sjar]

nombrar (designar)	nomear (vt)	[no'mjar]
notar (divisar)	perceber (vt)	[perse'ber]
obedecer (vi, vt)	obedecer (vt)	[obede'ser]
objetar (vt)	objetar (vt)	[obʒe'tar]

observar (vt)	observar (vt)	[obser'var]
ofender (vt)	ofender (vt)	[ofẽ'der]
oír (vt)	ouvir (vt)	[o'vir]
oler (despedir olores)	cheirar (vi)	[ʃej'rar]
oler (percibir olores)	cheirar (vi)	[ʃej'rar]

olvidar (dejar)	deixar (vt)	[dej'ʃar]
olvidar (vt)	esquecer (vt)	[iske'ser]
omitir (vt)	omitir (vt)	[omi'tʃir]
orar (vi)	rezar, orar (vi)	[he'zar], [o'rar]

ordenar (mil.)	ordenar (vt)	[orde'nar]
organizar (concierto, etc.)	organizar (vt)	[organi'zar]
osar (vi)	ousar (vt)	[o'zar]
pagar (vi, vt)	pagar (vt)	[pa'gar]

pararse (vr)	parar (vi)	[pa'rar]
parecerse (vr)	parecer-se (vr)	[pare'sersi]
participar (vi)	participar (vi)	[partʃisi'par]
partir (~ a Londres)	partir (vt)	[par'tʃir]
pasar (~ el pueblo)	passar (vt)	[pa'sar]

pecar (vi)	pecar (vi)	[pe'kar]
pedir (ayuda, etc.)	pedir (vt)	[pe'dʒir]
pedir (restaurante)	pedir (vt)	[pe'dʒir]
pegar (golpear)	bater (vt)	[ba'ter]

peinarse (vr)	pentear-se (vr)	[pẽ'tʃarsi]
pelear (vi)	bater-se (vr)	[ba'tersi]
penetrar (vt)	penetrar (vt)	[pene'trar]
pensar (creer)	achar (vt)	[a'ʃar]
pensar (vi, vt)	pensar (vi, vt)	[pẽ'sar]
perder (paraguas, etc.)	perder (vt)	[per'der]
perdonar (vt)	perdoar (vt)	[per'dwar]
permitir (vt)	permitir (vt)	[permi'tʃir]
pertenecer a ...	pertencer (vt)	[pertẽ'ser]
pesar (tener peso)	pesar (vt)	[pe'zar]
pescar (vi)	pescar (vt)	[pes'kar]
planchar (vi, vt)	passar a ferro	[pa'sar a 'fɛhu]
planear (vt)	planejar (vt)	[plane'ʒar]
poder (v aux)	poder (vi)	[po'der]
poner (colocar)	colocar (vt)	[kolo'kar]
poner en orden	consertar (vt)	[kõser'tar]
poseer (vt)	possuir (vt)	[po'swir]
preferir (vt)	preferir (vt)	[prefe'rir]
preocuparse (vr)	preocupar-se (vr)	[preoku'parsi]
preparar (la cena)	cozinhar (vt)	[kozi'ɲar]
preparar (vt)	preparar (vt)	[prepa'rar]
presentar (~ a sus padres)	apresentar (vt)	[aprezẽ'tar]
presentar (vt) (persona)	apresentar (vt)	[aprezẽ'tar]
presentar un informe	reportar (vt)	[hepor'tar]
prestar (vt)	tomar emprestado (vt)	[to'mar ẽpres'tadu]
prever (vt)	prever (vt)	[pre'ver]
privar (vt)	privar (vt)	[pri'var]
probar (una teoría, etc.)	provar (vt)	[pro'var]
prohibir (vt)	proibir (vt)	[proi'bir]
prometer (vt)	prometer (vt)	[prome'ter]
pronunciar (vt)	pronunciar (vt)	[pronũ'sjar]
proponer (vt)	propor (vt)	[pro'por]
proteger (la naturaleza)	proteger (vt)	[prote'ʒer]
protestar (vi, vt)	protestar (vi)	[protes'tar]
provocar (vt)	provocar (vt)	[provo'kar]
proyectar (~ un edificio)	projetar, criar (vt)	[proʒɛ'tar], [krjar]
publicitar (vt)	fazer propaganda	[fa'zer propa'gãda]
quedar (una ropa, etc.)	servir (vi)	[ser'vir]
quejarse (vr)	queixar-se (vr)	[kej'ʃarsi]
quemar (vt)	queimar (vt)	[kej'mar]
querer (amar)	amar (vt)	[a'mar]
querer (desear)	querer (vt)	[ke'rer]
quitar (~ una mancha)	remover (vt)	[hemo'ver]
quitar (cuadro de la pared)	tirar (vt)	[tʃi'rar]
guardar (~ en su sitio)	guardar (vt)	[gwar'dar]
rajarse (vr)	rachar-se (vr)	[ha'ʃarsi]

realizar (vt)	realizar (vt)	[heali'zar]
recomendar (vt)	recomendar (vt)	[hekomẽ'dar]
reconocer (admitir)	reconhecer (vt)	[hekoɲe'ser]
reconocer (una voz, etc.)	reconhecer (vt)	[hekoɲe'ser]
recordar (tener en mente)	lembrar (vt)	[lẽ'brar]

recordar algo a algn	fazer lembrar	[fa'zer lẽ'brar]
recordarse (vr)	recordar, lembrar (vt)	[hekor'dar], [lẽ'brar]
recuperarse (vr)	recuperar-se (vr)	[hekupe'rarsi]
reflexionar (vi)	ficar pensativo	[fi'kar pẽsa'tʃivu]
regañar (vt)	repreender (vt)	[heprjẽ'der]

regar (plantas)	regar (vt)	[he'gar]
regresar (~ a la ciudad)	voltar (vi)	[vow'tar]
rehacer (vt)	refazer (vt)	[hefa'zer]
reírse (vr)	rir (vi)	[hir]

reparar (arreglar)	reparar (vt)	[hepa'rar]
repetir (vt)	repetir (vt)	[hepe'tʃir]
reprochar (vt)	censurar (vt)	[sẽsu'rar]
reservar (~ una mesa)	reservar (vt)	[hezer'var]

resolver (~ el problema)	resolver (vt)	[hezow'ver]
resolver (~ la discusión)	resolver (vt)	[hezow'ver]
respirar (vi)	respirar (vi)	[hespi'rar]
responder (vi, vt)	responder (vt)	[hespõ'der]

retener (impedir)	refrear (vt)	[hefre'ar]
robar (vt)	roubar (vt)	[ho'bar]
romper (mueble, etc.)	quebrar (vt)	[ke'brar]
romperse (la cuerda)	romper-se (vr)	[hõ'persi]

256. Los verbos S-V

saber (~ algo mas)	saber (vt)	[sa'ber]
sacudir (agitar)	agitar, sacudir (vt)	[aʒi'tar], [saku'dʒir]
salir (libro)	sair (vi)	[sa'ir]
salir (vi)	sair (vi)	[sa'ir]

saludar (vt)	saudar (vt)	[saw'dar]
salvar (vt)	salvar (vt)	[saw'var]
satisfacer (vt)	satisfazer (vt)	[satʃisfa'zer]
secar (ropa, pelo)	secar (vt)	[se'kar]

seguir ...	seguir ...	[se'gir]
seleccionar (vt)	selecionar (vt)	[selesjo'nar]
sembrar (semillas)	semear (vt)	[se'mjar]
sentarse (vr)	sentar-se (vr)	[sẽ'tarsi]

sentenciar (vt)	sentenciar (vt)	[sẽtẽ'sjar]
sentir (peligro, etc.)	sentir (vt)	[sẽ'tʃir]
ser (vi)	ser (vi)	[ser]
ser causa de ...	causar (vt)	[kaw'zar]
ser indispensable	ser indispensável	[ser ĩdʒispẽ'savew]

| ser necesario | ser necessário | [ser nese'sarju] |
| ser suficiente | bastar (vi) | [bas'tar] |

servir (~ a los clientes)	servir (vt)	[ser'vir]
significar (querer decir)	significar (vt)	[signifi'kar]
significar (vt)	significar (vt)	[signifi'kar]
simplificar (vt)	simplificar (vt)	[sĩplifi'kar]

sobreestimar (vt)	superestimar (vt)	[superestʃi'mar]
sofocar (un incendio)	apagar (vt)	[apa'gar]
soñar (durmiendo)	sonhar (vi)	[so'ɲar]
soñar (fantasear)	sonhar (vt)	[so'ɲar]

sonreír (vi)	sorrir (vi)	[so'hir]
soplar (viento)	soprar (vi)	[so'prar]
soportar (~ el dolor)	suportar (vt)	[supor'tar]
sorprender (vt)	surpreender (vt)	[surprjẽ'der]

sorprenderse (vr)	surpreender-se (vr)	[surprjẽ'dersi]
sospechar (vt)	suspeitar (vt)	[suspej'tar]
subestimar (vt)	subestimar (vt)	[subestʃi'mar]
subrayar (vt)	sublinhar (vt)	[subli'ɲar]

sufrir (dolores, etc.)	sofrer (vt)	[so'frer]
suplicar (vt)	implorar (vt)	[ĩplo'rar]
suponer (vt)	supor (vt)	[su'por]
suspirar (vi)	suspirar (vi)	[suspi'rar]

temblar (de frío)	tremer (vi)	[tre'mer]
tener (vt)	ter (vt)	[ter]
tener miedo	ter medo	[ter 'medu]
terminar (vt)	terminar (vt)	[termi'nar]

tirar (cuerda)	puxar (vt)	[pu'ʃar]
tirar (disparar)	disparar, atirar (vi)	[dʒispa'rar], [atʃi'rar]
tirar (piedras, etc.)	jogar, atirar (vt)	[ʒo'gar], [atʃi'rar]

tocar (con la mano)	tocar (vt)	[to'kar]
tomar (vt)	pegar (vt)	[pe'gar]
tomar nota	anotar (vt)	[ano'tar]
trabajar (vi)	trabalhar (vi)	[traba'ʎar]

traducir (vt)	traduzir (vt)	[tradu'zir]
traer (un recuerdo, etc.)	trazer (vt)	[tra'zer]
transformar (vt)	transformar (vt)	[trãsfor'mar]
tratar (de hacer algo)	tentar (vt)	[tẽ'tar]

unir (vt)	juntar, unir (vt)	[ʒũ'tar], [u'nir]
unirse (~ al grupo)	juntar-se a ...	[ʒũ'tarsi a]
usar (la cuchara, etc.)	utilizar (vt)	[utʃili'zar]
vacunar (vt)	vacinar (vt)	[vasi'nar]

vender (vt)	vender (vt)	[vẽ'der]
vengar (vt)	vingar (vt)	[vĩ'gar]
verter (agua, vino)	encher (vt)	[ẽ'ʃer]
vivir (vi)	viver (vi)	[vi'ver]

volar (pájaro, avión)	**voar** (vi)	[vo'ar]
volver (~ fondo arriba)	**virar** (vt)	[vi'rar]
volverse de espaldas	**virar as costas**	[vi'rar as 'kɔstas]
votar (vi)	**votar** (vi)	[vo'tar]